Kommunikation und Fachwortschatz in der Wirtschaft

Wirtschaftsdeutsch von A-Z

Lehr- und Arbeitsbuch

von
Rosemarie Buhlmann
Anneliese Fearns
und
Eric Leimbacher

LANGENSCHEIDT

BERLIN · MÜNCHEN · WIEN · ZÜRICH · NEW YORK

Wirtschaftsdeutsch von A-Z

Impressum

Layout/Idee Herman Bentele, Yvonne Steinke; Konstanz

Visuelle Konzeption/Gestaltung Yvonne Steinke

Fotos Rosemarie Buhlmann, außer die im Quellenverzeichnis genannten

Redaktion Hans-Heinrich Rohrer

Dank Autoren und Verlag danken den Erprobungsklassen und ihren Lehrern

Hinweise zur Rechtschreibung Ende 1994 wurden in Wien Vorschläge zur „Neuregelung der deutschen Rechtschreibung" beschlossen. Diese Vorschläge müssen 1995 von den politisch verantwortlichen Gremien in Deutschland, Österreich und der Schweiz angenommen werden. Es ist eine Übergangszeit von fünf Jahren vorgesehen; 2001 soll die Einführung abgeschlossen sein. Das vorliegende Lehr- und Arbeitsbuch folgt noch den bisher bestehenden Regeln.

Für alle Lernenden der deutschen Sprache ist entscheidend, daß die Lesbarkeit von Texten in der bisherigen Orthographie erhalten bleibt. Die Rechtschreibung soll lediglich einfacher erlernbar sein.

Die wichtigsten Änderungen betreffen die gleiche Schreibung eines Wortstammes in allen Wörtern einer Wortfamilie (Packet wie Päckchen anstatt- wie bisher- Paket); ss statt ß nach kurzem Vokal (dass statt- wie bisher-daß); Vereinfachung der Getrennt- und Zusammenschreibung. Bei der Schreibung von Fremdwörtern soll die Angleichung von Aussprache und muttersprachlicher Schreibung erlaubt, jedoch nicht vorgeschrieben werden (so z.B. Ortografie anstatt Orthographie).

Bis 2001 werden die bestehenden Bücher und vor allem Schulbücher bei Nachauflagen den neuen Regeln angepaßt. Bis dahin ist die alte sowie die neue Schreibweise erlaubt.

Umwelthinweis gedruckt auf chlorfrei gebleichtem Papier

Druck 5. 4. 3. 2. 1.   letzte Zahl maßgeblich

Jahr 99 98 97 96   letzte Zahl maßgeblich

Druckhaus Langenscheidt, Berlin
Printed in Germany, ISBN 3-468-49849-7

Wirtschaftsdeutsch von A-Z

Wirtschaftsdeutsch von A-Z
ist ein Lehrbuch mit integriertem Arbeitsheft im Berufs- und Ausbildungsfeld Wirtschaft. Es läßt sich sowohl kurstragend als auch kursbegleitend einsetzen. Ausgehend von Alltagswissen erklärt es anhand von Praxis- und Fallbeispielen Fachterminologie, definiert sie und übt sie ein.

■Wirtschaftsdeutsch von A-Z wendet sich an Manager und Mitarbeiter in ausländischen Firmen, die Kontakte zu Unternehmen im deutschsprachigen Raum haben oder aufnehmen wollen. Es wendet sich auch an ausländische Mitarbeiter und Praktikanten in deutschsprachigen Firmen und an Studierende wirtschaftswissenschaftlicher Fachrichtungen. Für Interessenten an Wirtschaftsdeutschprüfungen (z.B. die Prüfung Wirtschaftsdeutsch International) liefert es eine solide terminologische Grundlage und wesentliche landeskundliche Informationen.

■Wirtschaftsdeutsch von A-Z setzt Deutschkenntnisse voraus, wie sie z.B. das „Zertifikat Deutsch als Fremdsprache" bestätigt oder wie sie mit ca. 350 Stunden Deutschunterricht erreicht werden.

■Wirtschaftsdeutsch von A-Z vermittelt praxisorientiert in sechs Kapiteln ca. 450 wichtige Fachbegriffe. Der Lernende kann damit seine allgemeinsprachliche Kompetenz so erweitern, daß er in der Lage ist, sich im berufsbezogenen bzw. fachsprachlich geprägten Umfeld angemessen auszudrücken - die Fachbegriffe erleichtern ihm auch den Zugang zu entsprechenden Texten. Sie sind mit Hilfe von Experten aus der Wirtschaft unter dem Aspekt ihrer Nützlichkeit bzw. Unentbehrlichkeit für die Praxis ausgewählt. Auf diese Weise wird einerseits innerbetriebliches Geschehen im deutschsprachigen Raum abgebildet, andererseits werden zwischenbetriebliche Vorgänge nachvollzogen. Einflüsse des EU-Binnenmarktes auf die wirtschaftliche Entwicklung und aktuelle Trends, wie sie z.B. durch Sozial- und Umweltpolitik bedingt sind, werden ebenso berücksichtigt wie interkulturelle Aspekte. Dabei wird von Verhältnissen ausgegangen, wie sie z.B. auf dem europäischen oder amerikanischen Käufermarkt gegeben sind. Die spezifisch deutschen landeskundlichen Informationen sind hauptsächlich in den Praxisbeispielen aus der deutschen Wirtschaft, in Aussagen deutscher Manager und in aktuellen Texten enthalten.

■Wirtschaftsdeutsch von A-Z verbindet Lexikon, Lehr- und Arbeitsbuch: Die Fachlexik wird anhand von Praxis- und Fallbeispielen eingeführt und eingeübt, die Bezug auf Wissen und Erfahrung des Lerners nehmen. Ebenso werden Graphiken, Tabellen und Diagramme für den Lernprozeß und dessen Überprüfung (Testseite) genutzt. Die für die behandelten Themen unerläßlichen Fachtermini werden im Lexikon definiert. Die Wortschatzarbeit ist entscheidungsorientiert, handlungsbezogen und fachlich ausgerichtet. Dabei werden auch Lern- und Arbeitsstrategien ausgebaut und in speziellen Übungen reflektiert (Strategieseite).

■ Wirtschaftsdeutsch von A-Z ist sowohl zum Selbststudium als auch für den Klassenunterricht geeignet. Im Klassenverband hängt der Lernerfolg wesentlich davon ab, daß die Lernenden bestimmte Arbeitsschritte selbstständig vollziehen, anschließend ihre Arbeitsergebnisse im Plenum vergleichen und so zur Reflexion des eigenen Lernwegs kommen. Wichtig sind also nicht nur die Lernergebnisse, sondern auch der Lernprozeß. Am Ende des Lernwegs stehen, wenn möglich, Aufgaben zum Vergleich der neu erfahrenen wirtschaftlichen Gegebenheiten und Verhältnisse mit denen des heimatlichen Wirtschaftssystems. Diese Aufgaben zielen nicht auf eine perfekte mündliche Darstellung der entsprechenden Verhältnisse und Unterschiede ab, sondern dienen einer erneuten Anwendung der Fachbegriffe in einem Kontext, der den Lerner persönlich

betrifft, der Reflexion der Unterschiede und damit auch der verständnisfördernden, wirtschaftsbezogenen interkulturellen Kommunikation.

■ Der Aufbau von Wirtschaftsdeutsch von A-Z ist weitestgehend bedingt durch fachliche Progressionsprinzipien. Da es in der heutigen Betriebswirtschaftslehre Gesamtdarstellungen sowohl unter dem Aspekt des Managements als auch unter dem Aspekt des Marketings gibt, ist ein Einstieg in die Arbeit mit Wirtschaftsdeutsch von A-Z sowohl über

Kapitel 1 (Management) als auch über
Kapitel 3 (Marketing) möglich. Auch denkbar ist ein Einstieg über
Kapitel 6 (Rechtsformen von Unternehmen).

Wenn es keine zwingenden Gründe dagegen gibt, sollte in der vorgegebenen Reihenfolge gearbeitet werden. Das garantiert einen problemlosen Aufbau des Fachwortschatzes. Sollten bei der Umstellung Lexikprobleme auftreten, dann läßt sich die Erklärung für die entsprechenden Begriffe über das Register auffinden.

■ Die Kapitel von Wirtschaftsdeutsch von A-Z sind unter Berücksichtigung thematischer und lernpsychologischer Gesichtspunkte in überschaubare Lernpensen gegliedert (A, B, C ...). Diese Gliederung ist in der Kapitelübersicht ausgewiesen. Innerhalb der Einteilung A,B,C ... können bis zu 6 Themen subsummiert sein, die in der lebenden Kolumne durch arabische Ziffern gekennzeichnet sind.

■ Wirtschaftsdeutsch von A-Z ist das Ergebnis der Zusammenarbeit von Managern mit langer Berufserfahrung, Hochschullehrern, Deutsch-als-Fremdsprache-Didaktikern mit Erfahrung im In- und Ausland und Kommunikationsdesignern. Es wurde über einen längeren Zeitraum mit unterschiedlichen Zielgruppen erprobt und unter Berücksichtigung der Rückmeldungen aus dem Unterricht gestaltet.

Wirtschaftsdeutsch von A-Z

Steckbrief

Lieber Leser, liebe Leserin! Die Idee zu dem vorliegenden Buch war folgende:

■ Sie wollen sich schnell und sicher auf Kommunikation im deutschsprachigen Wirtschaftsraum oder in einer deutschen Firma im Ausland vorbereiten, sich in Ausbildung und Studium wesentliche praxisbezogene Bereiche erschließen oder Ihre Kenntnisse in Wirtschaftsdeutsch erweitern und durch eine entsprechende Prüfung nachweisen.

■ Sie haben mittlere bis gute Deutschkenntnisse. Sie haben Interesse an wirtschaftlichen Zusammenhängen in deutschsprachigen Ländern bzw. verfügen über Kenntnisse in Ihrem heimatlichen wirtschaftlichen Umfeld.

■ Sie haben Ansprüche an Lehrmaterialien in Bezug auf Informationsgehalt, Fachlichkeit, Verläßlichkeit, Effizienz und intellektuelles Niveau.

■ Sie sind interessiert an ganzheitlichem Lernen, das Ihre persönlichen Interessen berücksichtigt, Ihnen ermöglicht, über die Verarbeitung neuer Informationen und den Ausbau von Lernstrategien bei relativ geringem Arbeitseinsatz einen optimalen Lernerfolg zu erreichen, und das obendrein noch Spaß macht.

Deshalb haben wir das Buch folgendermaßen gestaltet:

■ Wirtschaftsdeutsch von A-Z bietet Ihnen Informationen und die wichtigste Fachterminologie zu den Themen

Management
Marketing
Rechtsformen von Unternehmen unter besonderer Berücksichtigung der
Verhältnisse im deutschsprachigen Raum.

■ Wirtschaftsdeutsch von A-Z berücksichtigt unterschiedliche Perspektiven, die des Insiders, der in einer deutschen Firma tätig ist, und die des Outsiders, der in seinem Heimatland Kontakt mit Firmen im deutschsprachigen Raum hat oder aufnehmen soll. Es berücksichtigt auch die Verhältnisse in Betrieben unterschiedlicher Größe und unterschiedlicher Branchen.

■ Wirtschaftsdeutsch von A-Z bietet Informationen und Fachterminologie praxisbezogen und überschaubar in wirtschaftlichen Zusammenhängen und in betriebliche Bezugsfelder eingebettet.

■ Wirtschaftsdeutsch von A-Z bietet Ihnen Informationen und die wichtigste Fachterminologie in Texten aus der beruflichen Praxis und der fachlichen Ausbildungssituation:

In Praxisbeispielen wird über Ereignisse aus dem Wirtschafts- und Firmenalltag berichtet. In Fallbeispielen werden exemplarisch betriebliche Situationen und Probleme dargestellt. In Checklisten sind Kriterien für betriebliche Entscheidungen repräsentiert. Gesetzestexte, Auszüge aus Verhandlungen, Werbetexte, Ausschnitte aus Zeitungen und Zeitschriften und aus der Fachliteratur bieten unterschiedliche Perspektiven betrieblicher und wirtschaftlicher Sachverhalte. Tabellen, Diagramme, Schaubilder und Schemata bieten Organisationshilfen für das Erlernte.

■ Wirtschaftsdeutsch von A-Z bietet Ihnen Definitionen wesentlicher Fachbegriffe im „Lexikon". Das Register ermöglicht einen schnellen Zugriff auf Fachbegriffe.

■ Wirtschaftsdeutsch von A-Z präsentiert die Fachbegriffe so, daß sie für Sie ohne weiteres verständlich werden, wenn Sie die einzelnen Kapitel der Reihe nach durcharbeiten. Wenn Sie eine andere Reihenfolge wählen, können Sie das Register zu Hilfe nehmen.

■ Wirtschaftsdeutsch von A-Z bietet Ihnen Übungen, die an Ihr fachliches Interesse appellieren und Entscheidungen verlangen. Das Buch enthält auch Aufgaben, die Ihnen über den Vergleich von betrieblicher Praxis und wirtschaftlichen Gegebenheiten im deutschsprachigen Raum mit denen Ihres Heimatlandes Übereinstimmungen und Unterschiede bewußt machen und Ihnen weitere Möglichkeiten zur Anwendung der Fachterminologie geben. Viele dieser Übungen zielen auch auf die Entwicklung von Strategien ab. Spezielle Übungen zur Entwicklung dieser Strategien finden Sie im Teil „Reflexion und Überprüfung" am Ende eines jeden Kapitels.

■ Wirtschaftsdeutsch von A-Z ist so konzipiert, daß Sie es allein durcharbeiten können. Sie beginnen dann mit einem Fall- oder Praxisbeispiel, das Sie in die Thematik einführt und zu den notwendigen Fachbegriffen hinführt. Anschließend üben Sie den Fachwortschatz in Verbindung mit den erforderlichen Definitionen und mit Praxisbeispielen ein. Schreiben Sie die Lösung von Aufgaben und Übungen immer aus. Schreiben dient Ihrem Lernprozeß!

■ Wirtschaftsdeutsch von A-Z bietet Ihnen zur Überprüfung Ihrer Arbeitsergebnisse bei den meisten Übungen Lösungen. Schlagen Sie diese Lösungen erst nach der Bearbeitung einer Aufgabe nach! Dabei werden Sie möglicherweise feststellen, daß sich die im Buch angegebenen Lösungen bei den „ja/nein- Aufgaben" (Alle Informationen sind richtig. Können Sie sie dem Text entnehmen?) nicht mit Ihren Entscheidungen decken. Dies ist durch Ihren Informationsstand und Ihre persönlichen Perspektiven bedingt. Notieren Sie in solchen Fällen Argumente für beide Lösungsmöglichkeiten. Anschließend können Sie Ihren Lernerfolg auf der Testseite (Reflexion und Überprüfung) am Ende eines jeden Kapitels überprüfen.

■ Die Arbeit mit Wirtschaftsdeutsch von A-Z macht mehr Spaß, wenn Sie sich einen Lernpartner unter Kollegen oder Freunden suchen und mit ihm das Buch zusammen durcharbeiten. Haben Sie die Möglichkeit, in Ihrer Firma oder an der Universität einen Kurs in Wirtschaftsdeutsch anzuregen, so tun Sie es! Der Unterricht bietet Möglichkeit zur Teamarbeit:

Diskussionen über Lernergebnisse verstärken den Lernerfolg, Perspektiven, die die anderen Kursteilnehmer einbringen, vertiefen Ihre Auseinandersetzung mit der Materie.

■ Wirtschaftsdeutsch von A-Z bietet Ihnen Übungs- und Arbeitsformen, die Ihnen vielleicht nicht vertraut sind. Lassen Sie sich darauf ein! Nutzen Sie bei der Arbeit mit dem Buch Ihre persönlichen Lernstrategien und ergänzen Sie damit Lernformen, die Ihnen möglicherweise neu sind! Sind Sie es gewohnt, sich beim Lernen einer Fremdsprache ein persönliches Glossar anzulegen, so tun Sie es. Pflegen Sie sich Notizen zu Bezugswörtern und Gedankenfolgen bei Ihrer Auseinandersetzung mit neuem Material beim Erlernen einer Fremdsprache zu machen, so tun Sie es auch beim Durcharbeiten dieses Buches! Mobilisieren Sie also alle Lernstrategien, an die Sie gewöhnt sind, und ergänzen Sie damit die Strategien, die Ihnen in diesem Buch geboten werden.

Wir sind sicher, daß Sie Spaß an der Arbeit mit dem Buch haben und wünschen Ihnen viel Erfolg! Ihr Team:
Buhlmann, Fearns, Leimbacher, Bentele und Steinke

1 Management

Was tut ein Manager ?

Arbeitstag eines Managers aus der Automobilindustrie

„Ich treffe im Büro in der Regel um 8 Uhr ein. Dann sind nach meinen Beobachtungen ungefähr 60 Prozent des Arbeitstages ... Besprechungen, Abstimmungen, Konferenzen. 20 Prozent Erarbeitung (Verarbeitung) von eingehenden Informationen, d.h. also auch Post erledigen. Und die übrigen 20 Prozent wird dann an Projekten gearbeitet."

Aufgabe 1
Nebenstehend finden Sie Ergebnisse von Praxisuntersuchungen zu Managertätigkeiten. Treffen diese auf den Arbeitstag des Managers aus der Automobilindustrie zu? Arbeiten Sie mit Ihrem Nachbarn zusammen, und vergleichen Sie anschließend Ihre Arbeitsergebnisse im Plenum!

	ja	nein
Der Manager hat keinen festen Arbeitsplatz		
Der Manager ist mehr als nur Leiter		
Der Manager kommuniziert hauptsächlich mündlich, er lebt von sozialen Kontakten (der Manager ist weniger als ein Fünftel der Arbeitszeit allein)		
Kontakte mit Untergebenen dominieren, es folgen Beziehungen zu Kollegen und Vorgesetzten		
Der Arbeitstag des Managers ist äußerst zerstückelt, setzt sich aus vielen kurzen, meist ungeplanten Episoden zusammen		
Der Arbeitsablauf ist folglich durch häufige Unterbrechungen gekennzeichnet, was nur kurzzyklische Arbeitstakte erlaubt		

Aus dem Arbeitstag eines Managers einer Gießerei mit 100 Mitarbeitern:

8.00: Raphael Berger betritt das Gebäude und erhält schon auf dem Weg zu seinem Büro von Ralf Dahm, einem Mitarbeiter aus der Kalkulation, einen Hinweis auf eine Störung bei dem in Entwicklung befindlichen Computersystem. Danach geht er zu seinem Schreibtisch,

8.12: wo ihn der Anruf eines Mitarbeiters erreicht, der einen Austausch der Auszubildenden vorschlägt.

8.15: Direkt im Anschluß daran ruft er einen seiner Meister, Herrn Gallus, an, um ihm eine Anweisung technischer Art zu geben.

8.16: Dann startet er den in seinem Büro befindlichen Computer, der ihm die Ergebnisse der während der Nacht erfaßten und verarbeiteten Fertigungsdaten ausdruckt, um die Probleme, von denen Ralf Dahm berichtet hat, selbst zu beobachten und

8.19: stellt dann Dahm telefonisch dazu eine Frage.

8.20: Berger telefoniert mit einem zweiten Meister (Kraft), um von ihm eine Information über den Produktionsfortschritt in einem bestimmten Bereich zu erhalten.

8.21: Nun beginnt er, sich mit der bereits auf seinem Schreibtisch befindlichen Eingangspost zu beschäftigen, indem er sie öffnet, liest und zur Weiterverarbeitung vorbereitet. Einen Teil, den er selbst bearbeiten möchte, behält er zurück. Dies dauert mit den folgenden 8 Unterbrechungen etwa 12 Minuten.

8.22: Als Reaktion auf eines der Schreiben telefoniert Berger mit Meister Gallus und stellt ihm eine Frage.

8.23: Dann stellt er Meister Kraft dieselbe Frage.

8.25: Berger ruft den Entwicklungsingenieur des Computersystems (den er auch privat sehr gut kennt) an und spricht mit ihm über die aufgetretene Störung.

8.26: Der Betriebsleiter meldet sich telefonisch. Berger gibt ihm Anweisungen in der mit den Meistern bereits besprochenen Angelegenheit.

8.29: Berger sieht durch die offene Tür seines Büros, wie ein Mitarbeiter des Nachbarbetriebes das Bürogebäude betritt und steht auf, um ihm entgegenzutreten. Beide unterhalten sich kurz auf dem Flur über allgemeine Probleme, bevor der Besucher seine ursprünglich geplante Unterredung mit Mitarbeitern der Fertigung beginnt.

8.31: Berger telefoniert mit Meister Groll, um ihn zu sich zu bestellen.

8.32: Sie führen ihre Besprechung auf dem Flur, da Groll eintrifft, als Berger gerade auf dem Weg in das kaufmännische Büro ist, um den Mitarbeitern dort die Post zu bringen. Berger trifft eine Entscheidung über das weitere Vorgehen in einer produktionstechnischen Angelegenheit.

8.33: Berger sucht die Buchhalterin in ihrem Büro auf. Sie erkundigt sich nach seiner kranken Sekretärin, daraus entwickelt sich eine kurze Unterhaltung über deren Gesundheitszustand.

Aufgabe 2
Welche der Ergebnisse aus den Praxisuntersuchungen von Seite 10 treffen auf die Tätigkeiten von Raphael Berger zu?

Aufgabe 3
In Arbeitsstudien wurden folgende Tätigkeiten als typisch für Manager beobachtet. Können Sie sie in den oben angegebenen Tätigkeiten von Raphael Berger wiederfinden?
Arbeiten Sie mit Ihrem Nachbarn zusammen, und vergleichen Sie anschließend Ihre Arbeitsergebnisse im Plenum!

	ja	nein
Informationen austauschen		
Papierkram erledigen		
Planen		
Entscheiden		
Kontrollieren		
Soziale Kontakte pflegen/Politik machen		
Motivieren		
Disziplinieren		
Konflikte handhaben		
Personal beschaffen		
Personal entwickeln		

Was tut ein Manager ?

Welche Fähigkeiten brauchen Manager?

Manager sind erfolgreich, wenn sie über bestimmte Kompetenzen verfügen:

- ■ technische Kompetenz: Sachkenntnis und Fähigkeit, theoretisches Wissen und Methoden auf den konkreten Einzelfall anzuwenden
- ■ soziale Kompetenz: Fähigkeit, mit anderen Menschen effektiv zusammenzuarbeiten, sowohl als Leiter als auch als Mitglied einer Gruppe
- ■ konzeptionelle Kompetenz: Fähigkeit, Probleme im Zusammenhang zu erkennen, Lösungsansätze zu finden und Prozesse zu koordinieren und ganzheitlich zu denken

Aufgabe 1

Welche dieser Kompetenzen läßt Raphael Berger in den folgenden Tätigkeiten erkennen?

8.32

8.33

8.36

8.32: Sie führen ihre Besprechung auf dem Flur, da Groll eintrifft, als Berger gerade auf dem Weg in das kaufmännische Büro ist, um den Mitarbeitern dort die Post zu bringen. Berger trifft eine Entscheidung über das weitere Vorgehen in einer produktionstechnischen Angelegenheit.

8.33: Berger sucht die Buchhalterin in ihrem Büro auf. Sie erkundigt sich nach seiner kranken Sekretärin, daraus entwickelt sich eine kurze Unterhaltung über deren Gesundheitszustand.

8.34: Auf dem Rückweg zu seinem Büro wird er noch einmal von Groll, der in der Tür stehengeblieben war, zu den eben erörterten Themen befragt.

8.35: Kaum in sein Büro zurückgekehrt, erhält er einen Anruf von Meister Gallus, der eine Information haben möchte.

8.36: Nach einem Blick auf den laufenden Computerausdruck informiert er Dahm telefonisch über seine Beobachtungen und erörtert dann mit ihm ein damit in Zusammenhang stehendes Personalproblem.

Aufgabe 2

Nebenstehend finden Sie ein Stellenangebot der Firma Lotus. Welche Managerkompetenzen stehen hinter dem Anforderungsprofil? Arbeiten Sie mit Ihrem Nachbarn zusammen, und vergleichen Sie anschließend Ihre Arbeitsergebnisse im Plenum!

1.

2.
3.

Lotus Handverlesene Mitarbeiter

Leiter Fertigungsvorbereitung

Die Lotus AG erweitert ihre Fahrzeugproduktion.

Gesucht wird der Leiter Fertigungsvorbereitung.
Der richtige Bewerber hat Erfahrungen in einer Führungsposition in einer verwandten Branche und kann auf erstklassige Erfahrungen in sämtlichen Bereichen der Fertigungsvorbereitung verweisen.
Die Fähigkeit, Programme durchzuführen, Mitarbeiter zu motivieren und Effektivität und Rentabilität zu maximieren, sind für diese Position grundlegend.
Für diese Schlüsselstellung im Bereich Fertigung wird dem richtigen Bewerber ein attraktives Gehalt geboten.

Bewerbungen mit Lebenslauf
und Beschreibung des beruflichen Werdegangs sind zu richten an
N.S. Kemper, Personalabteilung
Lotus AG, Postfach
D-70112 Stuttgart

1.

2.

3.

Lotus

Autos - von Hand gemacht

Aufgabe 3

Der „Arbeitstag von Raphael Berger" wird in der Literatur als Beispiel für Aktivitäten von Managern aus mittelgroßen Betrieben zitiert.

Wie stellen Sie sich die Aktivitäten von Managern in einem Betrieb mit 5 Mitarbeitern vor? Wie stellen Sie sich die Aktivitäten von Managern in einem Betrieb mit 30.000 Mitarbeitern vor?

Bilden Sie zwei Gruppen! Eine Gruppe formuliert Tätigkeiten von Managern in Kleinbetrieben, die andere Tätigkeiten von Managern in Großbetrieben.

Nehmen Sie dabei, wenn nötig, die Informationen zu allgemeinen Manageraktivitäten auf den vorangegangenen Seiten zu Hilfe! Informieren Sie sich anschließend gegenseitig über Ihre Vorstellungen!

Lexikon

Betrieb, der, -e
Unternehmen, das, -
Unternehmung, die, -en
komplexes, soziotechnisches System, das Sachgüter und/oder Dienstleistungen für den Bedarf anderer bereitstellt

Manager, der, -
Führungskraft, die gegenüber einer Gruppe im Betrieb weisungsbefugt ist

Management, das, o.Pl.*
als Institution:
Personen in der Unternehmenshierarchie, die Führungsaufgaben wahrnehmen und gegenüber anderen Mitarbeitergruppen Weisungsbefugnis haben

als Funktion:
die Wahrnehmung aller zur Steuerung eines Unternehmens notwendigen Aufgaben

* o. Pl. = ohne Plural und bedeutet, daß der Fachbegriff in der Regel im Singular benutzt wird

Wonach richten sich Manager ?

Faktoren erfolgreicher Unternehmensführung

Anfang der achtziger Jahre untersuchten Peters und Waterman 43 erfolgreiche amerikanische Großunternehmen wie z.B. IBM, Hewlett-Packard, Boeing, Delta Airlines, Procter & Gamble, McDonald's, Johnson & Johnson etc. Sie stellten fest:

„Das überragende Kennzeichen dieser Unternehmen ist die aus festgefügten Überzeugungen erwachsende Intensität der Firmenkultur. Während unserer ersten Interviewreihe konnten wir sie fast mit Händen greifen. Über Menschen wurde in einer ganz anderen Sprache gesprochen. In bezug auf regelmäßige, eigenständige Mitarbeit bestanden ganz andere Erwartungen. Die Liebe zum Produkt und zum Kunden war spürbar."

Aufgrund ihrer Interviews und Recherchen hielten Peters/Waterman die folgenden acht Grundtugenden als Faktoren erfolgreicher Unternehmensführung fest:

Primat des Handelns
„Probieren geht über studieren." Aufgaben werden analysiert und rasch angepackt; es wird ständig experimentiert, auch auf die Gefahr hin, Fehler zu machen.

Nähe zum Kunden
„Der Kunde ist König." Die Ideen und Wünsche der Kunden werden ernstgenommen, oft entstehen daraus neue Produktideen.

Freiraum für Unternehmertum
„Wir wollen lauter Unternehmer." Führungstalente werden gefördert, Spielraum für Kreativität und Risikobereitschaft wird gewährt.

Produktivität durch Menschen
„Auf den Mitarbeiter kommt es an." Die Mitarbeiter werden als die eigentliche Quelle der Qualität und Produktivität betrachtet. Vertrauen in die Mitarbeiter verbessert Arbeitsabläufe und Produkte.

Sichtbar gelebtes Wertesystem
„Wir meinen, was wir sagen - und tun es auch." Werte wie Qualität, Kundenpflege, Zuverlässigkeit bestimmen das Handeln des Unternehmens.

Bindung an das angestammte Geschäft
„Schuster, bleib bei deinem Leisten." Die eigenen Stärken werden analysiert und genutzt. Firmenkäufe erfolgen nur dann, wenn eigenes Know-how fruchtbar eingesetzt werden kann.

Einfacher, flexibler Aufbau
"Kampf der Bürokratie!" Die grundlegenden Strukturen sind einfach und überschaubar. Es gibt keinen aufgeblähten Führungsapparat.

Straff-lockere Führung
„Soviel Führung wie nötig, so wenig Kontrolle wie möglich." Es gibt Freiraum für Initiative und eigene Lösungswege, aber auch eine enge Orientierung an den obersten Zielsetzungen und Werten des Unternehmens.

Aufgabe 1
Stehen die von Peters und Waterman genannten Grundtugenden von Unternehmen hinter den folgenden Aussagen deutscher Manager bzw. hinter den folgenden Firmeninformationen?

	ja	nein
„Wir haben regelmäßige Kreativsessions der Mitarbeiter organisiert. Dort darf jeder träumen, spinnen, philosophieren. Nur eines darf er nicht: Er darf nicht sagen: Das geht nicht!"		
„Wir setzen auf Technologien, bei denen wir schon stark sind"		
„Wenn die Jugendlichen unsere alten Schuhe auf den Flohmärkten suchen, wäre es dumm, wenn wir sie nicht wieder produzieren würden"		
„Wir brauchen eine permanente Revolution, so wie sie uns die Japaner vorleben"		
„Wir wollen IBM vor allem schlagkräftig und beweglicher machen. Deshalb teilen wir uns in kleinere und überschaubare Einheiten ein"		
„Das klassische Unternehmen als Organisationsform, wo sich Mitarbeiter zu festen Zeiten an einem Ort versammeln, hat ausgedient"		
„Unsere Mitarbeiter werden gezielt geschult, Einwände von Kunden ernstzunehmen, niemanden am Telefon abzuwimmeln und auftauchende Probleme so rasch wie möglich zu lösen"		
Bei der Hamburger Phoenix AG, einem Hersteller von Kautschuk- und Kunststoffartikeln, gab es 1993 2.268 Verbesserungsvorschläge von Mitarbeitern		
„Unsere Programmierer arbeiten in kleinen Teams ohne starke Hierarchien. Stechuhr und starre Arbeitszeit gibt es nicht"		

Die BA-Geschichte (Putting People First)

Im September 1981 stand British Airways „der schlimmsten Krise in seiner Geschichte" gegenüber (Roy Watts).

Verschiedene Faktoren hatten dazu beigetragen: Der Markt war rückläufig, die Fusion der beiden britischen Fluglinien BOAC (Transatlantiklinie) und BEA (Europalinie) hatte zu einer personellen Überbesetzung geführt, das Management war bürokratisch, der Service war nicht gut, ein Großteil der Flüge war verspätet, die Flugzeuge sahen veraltet aus, das Personal wurde als professionell, aber unnahbar und unpersönlich beschrieben.

BA reagierte u.a. auf die Krise mit der Einsparung von 9.000 Arbeitsplätzen und der Aufgabe von 16 internationalen Passagierstrecken und erreichte damit 1981/82 einen bescheidenen Betriebsüberschuß. Die Ursachen von BAs Problemen wurden damit jedoch nicht beseitigt; es gab weiterhin eine bürokratische Unternehmensleitung, die Einstellung des Personals zum Dienst am Kunden ließ immer noch viel zu wünschen übrig. BA mußte damit beginnen, seine Unternehmenskultur zu ändern.

Wonach richten sich Manager ?

Zu dieser Situation sagte Colin Marshall, '83 als führender BA-Manager berufen:

„Es war... offensichtlich für mich, daß das Unternehmen extrem introvertiert war, daß es kein Verständnis dafür hatte, was der Markt wollte, was die Kunden wünschten - daß dem Unternehmen fast vollständig das Marketing fehlte... Ich war davon überzeugt, daß es für uns das Entscheidendste war, uns unserem Service-Problem zuzuwenden. Als wir dies taten, erkannten wir die Notwendigkeit, bei den Beschäftigten ein emotionales Instrument zu schaffen, so daß eine größere Aussicht bestand, ihre Moral zu heben und dadurch einen besseren Dienst am Kunden zu erhalten." Eine neue Unternehmenskultur war gefordert.

Seine Vision war: BA - die erfolgreichste, sicherste, effizienteste und am meisten kundenorientierte Fluglinie der Welt.

Colin Marshall formulierte den neuen Ansatz so: „Wir versuchten, den traditionellen Ansatz für die Problemlösung zu vermeiden, bei dem die Aufgabe von A über B nach C weitergereicht wird. Dieser neue Ansatz bedeutete, persönliche Verantwortung einzuführen... z.B. gaben wir einem Manager die spezifische Aufgabe, das Innere unserer Flugzeuge sauber zu bekommen. Wir gaben ihm auch die Vollmacht, die etablierten Autoritätslinien zu umgehen..."

Die Auswahlkriterien für die neuen Manager beruhten auf „Erfahrung und Intuition". Wie ein Manager erklärte: „Es lief letztlich darauf hinaus, ob der Bewerber zu unserer Vision von BA beitragen konnte, einer BA mit einer Konzentrierung auf den Markt und einer Reaktion auf die Unternehmenserfordernisse."

1988 und 1989 wurde BA zur besten Fluglinie der Welt gewählt. Insbesondere wurden die „freundliche Haltung in der gesamten Fluggesellschaft, die Effizienz und der ausgezeichnete Service" gelobt. Die Mitarbeiter sprachen von einem völlig anderen Arbeitsplatz im Vergleich zu 1980: „Ich bin stolz darauf, bei BA zu arbeiten." (Daran Briggs, Mitarbeiter)

Aufgabe 2
Die BA-Geschichte repräsentiert die Umsetzung einer Vision in die Unternehmenspraxis. Alle folgenden Aussagen über Vision und Unternehmenskultur sind richtig. Können Sie sie der BA-Geschichte entnehmen? Arbeiten Sie mit Ihrem Nachbarn zusammen, und vergleichen Sie anschließend Ihre Arbeitsergebnisse im Plenum!

	ja	nein
Die Vision ist ein Bild von der Zukunft des Unternehmens		
Die Vision führt zu einer neuen Unternehmensphilosophie, die die Unternehmenskultur schafft		
Aus der Vision entstehen Unternehmensziele, die in längeren Zeiträumen umgesetzt werden		
Die Unternehmenskultur in einem Betrieb kann sich durch den Einfluß des Managements verändern		
Die Unternehmenskultur ist ein System von Werten und Überzeugungen, nach denen die Mitarbeiter eines Unternehmens handeln		
Die Unternehmenskultur entwickelt sich über einen längeren Zeitraum		
Die Unternehmenskultur bestimmt die Kommunikation innerhalb des Unternehmens und mit der Außenwelt		

Die IBM-Unternehmensphilosophie

Der Geschäftspolitik von IBM liegen drei Grundwerte zugrunde, die von Firmengründer Thomas Watson formuliert und seitdem nicht verändert wurden:

■ Achtung vor dem Individuum
Achtung vor der Würde und den Rechten des Einzelnen im Unternehmen

■ Dienst am Kunden
Erbringung des bestmöglichen Service für den Kunden

■ Hervorragende Leistung
Hoher Anspruch an die Leistungen des Unternehmens und die Erwartung, daß die Mitarbeiter verantwortungsbewußt handeln

Vision und Philosophie ins Bild gesetzt: Corporate Identity als Managementaufgabe bei BMW

Ende der 70er Jahre erkannten BMW-Manager, daß zwischen ihren Autos mit den Kennzeichen „exklusiv, sportlich, technisch führend" (BMW-Vision: Das beste Auto der Welt) und der Repräsentation des Unternehmens ein Widerspruch bestand. Die BMW-Vertragswerkstätten wirkten chaotisch, die Verkaufsräume wie „Särge für unsere Autos".

Um die Marke BMW und ihr Erscheinungsbild weltweit unverwechselbar erkennbar zu machen, wurde anstelle mehrerer Varianten ein einziges BMW-Bildzeichen eingeführt: die weiß-blaue Plakette; Weiß wurde zur Hausfarbe erklärt, für alle Schriften wurde der Schrifttyp „Helvetica" geführt, Briefbogen erhielten dasselbe Design, die Verkaufsstellen wurden nach demselben Muster umgebaut und weiß gestrichen.

Aufgabe 3
Alle folgenden Aussagen über Unternehmensphilosophie und Corporate Identity (CI) sind richtig. Können Sie sie den beiden obigen Texten entnehmen? Arbeiten Sie mit Ihrem Nachbarn zusammen, und vergleichen Sie anschließend Ihre Arbeitsergebnisse im Plenum!

	ja	nein
Die Unternehmensphilosophie ist ein System von Leitsätzen, das von der Unternehmensführung aufgestellt wird		
Die Unternehmensphilosophie ist die Antwort auf die Frage nach dem Sinn und Zweck des Unternehmens		
Corporate Identity ist die gezielt geplante Selbstdarstellung eines Unternehmens		
CI wird geschaffen durch die visuell realisierte Kommunikation eines Unternehmens		
CI wird geschaffen durch die Summe aller visuellen Kommunikationen eines Unternehmens: durch dessen Produkte oder Dienstleistungen, durch Anzeigen, Broschüren, Briefbögen, Schriftzug, Farben, Fahrzeugbeschriftung, Verpackung bis zur Architektur der Werkhallen und der Gestaltung von Verkaufsräumen und Arbeitsplätzen		

Wonach richten sich Manager ?

Aufgabe 4
Welche der nebenstehenden Begriffe stehen hinter den Praxisbeispielen? Arbeiten Sie mit Ihrem Nachbarn zusammen, und vergleichen Sie anschließend Ihre Arbeitsergebnisse im Plenum!

Vision

Unternehmenskultur

Unternehmensphilosophie

Corporate Identity

1

Die Farben der Lufthansa sind gelb und blau. Sie finden sich auf den Maschinen und teilweise in der Kleidung des Personals wieder.

2

Reinhard Mohn (Bertelsmann Verlag) wollte das Buch der breiten Bevölkerung zugänglich machen: „Unsere Aufgabe ist die Kommunikation."

3

Die Leitsätze von McDonald's sind Q. S. C. & V.: quality (Qualität), service (Service), cleanliness (Sauberkeit) and value (Gegenwert).

4

Swissair läßt die Dienstkleidung seines Personals durch Dior stylen.

5

Anita Roddick, Gründerin der „Body Shops" (Kosmetikkette, Umsatz 160 Mio. DM) erklärt ihren Erfolg so: „Respekt vor anderen Kulturen, Respekt vor alten Weisheiten, Respekt vor der Natur."

6

Die Mitarbeiter von Hewlett Packard wissen, daß von ihnen innovatives Denken verlangt wird und handeln entsprechend.

Bedeutung der Unternehmenskultur (UK) für deutsche Manager	Prozent
1. UK ist für uns kein Thema	6
2. UK steht noch in den Anfängen	28
3. Es gibt eine spezielle UK bei uns	51
4. Jedes Unternehmen hat naturwüchsig eine UK	15
	100

Aufgabe 5
Welche Bedeutung hat die Unternehmenskultur in Ihrem Land? Notieren Sie sich Stichpunkte!

Nennen Sie Beispiele für Corporate Identity!

Kennen Sie Visionen, die Manager/Unternehmer in Ihrem Land haben?

Lexikon

Vision, die, -en	Vorstellung von der Aufgabe des Unternehmens, deren Umsetzung in die Praxis ein dauernder Prozeß ist
Unternehmens-philosophie, die, o. Pl.	System von Leitprinzipien, das von der Unternehmensführung aufgestellt wird und u.a. ethische und moralische Gesichtspunkte berücksichtigt, wie z.B. gesellschaftliche Funktion des Unternehmens, Einstellung zu Wachstum, Wettbewerb und technischem Fortschritt, Verantwortung gegenüber Mitarbeitern etc.
Unternehmens-kultur, die, o.Pl. Corporate Culture, die, o.Pl.	System von Werten und Überzeugungen, die Mitarbeitern eines Unternehmens gemeinsam sind, die sich über längere Zeit entwickelt haben und die das Verhalten der Mitarbeiter entscheidend prägen
Corporate Identity, die, o.Pl. Erscheinungsbild, das, o.Pl.	Unternehmensimage, das Einmaligkeit bzw. Unverwechselbarkeit des Unternehmens unterstreicht und damit auf Identifikation nach innen und außen zielt (z.B. Gebäude, Farbe, Logo etc.)

Wonach richten sich Manager ?

Grundlegendes Unternehmensziel

Grundlegender Maßstab guter Unternehmensführung ist das, was unterm Strich übrig bleibt, nämlich der Gewinn. Die Hewlett-Packard GmbH formuliert hinsichtlich des Gewinns folgendermaßen:

„Wir wollen einen Gewinn erzielen, der ausreicht, um das Wachstum unseres Unternehmens zu finanzieren und die Mittel bereitzustellen, die wir zur Verwirklichung anderer Zielsetzungen benötigen."

Maximierung der Gewinne

„Dieses Tun bringt zwar Profite in den Bilanzen unserer Generation, aber unsere Kinder werden Verluste erben. Wir borgen Umweltkapital von den zukünftigen Generationen ohne jede Absicht oder auch nur Aussicht zurückzuzahlen." (Brundtland-Bericht der UN-Umweltbehörde, 1978)

Unternehmensziele heute

1988 wurden in der BRD für einzelwirtschaftliche Umweltschutzmaßnahmen 35,7 Mrd. DM, d.h. 1,7% des Bruttosozialprodukts ausgegeben. Dem standen Umweltschäden in Höhe von ca. 500 Mrd. DM gegenüber.

Unternehmen befinden sich heutzutage also zunehmend im Spannungsfeld zwischen Ökonomie und Ökologie. Sie müssen einen Ausgleich suchen zwischen ihren ökonomischen Zielen (wie z.B. Unternehmenserfolg), den ökologischen Zielen (wie z.B. Umweltschutz) und ihren sozialen Zielen (z.B. humane Arbeitsbedingungen, Erhaltung von Arbeitsplätzen). Viele Unternehmen haben auch ethische Ziele integriert (kein Verkauf von Zigaretten und Alkohol bei der Migros, einem Handelsunternehmen in der Schweiz).

Aufgabe 1
Welche Ziele stehen dahinter? Bitte ordnen Sie zu! Nehmen Sie gegebenenfalls das Lexikon auf S.21 zu Hilfe!

Verzicht auf Produktion chemischer Waffen
Recycling von Verpackungen
Sicherung der Existenz des Unternehmens
Schaffung von Arbeitsplätzen für Behinderte
Erzielung angemessener Profite

a)	ökonomische Ziele
b)	soziale Ziele
c)	ökologische Ziele
d)	ethische Ziele

Aufgabe 2

Welche der Unternehmensziele stehen hinter den folgenden Aussagen von Unternehmen? Arbeiten Sie mit Ihrem Nachbarn zusammen, und vergleichen Sie anschließend Ihre Arbeitsergebnisse im Plenum!

1

„Wir bieten übertarifliche Bezahlung, Werkswohnungen und eine zusätzliche Altersversorgung."

2

„Wir stellen uns den Problemen der begrenzten Rohstoff- und Energiereserven."

3

„Bei gleicher Qualifikation werden Frauen bevorzugt eingestellt."

4

„Wirtschaftliche Überlegenheit darf nicht dazu ausgenutzt werden, um ungewöhnlich harte Zahlungsbedingungen durchzusetzen."

5

„Für das nächste Jahr streben wir 3% mehr Gewinn an."

Aufgabe 3

Nennen Sie Beispiele für Ziele wichtiger Unternehmen aus Ihrem Land! Welche sind besonders ausgeprägt? Arbeiten Sie mit Ihrem Nachbarn zusammen, und vergleichen Sie anschließend Ihre Arbeitsergebnisse im Plenum!

Lexikon

ökonomische Ziele, Pl.	**Unternehmensziele, deren Erreichung die langfristige Existenzsicherung des Unternehmens bewirken**
soziale Ziele	**Unternehmensziele, die einerseits durch Gesetze und Tarifabschlüsse festgelegt sind, andererseits durch freiwillige Leistungen der Arbeitgeber bestimmt werden**
ethische Ziele	**Unternehmensziele wie Zahlungsmoral, faire Werbung, Humanisierung der Arbeit etc.**
ökologische Ziele	**Zielsetzung des Unternehmens, die z.B. auf die Vermeidung oder Verminderung von Umweltbelastung ausgerichtet ist**

Wo sind Manager tätig ?

Produktion von Kugelschreibern bei Willy Verkel & Sohn, Wesel

Die Firma Willy Verkel & Sohn produziert silberne Kugelschreiber für den gehobenen Bedarf. Die Abteilung Produktion ist in Hüllenfertigung, Montage, Lager und Verpackung gegliedert. Die Hüllen werden auf zwei mit Biogas betriebenen Maschinen hergestellt, die von zwei Mitarbeitern bedient werden und die 504 Stück pro Stunde ausstoßen können. Die Firma kauft die Federn und Druckknöpfe bei der Firma Müller, die Minen bei der Firma Schneider ein. Diese werden in der Montageabteilung montiert, anschließend im Packraum in Etuis verpackt und in einer umgebauten Halle gelagert.

Aufgabe 1
Ordnen Sie die Inhalte aus dem Fallbeispiel den passenden Begriffen zu! Arbeiten Sie mit Ihrem Nachbarn zusammen, und vergleichen Sie anschließend Ihre Arbeitsergebnisse im Plenum!

Willy Verkel & Sohn
silberne Kugelschreiber
Silber
Biogas
504 Stück pro Stunde
Federn und Druckknöpfe
Firma Müller
Firma Schneider
Etuis
umgebaute Halle

a)	Lager
b)	Betriebsstoff
c)	Kapazität
d)	Lieferant
e)	Rohstoff
f)	Produkt
g)	Verpackung
h)	Produzent
i)	Hersteller

Werkstoffe

Fertigprodukt	Werkstoffe		
	Rohstoff	**Hilfsstoff**	**Betriebsstoff**
Stuhl	Holz	Leim, Lack	Elektrizität
Auto	Stahl, Gußeisen	Kunststoff, Glas, Gummi, Lack	Elektrizität, Luft, Wasser, Öl

Aufgabe 2
Bitte ordnen Sie den jeweiligen Begriffsinhalt dem passenden Begriff zu!

Stoffe, die nicht Hauptbestandteile des Fertigproduktes werden
Stoffe, die nicht Bestandteile des Fertigproduktes werden, aber bei der Produktion verbraucht werden
Stoffe, die Hauptbestandteile des Fertigproduktes werden

a)	Rohstoffe
b)	Hilfsstoffe
c)	Betriebsstoffe

Lexikon

Rohstoff, der, -e	**Stoff, der zum Hauptbestandteil des Fertigprodukts wird**
Hilfsstoff, der, -e	**Stoff, der nicht Hauptbestandteil des Fertigprodukts wird**
Betriebsstoff, der, -e	**Stoff, der bei der Produktion verbraucht wird, aber nicht Bestandteil des Fertigprodukts wird**
Werkstoff der, -e	**Roh-, Hilfs- und Betriebsstoffe**
Lager, das, -	**Ort innerhalb oder außerhalb des Betriebs, wo Rohstoffe, Werkstoffe, unfertige oder fertige Produkte vor, während oder nach der Produktion gelagert werden**
Betriebsmittel, das, -	**Maschinen, Werkzeuge, Gebäude, Grundstücke etc.**
Kapazität, die, -en	**quantitative und qualitative Leistungsfähigkeit**
Produkt, das, -e	**Erzeugnis, Gut**
Dienstleistung, die, -en	**immaterielles Gut (Bankdienste, Transportdienste etc.)**
Leistung, die, -en	**Produkt bzw. Dienstleistung**
Produktion, die, o.Pl.	**Erzeugung von Gütern**
Fertigung, die, o. Pl.	**Herstellung von Produkten**
Leistungserstellung, die, o.Pl.	**Herstellung von Produkten bzw. Bereitstellung von Dienstleistungen**
Produzent, der, -en	**Hersteller eines Produkts**
Konsument, der, -en	**Endabnehmer eines Produkts**
Verbraucher, der, -	**Konsument**
Kunde, der, -n	**Abnehmer z.B. eines Erzeugnisses, eines Werkstoffs, einer Dienstleistung etc.**
Lieferant, der, -en	**Firma, von der Roh-, Hilfs-, Betriebsstoffe bzw. Werkstoffe oder Fertigfabrikate bezogen werden können**
Verkauf, der, o.Pl.	**technische Abwicklung der Leistungsabgabe an den Markt**

Wo sind Manager tätig ?

Joghurt „Almrausch"

Die Firma Xaver Hinterhuber, Marktoberdorf, produziert den konservierungsstofffreien Fruchtjoghurt „Almrausch" im Pfandglas. Der Joghurt wird aus Vollmilch mit mindestens 3,8% Fett im Milchanteil, Preiselbeeren, wilden Brombeeren oder Walderdbeeren, Zucker und natürlichen Aromastoffen auf einer vollautomatischen Anlage hergestellt. Die Milch bezieht Xaver Hinterhuber von ausgewählten Bauernhöfen aus dem Landkreis Ostallgäu. Da die Firma im Aufbau begriffen und der Joghurt nur vier Wochen haltbar ist, müssen die Abnehmer im Raum Kempten, Ulm und Augsburg vorläufig von einer Kühlhalle in Marktoberdorf beliefert werden.

Aufgabe 3

Bitte ergänzen Sie! Nehmen Sie gegebenenfalls das Lexikon auf Seite 23 zu Hilfe! Arbeiten Sie mit Ihrem Nachbarn zusammen, und vergleichen Sie anschließend Ihre Arbeitsergebnisse im Plenum!

1
Xaver Hinterhuber

2
Milch

3
ausgewählte Bauernhöfe im Landkreis Ostallgäu

4
Genoveva Huber, die jeden Morgen einen „Almrausch" auf dem Frühstückstisch stehen hat

5
Kühlhalle in Marktoberdorf

6
Fruchtjoghurt „Almrausch"

7
natürliche Aromastoffe

8
Abnehmer in Kempten, Ausgsburg und Ulm

9
Milch, Früchte, Zucker, natürliche Aromastoffe, elektrischer Strom

Aufgabe 4

Sind die nebenstehend genannten Unternehmen Produktions- oder Dienstleistungsbetriebe? Wenn es sich dabei um Produktionsbetriebe handelt - produzieren sie Produktions- oder Konsumgüter? Nehmen Sie das untenstehende Lexikon zu Hilfe! Arbeiten Sie mit Ihrem Nachbarn zusammen, und vergleichen Sie anschließend Ihre Arbeitsergebnisse im Plenum!

Deutsche Bank

Bayerische Motorenwerke (BMW)

Lufthansa

Schlöhmann, Walzstraßen u. Industrieanlagen

Siemens

Löwenbräu München

Aufgabe 5

Nennen Sie ein bekanntes Unternehmen aus Ihrem Land! Was produziert es und für wen?

Lexikon

Produktionsbetrieb, der, -e	**Unternehmen, das Güter herstellt, wie z.B. Produktionsgüter**

oder Konsumgüter

Dienstleistungsbetrieb, der, -e	**Unternehmen, das Dienstleistungen bereitstellt, wie z.B. ein Hotel, ein Krankenhaus, ein Friseurgeschäft, eine Arztpraxis, Bank, Versicherung etc.**

Wo sind Manager tätig ?

Mittelständische Unternehmen

Nach ihrer wirtschaftlichen Bedeutung und Beschäftigtenzahl unterscheidet man Großbetriebe wie z.B. Siemens, VW etc. und mittelständische Betriebe mit bis zu über 500 Beschäftigten. Ein wichtiges Merkmal mittelständischer Unternehmen ist die enge Verknüpfung zwischen Unternehmen und Unternehmer, der oft intensiv mitarbeitet. Weitere Merkmale sind:

- führende Position in Teilmärkten
- Kundennähe
- hoher Stellenwert von Aus- und Weiterbildung der Mitarbeiter
- gutes Verhältnis zwischen Arbeitgebern und Arbeitnehmern

Eindeutige Abgrenzungsmerkmale für den Begriff des mittelständischen Unternehmers gibt es nicht.

Mittelstand:
Fundament der Wirtschaft
Kleine und mittlere Unternehmen in der BR Deutschland...

...bilden aus	85 %	der Lehrlinge
...beschäftigen	66 %	der Arbeitnehmer
...machen	50 %	der Umsätze
...erarbeiten	46 %	des Sozialprodukts
...tätigen	41 %	der Investitionen

© Globus

Aufgabe 1
Können Sie die folgenden Informationen dem obigen Text bzw. der Graphik entnehmen?

	ja	nein
Mittelständische Unternehmen beschäftigen zwei Drittel der deutschen Arbeitnehmer		
Mittelständische Unternehmen machen die Hälfte der in der BRD getätigten Umsätze		
2 % der Industrieunternehmen in der BRD sind Großunternehmen mit mehr als 1000 Beschäftigten		
Mittelständische Unternehmen investieren stark in die Ausbildung ihrer Mitarbeiter		
1988 war in der ehemaligen DDR jeder 50. Bürger selbständig, in den alten Bundesländern jeder achte		
Mittelständische Unternehmen machen 95% der Unternehmen in der EU aus und beschäftigen 60% der Erwerbstätigen		

Aufgabe 2
Welche Rolle spielen mittelständische Unternehmen in Ihrem Land? Notieren Sie sich Stichpunkte! Informieren Sie das Plenum!

Erfolgreiche mittelgroße deutsche Unternehmen und ihre Produkte

Mittelgroße deutsche Unternehmen, die europa- und weltweit den größten Marktanteil in ihrer Branche haben, produzieren z.B.:

- Maschinen zur Zigarettenherstellung
- Textilverarbeitungsmaschinen
- Pressen zur Spanplattenherstellung
- Futter für Zierfische

Lexikon

Großunternehmen, das, -	**Unternehmen mit mehr als 1000 Arbeitnehmern**
mittelständisches Unternehmen, das, -	**Unternehmen mit bis zu 500 Arbeitnehmern**
Kleinunternehmen, das, -	**Unternehmen mit weniger als 50 Beschäftigten**

Großunternehmen

In den alten deutschen Bundesländern existierten 1993 ca. 47.000 Industrieunternehmen. Nur 2% davon waren Großunternehmen. Diese beschäftigten rund die Hälfte der 7,4 Mio. Industriebeschäftigten. Die 12 wichtigsten davon waren:

Firma, Sitz	Wirtschaftszweig	Umsatz (Mio. DM)	Beschäftigte
1. Daimler-Benz AG, Stuttgart	Auto, Elektro, Luftfahrt	94 660	375 300
2. Volkswagen AG, Wolfsburg	Auto	77 000	266 000
3. Siemens AG, München	Elektro	73 000	402 000
4. Veba AG, Düsseldorf	Energie, Chemie	60 000	116 500
5. RWE AG, Essen	Energie, Bau	49 900	102 200
6. Hoechst AG, Frankfurt	Chemie, Pharma	47 200	179 300
7. BASF AG, Ludwigshafen	Chemie, Energie	46 600	129 400
8. Bundespost Telekom, Bonn	Telekommunikation	43 200	250 000
9. Bayer AG, Leverkusen	Chemie, Pharma	42 400	164 200
10. Thyssen AG, Duisburg	Stahl, Maschinen	36 600	148 400
11. Bosch GmbH, Stuttgart	Elektro	33 600	148 600
12. Bayerische Motorenwerke, München	Auto	29 800	74 200

Der Anteil der Industrie an der Erwirtschaftung des Bruttosozialproduktes sank von 1973 - 1990 von 48,7% auf 40,6%, der von privaten und öffentlichen Dienstleistungsbetrieben erwirtschaftete Anteil stieg in demselben Zeitraum von 48,3% auf rund 58%.

Aufgabe 3
Können Sie die nebenstehenden den Informationen dem obigen Text entnehmen? Alle Informationen sind richtig! Arbeiten Sie mit Ihrem Nachbarn zusammen, und vergleichen Sie anschließend Ihre Arbeitsergebnisse im Plenum!

	ja	nein
Die Bedeutung der Großunternehmen in der Bundesrepublik Deutschland steht im umgekehrten Verhältnis zu ihrer Anzahl		
Der von der Industrie am Bruttosozialprodukt erwirtschaftete Anteil ist in den letzten Jahren gesunken		
Die Kraftfahrzeugindustrie gehört zu den deutschen Industriezweigen mit den höchsten Umsätzen		
Die deutsche Kraftfahrzeugindustrie steht nach der japanischen und der der USA weltweit an dritter Stelle in der Produktion		
Die Badische Anilin- und Sodafabrik (BASF), Hoechst und Bayer zählen zu den wichtigsten Chemieunternehmen der Welt		

Aufgabe 4
Welche Rolle spielen Großunternehmen in Ihrem Land? Notieren Sie sich Stichpunkte!

Aufgabe 5
Vergleichen Sie die Produkte der führenden deutschen Großunternehmen mit denen der europa- oder weltweit führenden deutschen mittelständischen Betriebe! Was schließen Sie daraus?

1D

Wie sind Unternehmen organisiert ?

Johann Conrad Fischer AG, Schaffhausen, Schweiz

J.C. Fischer gründete 1838 eine Gußstahlfabrik in Schaffhausen. Er beschäftigte zu der Zeit 17 Mitarbeiter. Er kümmerte sich selbst um die Finanzierung, gründete Unternehmen, bestimmte die Produkte, organisierte die Beschaffung der Werkstoffe, überwachte die Arbeit, warb Kunden, erledigte die Korrespondenz, besorgte die Kundenkontakte, verpackte die Ware, stellte Rechnungen aus, zeichnete, konstruierte und erprobte neue Anlagen und Methoden und arbeitete bei Bedarf bei der Produktion mit.

Aufgabe 1

Was J.C. Fischer 1838 allein erledigte, ist heutzutage in größeren Unternehmen bestimmten organisatorischen Bereichen zugeordnet. Zu welchen Bereichen gehören die Tätigkeiten von J.C. Fischer? Arbeiten Sie mit Ihrem Nachbarn zusammen, und vergleichen Sie anschließend Ihre Arbeitsergebnisse im Plenum!

1838 beschäftigte J. C. Fischer 17 Mitarbeiter
J. C. Fischer entwarf seine Produkte und erprobte neue Anlagen
J. C. Fischer erledigte die Korrespondenz seiner Firma
J. C. Fischer warb seine Kunden selbst
J. C. Fischer beschaffte die Werkstoffe
J. C. Fischer beschaffte die Finanzmittel für sein Unternehmen
J. C. Fischer stellte Gußstahl her

a)	**Produktion**
b)	**Finanzierung**
c)	**Absatz / Marketing**
d)	**Forschung und Entwicklung**
e)	**Personal und Verwaltung**
f)	**Materialbeschaffung**

„Wir betreiben harte Ausbildung, aber jedes Mal, wenn wir dabei waren, Gemeinschaften zu bilden, wurden wir umorganisiert. Später im Leben habe ich gelernt, daß wir dazu neigen, neuen Situationen mit Reorganisation zu begegnen: Und dies kann eine glänzende Methode sein, die Illusion vom Fortschritt zu schaffen, während Verwirrung, Wirkungslosigkeit und Demoralisierung produziert werden."
Ausspruch von Petronius Arbiter aus dem Jahre 210 vor Chr.

Felten und Guillaume 1890

Die Firma Felten und Guillaume (Kabel und Anlagenbau), Köln, hatte 1890 die folgende Organisationsstruktur.

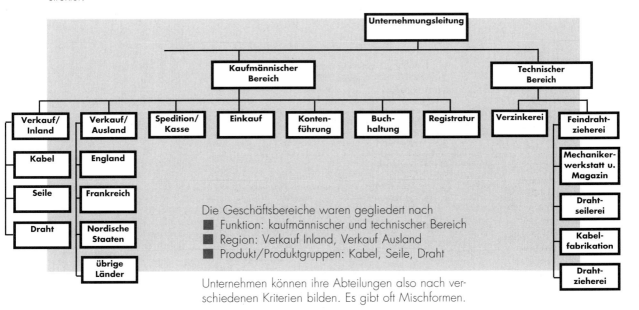

Die Geschäftsbereiche waren gegliedert nach
- Funktion: kaufmännischer und technischer Bereich
- Region: Verkauf Inland, Verkauf Ausland
- Produkt/Produktgruppen: Kabel, Seile, Draht

Unternehmen können ihre Abteilungen also nach verschiedenen Kriterien bilden. Es gibt oft Mischformen.

Aufgabe 2

Zu welchen auf Seite 28 genannten Organisationsbereichen gehören die folgenden Oganisationseinheiten bei Felten und Guillaume?

Einkauf

Verzinkerei

Verkauf - Inland

Buchhaltung

Aufgabe 3

Welche der oben genannten Gliederungskriterien können Sie in den nebenstehenden Geschäftsbereichen von Felten und Guillaume erkennen? Arbeiten Sie mit Ihrem Nachbarn zusammen, und vergleichen Sie anschließend Ihre Arbeitsergebnisse im Plenum!

Einkauf

Verkauf - Inland

Draht

Wie sind Unternehmen organisiert ?

Deutsche Eiche sucht Mitarbeiter

Die Möbelschreinerei „Deutsche Eiche", Bayreuth, ist ein mittelständisches Unternehmen mit 90 Mitarbeitern und einem Umsatz von 230,5 Mio DM. Das Unternehmen produziert bayerische Bauernmöbel nach Maß. Inhaber Wendelin Wagner hat Unternehmensphilosophie, Produktprogramm und Organisation von seinem Vater übernommen:

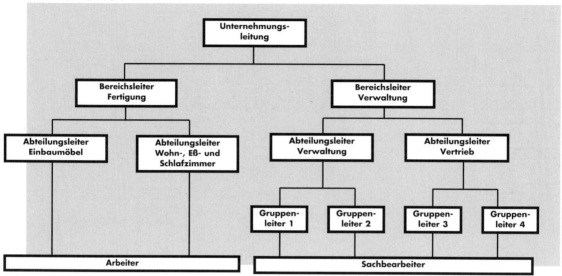

Produktionsleiter Karl Klug sieht bei der „Deutschen Eiche" keine Aufstiegsmöglichkeiten mehr und wechselt zur oberbayerischen Konkurrenz. Seinen langjährigen Mitarbeiter, den Meister Anton Redlich, der bei der „Deutsche Eiche" die Abteilung Einbaumöbel geleitet hat, nimmt er mit. Die „Deutsche Eiche" sucht Ersatz und gibt im „Fränkischen Boten" folgende Anzeige auf:

DEUTSCHE WERTARBEIT

Die Deutsche Eiche ist als Unternehmen mit Tradition eine der führenden Adressen für individuelle Möbel im Landhausstil. Wir haben einen Umsatz von 230.5 Mio. DM und bieten rund 90 Mitarbeitern einen sicheren Arbeitsplatz im reizvollen Bayreuth. Zur Ergänzung unseres qualitätsbewußten Teams suchen wir ab sofort einen

LEITER DES BEREICHS FERTIGUNG

Sie haben Sinn für Perfektion und Freude an traditionellem Design. Sie haben langjährige Erfahrung in der Fertigung von Qualitätsmöbeln und Erfahrung in der Leitung eines leistungsorientierten Teams.
Als Produktionsleiter führen Sie 50 Fachkräfte und sind direkt der Unternehmensleitung verantwortlich.

MEISTER

Sie haben eine einschlägige Ausbildung in der Möbelschreinerei und/oder langjährige Berufserfahrung.
Sie haben ausgesprochen organisatorische Fähigkeiten und können Ihre Mitarbeiter motivieren. Sie leiten die Werkstatt für Einbaumöbel und sind für 15 Facharbeiter verantwortlich.
Wir bieten eine verantwortungsvolle Dauerstellung in einem traditionellen Unternehmen mit leistungsgerechter Bezahlung und umfangreichen Sozialleistungen.
Berwerbungen mit den üblichen Unterlagen an:
Deutsche Eiche, Auf dem Holzweg 1, 65473 Bayreuth, Tel. 08221/99433

Aufgabe 4
Können Sie die nebenstehenden Aussagen dem vorigen Text und der Abbildung entnehmen? Alle Aussagen sind richtig! Arbeiten Sie mit Ihrem Nachbarn zusammen, und vergleichen Sie anschließend Ihre Arbeitsergebnisse im Plenum!

	ja	nein
Eine Abteilung umfaßt mehrere Stellen		
Der Leiter eines Fertigungsbereichs hat Entscheidungsbefugnis über die Art und Weise der Fertigung		
Ein Gruppenleiter hat gegenüber seinen Mitarbeitern Weisungsbefugnis, er regelt mit ihnen z.B. Arbeitsabläufe		
Ein Meister benötigt technische und soziale Kompetenz		
Ein Gruppenleiter trägt die Verantwortung für die Arbeit von Sachbearbeitern		
Ein kaufmännischer Leiter benötigt konzeptionelle, technische und soziale Kompetenz		
Ein Meister ist für die Arbeit seiner Mitarbeiter verantwortlich		
Eine Stelle ist die kleinste betriebliche Gliederungseinheit		

Lexikon

Stelle, die, -n	**kleinste betriebliche Gliederungseinheit**
Abteilung, die, -en	**organisatorische Einheit, die mehrere Stellen umfaßt**
Bereich, der, -e	**organisatorische Einheit, die mehrere Abteilungen umfaßt**
Bereichsleiter, der, -	**Leiter eines Bereichs in einem Unternehmen**
Abteilungsleiter, der, -	**Leiter einer Abteilung innerhalb eines Unternehmens**
Gruppenleiter, der, -	**Leiter einer Gruppe innerhalb einer Abteilung**
Meister, der, -	**besonders ausgebildeter Vorgesetzter in einer Fertigungs- oder Dienstleistungsabteilung**
Werksleiter, der -	**Leiter eines Produktionsbetriebs (z.B. des Werks Dermagen der Bayer AG)**
Prokurist, der, -en	**Bevollmächtigter eines Unternehmens, der für das Unternehmen, insbesondere nach außen, alle Rechtsgeschäfte tätigen kann (ausgenommen Grundstücke betreffend)**

Spitzenmanager in den 50 größten deutschen Unternehmen

Sie sind zwischen 55 und 60 Jahre alt, evangelisch, aus dem gehobenen Bürgertum. Sie haben studiert: Jura, Wirtschaftswissenschaften oder noch häufiger Ingenieurwissenschaften. In der Mehrzahl sind sie nach dem Studium in einen großen Konzern eingetreten. Dort wurden sie nach sechs Jahren Abteilungsleiter, nach 15 Jahren Prokurist oder Werksleiter, nach 25 Jahren Direktor und gehören dann dem Vorstand an. Mit 65 Jahren werden sie in den Ruhestand treten und sich ganz ihren zahlreichen Ehrenämtern widmen.

Aufgabe 1

Im folgenden finden Sie drei Beispiele für Managerkarrieren in Deutschland. Rekonstruieren Sie mit Hilfe der unten angegebenen Schemata die jeweiligen Karrierestufen!
Arbeiten Sie mit Ihrem Nachbarn zusammen, und vergleichen Sie anschließend Ihre Arbeitsergebnisse im Plenum!

1
Abitur/ Maschinenbaustudium/ Eintritt in ein großes Unternehmen als Sachbearbeiter/ Abteilungsleiter/ Hauptabteilungsleiter/ Bereichsleiter/ Vorstandsmitglied

2
Abitur/ Studium der Betriebswirtschaftslehre in Deutschland/ danach Studium der Volkswirtschaftslehre in Harvard/ 4 Jahre Vorstandsassistentin bei einem Großunternehmen der Kraftfahrzeugindustrie/ danach Direktorin Controlling in einer Firma, in dieser Zeit 4 Jahre Urlaub zur Erziehung der Kinder.

3
Eintritt als Elektriker in ein Großunternehmen/ Tätigkeit in der Elektroplanung/ Unterabteilungsleiter/ stellvertretender Planungsleiter/ Abteilungsleiter/ Hauptabteilungsleiter/Bereichsleiter/ Werksleiter

1	**2**	**3**
Vorstandsmitglied		
	4 Jahre Urlaub zur Erziehung der Kinder	
	Studium in den USA	**stellvertr. Planungsleiter**
Maschinenbaustudium	**Studium in Deutschland**	
Abitur	**Abitur**	**Tätigkeit in der Elektroplanung**
		Elektriker im Großunternehmen
		Lehre

Managementebenen

Managementfunktionen werden auf allen Hierarchieebenen des Unternehmens ausgeübt. Die Anteile leitender und ausführender Funktionen ändern sich innerhalb der Hierarchieebenen des Betriebs:

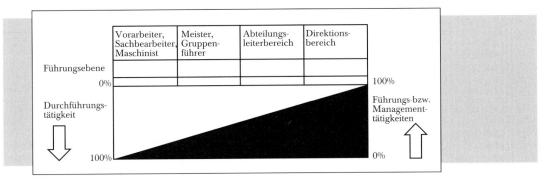

Traditionell werden folgende Managementebenen unterschieden:

- ◼ das Top (oder Upper) Management (Oberste Unternehmensleitung)
- ◼ das Middle Management (Mittlere Führungsebene, z.B. Abteilungsleiter)
- ◼ das Lower Management (Untere Führungsebene, z.B. Meister)

Aufgabe 1
Wie viele Managementebenen sind im Betrieb von Herrn Berger in den Texten auf den Seiten 10+12 und in der Firma „Deutsche Eiche" auf Seite 30 erkennbar?

Aufgabe 2
Wie sehen Managerprofile und -karrieren in Ihrem Land oder in Beispielen aus, die Sie aus der Literatur kennen ?

Lexikon

Top Management, das, o. Pl.	**Oberste Unternehmensleitung**
Middle Management, das, o. Pl.	**Mittlere Führungsebene**
Lower Mangement, das, o. Pl.	**Untere Führungsebene**
Managementfunktionen, Pl.	**Manageraktivitäten wie z.B. Planen, Entscheiden, Kontrollieren**

Wie sind Unternehmen organisiert ?

Kennzahlen in der Autoindustrie

Eine Studie des Massachusetts Institute of Technology (MIT) aus dem Jahr 1990 über die Autoindustrie kam zu folgenden Ergebnissen:

	japanische Werke in Japan	japanische Werke in Nordamerika	amerikanische Werke	alle europäischen Werke
Produktivität (Std./Auto)	17	21	25	36
Qualität (Montagefehler/100 Autos)	60	65	82	97
% der Arbeit in Teams	69	71	17	0,6
Job-Rotation (0 = keine, 4 = häufig)	3,0	2,7	0,9	1,9
Verbesserungsvorschläge/ Mitarbeiter	62	1,4	0,4	0,4
Abwesenheit (%)	5,0	4,8	11,7	12,1

Aufgabe 1

Bitte beantworten Sie mit Hilfe der obigen Tabelle die folgenden Fragen! Arbeiten Sie mit Ihrem Nachbarn zusammen, und vergleichen Sie anschließend Ihre Arbeitsergebnisse im Plenum!

1
Welche Werke brauchen die kürzeste Zeit für die Herstellung eines Autos, welche die längste?

2
In welchen Werken wird am meisten im Team gearbeitet?

3
Welche Werke haben die wenigsten Montagefehler, welche die meisten?

4
Vergleichen Sie die statistischen Angaben zu Verbesserungsvorschlägen in japanischen Firmen in Japan und in europäischen Firmen!

Lean Management und Lean Production

Seit der MIT-Studie werden die Merkmale erfolgreicher Unternehmen mit dem Begriff: „Lean Management" bzw. „Lean Production" zusammengefaßt:

■ Produktivität ist wichtig, Verschwendung wird reduziert
■ alle Arbeitsprozesse sind auf die Qualität und den Kunden ausgerichtet
■ das geistige Potential aller Mitarbeiter wird genutzt, z.B. durch verstärkte Gruppenarbeit (teilautonome Arbeitsgruppen, Projektarbeit)
■ Hierarchien werden abgebaut, autonome Centers geschaffen (Unternehmen im Unternehmen)

Aufgabe 2
Vergleichen Sie die Prinzipien des Lean Management mit den Grundtugenden erfolgreicher Unternehmen nach Peters und Waterman (Seite 14). Arbeiten Sie mit Ihrem Nachbarn zusammen, und vergleichen Sie anschließend Ihre Arbeitsergebnisse im Plenum!

Was ist denn da so komisch?
Der Witz in der Firma
McKinsey-Bericht über einen Besuch bei den Berliner Philharmonikern:
„Die vier Oboisten haben sehr lange nichts zu tun. Die Nummer sollte gekürzt und die Arbeit gleichmäßig auf das ganze Orchester verteilt werden, damit Arbeitsspitzen vermieden werden. Die zwölf Geigen spielen alle dasselbe. Das ist unnötige Doppelarbeit. Diese Gruppe sollte drastisch verkleinert werden. Falls eine größere Lautstärke erwünscht ist, läßt sich das durch eine elektronische Anlage erreichen. Das Spielen von Zweiunddreißigstelnoten erfordert einen zu großen Arbeitsaufwand. Es wird empfohlen, diese Noten sämtlich in den nächstliegenden Sechzehntelnoten zusammenzufassen. Man könnte dann auch Musikschüler und weniger qualifizierte Kräfte beschäftigen.
In einigen Partien wird zu viel wiederholt. Die Partituren sollten daraufhin gründlich durchgearbeitet werden. Es dient keinem sinnvollen Zweck, wenn das Horn eine Passage wiederholt, mit der sich bereits die Geigen beschäftigt haben. Werden alle überflüssigen Passagen eliminiert, dann dauert das Konzert, das jetzt zwei Stunden in Anspruch nimmt, nur noch schätzungsweise zwanzig Minuten, so daß die Pause wegfallen kann."

Lean Management in der deutschen Wirtschaft

Nach einer Untersuchung der Düsseldorfer Unternehmensberatung Droege von 1994 planen 3 von 4 deutschen Unternehmen eine Umstrukturierung im Sinne von Lean Management und Lean Production. Aber nur 4% der befragten Unternehmen haben die entscheidenden Schritte bereits vollzogen. Die Widerstände in den Firmen sind groß: Arbeiter und Manager fürchten um ihre Arbeitsplätze.

Aufgabe 3
Lean Management bzw. Lean Production oder nicht?

	ja	nein
Der deutsche Chemiekonzern Bayer will bis spätestens 1996 zwei Führungsebenen eliminieren, die 28 Geschäftsbereiche auf 21 verringern und jeden zehnten der 5.600 leitenden Mitarbeiter entlassen		
„Für unsere Fließbandproduktion brauchen wir wenig gebildete Leute, die man sehr eng führen muß"		
Wendelin Wiedeking räumte bei Porsche, einem deutschen Sportwagenhersteller, auf: In der Produktion verschwanden zwei Hierarchien vollständig, in der Verwaltung wurden 15% der Führungspositionen gestrichen		
„Der Mitarbeiter wird in der Regel am Werktor zur abhängigen, unselbständigen Führungsmasse"		
Hans-Jürgen Hauck strukturierte die schwäbische Maschinenfabrik Müller-Weingarten AG um. Früher war die Fertigung arbeitsteilig gegliedert. In einer Ecke der Esslinger Fabrik wurde gedreht, in einer anderen gefräst, die Kosten für Lagerhaltung und Transport waren enorm. Jetzt ist die Fabrik in kleine, weitgehend autonome Einheiten aufgeteilt, die jeweils ein Produkt komplett fertigen und dafür die Verantwortung tragen		

Reflexion und Überprüfung

Sie haben in dieser Einheit einige Strategien bei der Erschließung von Wortbedeutung angewendet und auf diese Weise ohne Lexikon Termini verstanden und gelernt. Wir möchten an dieser Stelle einige dieser Strategien systematisieren.

1. **Produktionsbetrieb, der, -e**   **Unternehmen, das Güter herstellt, wie z.B. Produktionsgüter**

oder Konsumgüter

Durch das erste Bild erfahren Sie, was _____ sind :
Es gibt dafür 5 Beispiele in Bildform.
Durch das zweite Bild erfahren Sie, was _____ sind :
Wieder gibt es Beispiele in Bildform. Konsumgüter und Produktionsgüter sind Beispiele für Güter, im Text signalisiert durch „wie_____ _____".
Sie vollziehen also folgende logische Schlüsse: Kraftfahrzeuge, Maschinen und Anlagen sind Produktionsgüter. Fernsehapparate, Möbel und Kleidungsstücke, Nahrungsmittel etc. sind Konsumgüter. Produktionsgüter und Konsumgüter sind Güter. Güter sind das, was ein Produktionsbetrieb herstellt.
Oder umgekehrt:
Ein Produktionsbetrieb ist ein _____, der _____ _____ .
Güter sind_____oder _____ .
_____ sind z.B. Maschinen und Anlagen.
_____ sind z.B. Nahrungsmittel, Kleidung, Möbel,Unterhaltungselektronik.
Die Bedeutungsfindung erfolgt durch Exemplifizierung und Illustration.

2. **Produkt, das, -e** — Erzeugnis/ Gut

Sie erfahren, was ein Produkt ist, durch Gleichsetzung mit einem anderen Terminus/ anderen Termini mit gleichem Begriffsinhalt, also durch Angabe von Synonymen.

3. **Rohstoff, der, -e** **- Stoff, der zum Hauptbestandteil des Fertigprodukts wird**

Sie erfahren über eine Definition, was unter „Rohstoff" in der Betriebswirtschaftslehre verstanden wird. Termini können in unterschiedlichen Wissenschaften unterschiedlich definiert sein.

Aufgabe
Handelt es sich im folgenden um Bedeutungsvermittlung über Definition, Exemplifizierung oder Angabe von Synonymen ?

Produzent, der, -en	**Hersteller**
Dienstleistungsbetrieb, der, -e	**Unternehmen, das Dienstleistungen bereitstellt, wie z.B. ein Hotel, ein Krankenhaus ein Friseurgeschäft, eine Sparkasse etc.**
ethische Ziele	**Unternehmensziele wie Zahlungsmoral, faire Werbung, Humanisierung der Arbeit etc.**
Konsument, der, -en	**Endabnehmer eines Produkts**

Reflexion und Überprüfung

1. Management

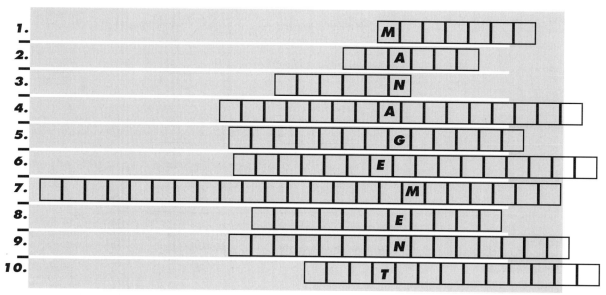

1. Leitender Angestellter eines Unternehmens 2. Traditionelle Managementfunktion 3. Eine der wichtigsten Managementaufgaben, u.a. Gruppen und Einzelne zu zielgerechtem Handeln zu veranlassen 4. Mittlere Führungsebene 5. Oberste Führungsebene 6. Fähigkeit eines Managers, mit seinen Mitarbeitern effektiv zusammenzuarbeiten 7. Fähigkeit eines Managers, Probleme im Zusammenhang zu erkennen, Lösungsansätze zu finden, Prozesse zu koordinieren und ganzheitlich zu denken 8. Traditionelle Mangementfunktion zwischen Planen und Kontrollieren 9. Untere Führungsebene 10. Traditionelle Managementfunktion, die am Ende der durch den Manager eingeleiteten Prozesse steht und Daten für neue Entscheidungen liefert

2. Leitwerte des Unternehmens

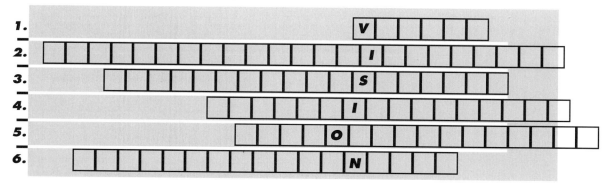

1. Vorstellung von der Aufgabe des Unternehmens 2. System von Leitprinzipien, die von der Unternehmensführung aufgestellt worden sind 3. Wertesystem innerhalb eines Unternehmens, das von den Mitarbeitern verinnerlicht ist und in die Tat umgesetzt wird 4. Bestreben aller Unternehmen, ihre Existenz zu sichern 5. Zielsetzung des Unternehmens, die Umweltbelastung zu vermeiden oder zu vermindern 6. Einheitliches Erscheinungsbild eines Unternehmens

3. Organisation

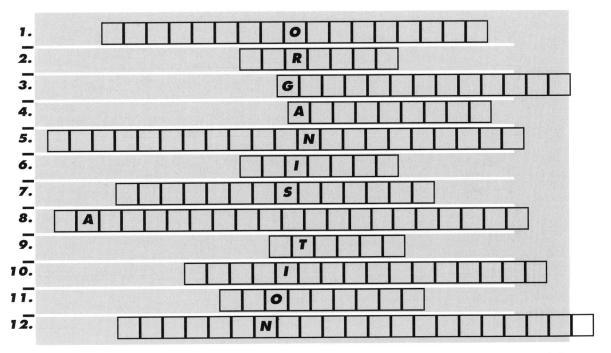

1. Leiter des Bereichs Fertigung 2. Organisationseinheit, die mehrere Abteilungen umfaßt 3. Leiter einer Gruppe innerhalb einer Abteilung 4. Organisationseinheit, die mehrere Stellen umfaßt 5. Art und Weise, wie Firmen aufgebaut sind 6. Vorgesetzter auf der unteren Führungsebene in einer Fertigungs- oder Dienstleistungsabteilung 7. Manager, der mehrere Abteilungen unter sich hat 8. Bereich, der Abteilungen wie Verwaltung und Vertrieb umfassen kann 9. Kleinste Organisationseinheit im Betrieb 10. Manager, der für eine Abteilung im Betrieb verantwortlich ist 11. Angestellter, der befugt ist, Rechtsgeschäfte für das Unternehmen zu tätigen 12. Aus Japan übernommene Form des Managements

Arbeits-Ordnung zur Beachtung des Personals

I. Gottesfurcht, Sauberkeit und Pünktlichkeit sind die Voraussetzungen für ein ordentliches Geschäft.

II. Das Personal braucht jetzt nur noch an Wochentagen zwischen 6 Uhr vormittags und 6 Uhr nachmittags anwesend zu sein. Der Sonntag dient dem Kirchgang. Jeden Morgen wird im Hauptbureau das Gebet gesprochen. III. Es wird von jedermann die Ableistung von Überstunden erwartet, wenn das Geschäft sie begründet erscheinen läßt. IV. Der dienstälteste Angestellte ist für die Sauberkeit des Bureaus verantwortlich. Alle Jungen und Junioren melden sich bei ihm 40 Minuten vor dem Gebet und bleiben auch nach Arbeitsschluß zur Verfügung V. Einfache Kleidung ist Vorschrift. Das Personal darf sich nicht in hellschimmernden Farben bewegen und nur ordentliche Strümpfe tragen. Überschuhe und M den, da dem Personal ein Ofen zur Verfü tem Wetter Halstücher und Hüte. Außerd 4 Pfund Kohle pro Personalmitglied mitz werden. Ein Angestellter, der Zigarren raucht, Alkohol in irgendwelcher Lokale aufsucht, gibt Anlaß, seine Ehre, G anzuzweifeln. VII. Die Einnahme von Nahrung ist zwische darf die Arbeit dabei nicht eingestellt Geschäftsleitung nebst den Angehörigen Bescheidenheit zu begegnen. IX. Jedes Personal Sorge zu tragen, im Krankheitsfalle wird dringend empfohlen, daß jedermann von solchen Fall wie auch für die alten Tage b und bei abnehmender Schaffenskraft nich sei die Großzügigkeit dieser neuen Bureau-wesentliche Steigerung der Arbeit erwar Manufakturen und Amtsstuben der Jahre 1863 bis 1872.)

tel dürfen im Bureau nicht getragen wer-
steht. Ausgenommen sind bei schlechtem
d empfohlen, in Winterszeiten täglich 4
gen. VI. Während der Bureaustunden darf nicht gesprochen wer-
zu sich nimmt, Billardsäle und politische
nung, Rechtschaffenheit und Redlichkeit
1.30 Uhr und 12.00 Uhr erlaubt. Jedoch
rden. VIII. Der Kundschaft und Mitgliedern der
Presseabteilung ist mit Ehrerbietung und
ed hat die Pflicht, für die Erhaltung seiner Gesundheit
e Lohnzahlung eingestellt. Es wird daher
nem Lohn eine hübsche Summe für einen
telegt, damit er bei Arbeitsunvermögen
r Allgemeinheit zur Last fällt. X. Zum Abschluß
nung betont. Zum Ausgleich wird eine
(Entnommen aus den verschiedensten Arbeitsbestimmungen von

Wo können Manager nicht allein entscheiden ?

Probleme bei Pinocchio

Pinocchio ist ein Familienunternehmen im Bayerischen Wald mit 105 Beschäftigten. Es wird vom Firmengründer Aloys Hirneis geleitet und produziert Holzspielzeug für den gehobenen Bedarf. Im Januar/Februar/März 95 geht der Absatz im Vergleich zu den Vorjahren drastisch zurück. A. Hirneis steht vor der Entscheidung, ob er die Arbeitszeit und damit den Lohn seiner Arbeiter vorübergehend kürzt, Arbeiter entläßt oder seine Einbußen durch die Produktion anderer Spielwaren wie z.B. Plüschtiere aufzufangen versucht, wozu er anders spezialisierte Arbeitskräfte einstellen müßte.

Die Mitarbeiter fürchten angesichts der schlechten Geschäftslage um ihre Arbeitsplätze und beraten mit ihrer Vertretung die Lage. 10 ältere Mitarbeiter sind bereit, vor Erreichung des 65. Lebensjahres in den Ruhestand zu gehen und die Leistungen in Anspruch zu nehmen, die die Arbeitnehmervertretung mit dem Arbeitgeber für solche Fälle vereinbart hat; einige Frauen und ein Mann sind bereit, ihre Arbeitszeit auf die Hälfte zu reduzieren. Mit der Zurücknahme übertariflicher Leistungen, die es bei Pinocchio bisher gab, ist die Belegschaft nicht einverstanden.

Aufgabe 1
In der obigen Fallstudie stehen hinter den Inhalten die folgenden Begriffe. Ordnen Sie den Beispielen die passenden Begriffe zu! Arbeiten Sie mit Ihrem Nachbarn zusammen, und vergleichen Sie anschließend die Arbeitsergebnisse im Plenum!

Beispiele		Begriffe
105 Beschäftigte der Firma Pinocchio	a)	Einstellung
A. Hirneis	b)	Betriebsrat
vorübergehende Verkürzung der Arbeitszeit	c)	Entlassung
Beschäftigung neuer Arbeitskräfte für die Plüschtierherstellung	d)	Arbeitgeber
von den Arbeitnehmern gewählte Vetretung	e)	Lohn
Freistellung von Arbeitskräften	f)	Arbeitnehmer
finanzielle Aufwendung für vorzeitiges Ausscheiden aus dem Betrieb	g)	Kurzarbeit
Arbeitszeit von 19,25 Stunden pro Woche	h)	Sozialplan
Vereinbarung zwischen Arbeitnehmervertretung und Arbeitgeber	i)	Abfindung
Milderung der wirtschaftlichen Nachteile, die für den Arbeitnehmer bei vorzeitiger Verrentung oder betriebsbedingter Kündigung entstehen	k)	Betriebsvereinbarung
regelmäßige Zahlung von A. Hirneis an seine Mitarbeiter für ihre Arbeitsleistung	l)	Belegschaft
	m)	Teilzeitarbeit

Lexikon

Arbeitnehmer, der, -	jemand, der aufgrund eines Arbeitsvertrags unselbständige, fremdbestimmte Dienstleistungen zu erbringen hat
Arbeitgeber, der, -	jemand, der mindestens einen Arbeitnehmer beschäftigt
Arbeitsvertrag, der, ¨e	Vertrag, in dem sich der Arbeitnehmer zur Leistung abhängiger Arbeit und der Arbeitgeber zur Zahlung einer Vergütung verpflichtet
Arbeitsverhältnis, das, -se	Vertragsverhältnis, das durch den Arbeitsvertrag auf längerfristigen Austausch von Arbeitsleistung und Vergütung ausgerichtet ist
Lohn, der, ¨e	Arbeitsentgelt für nichtselbständige Arbeit
Einstellung, die, -en	Begründung eines Arbeitsverhältnisses durch Abschließen eines Arbeitsvertrags
Entlassung, die, -en	Beendigung des Arbeitsverhältnisses durch den Arbeitgeber
Kündigung, die, -en	Auflösung des Arbeitsverhältnisses durch den Arbeitgeber oder den Arbeitnehmer
Abfindung, die, -en	Zahlung des Arbeitgebers, um den Arbeitnehmer dazu zu bewegen, freiwillig aus dem Betrieb auszuscheiden
Sozialplan, der, ¨e	Maßnahmen des Arbeitgebers zur Milderung von wirtschaftlichen Nachteilen, die dem Arbeitnehmer z.B. durch Betriebsänderung entstehen
Kurzarbeit, die, o.Pl.	vorübergehende Herabsetzung der betrieblichen Arbeitszeit bei entsprechender Kürzung des Arbeitsentgelts, insbesondere bei Auftragsmangel
Teilzeitarbeit, die, o. Pl.	auf Dauer vereinbarte Verkürzung der tariflichen Arbeitszeit
Betriebsrat, der, ¨e	in der BRD: gewählte Vertretung der Arbeitnehmer in Betrieben mit mehr als 5 Mitarbeitern
arbeitsrechtliche Mitbestimmung, die, o.Pl.	Recht der Arbeitnehmer auf Information, Anhörung oder Mitentscheidung in Einzelfragen, die insbesondere die tägliche Arbeit, das tägliche Arbeitsleben, den Arbeitsplatz und die Lohngestaltung betreffen
Betriebsverfassungsgesetz, das, o. Pl.	Gesetz, das in Betrieben mit mehr als 5 Arbeitnehmern die Direktionsbefugnis des Arbeitgebers einschränkt und die Interessen der Arbeitnehmer schützt (BetrVGes)
Betriebsvereinbarung, die, -en	Vereinbarung zwischen Arbeitgeber und Betriebsrat, die unmittelbar auf das Arbeitsverhältnis einwirkt
Betriebsänderung, die, -en	Einschränkung oder Stillegung des ganzen Betriebs oder von Teilen des Betriebs, Verlegung des Betriebs oder von Teilen des Betriebs an einen anderen Ort

2A

Aufgabe 2
Um welche der folgenden Begriffe handelt es sich jeweils? Arbeiten Sie mit Ihrem Nachbarn zusammen, und vergleichen Sie anschließend die Arbeitsergebnisse im Plenum!

Arbeitgeber

Arbeitnehmer

Belegschaft

Betriebsrat

1 ▬▬▬▬▬▬
alle Arbeitnehmer eines Betriebes

_____

2 ▬▬▬▬▬▬
Person oder Institution, die mindestens einen Arbeitnehmer beschäftigt und zur Entgegennahme der Dienste des Arbeitnehmers verpflichtet ist

_____

3 ▬▬▬▬▬▬
natürliche Person, die aufgrund eines Arbeitsvertrags zu weisungsgebundener Arbeit verpflichtet ist

_____

4 ▬▬▬▬▬▬
gesetzlich berufenes Vertretungsorgan der Belegschaft eines Betriebes

_____

5 ▬▬▬▬▬▬
Interessenvertretung der Arbeitnehmer eines Betriebes

_____

Aufgabe 3
Um welche der folgenden Begriffe handelt es sich jeweils? Arbeiten Sie mit Ihrem Nachbarn zusammen, und vergleichen Sie anschließend die Arbeitsergebnisse im Plenum!

Einstellung

Teilzeitarbeit

Kurzarbeit

Kündigung

Entlassung

Abfindung

1 ▬▬▬▬▬▬
Auflösung eines Arbeitsverhältnisses durch den Arbeitnehmer

_____

2 ▬▬▬▬▬▬
Auflösung des Arbeitsverhältnisses durch den Arbeitgeber

_____

3 ▬▬▬▬▬▬
einmalige Geldentschädigung zur Abgeltung von Rechtsansprüchen

_____

4 ▬▬▬▬▬▬
einseitiges Rechtsgeschäft, durch das nach einer bestimmten Frist ein Arbeitsverhältnis beendet wird

_____

5 ━━━━━━━━━━
regelmäßige Arbeit, die
vereinbarungsgemäß nicht
die volle, allgemeingültige
Arbeitszeit umfaßt

6 ━━━━━━━━━━
Abschluß eines Arbeits-
vertrags mit einem neu in
einen Betrieb eintretenden
Arbeitnehmer

7 ━━━━━━━━━━
zeitlich befristete, an
bestimmte Bedingungen
gebundene Reduzierung
der Arbeitszeit

Betriebsratmitbestimmung

Das Betriebsverfassungsgesetz der BRD von 1972 gilt für alle Betriebe mit mehr als fünf Arbeitnehmern. Es schützt die Interessen der Arbeitnehmer im Rahmen des Arbeitsvertrags.

Synopse der Beteiligungsrechte des Betriebsrats

Mitwirkungsrechte	Mitbestimmungsrechte
Recht auf Information über § 90: Planungen zur Gestaltung von Arbeitsplatz, Arbeitsablauf und Arbeitsumgebung	Anpruch auf Aufhebung von § 98 Abs.2: Bestellung eines betrieblichen Ausbilders
§ 92 Abs.1: Personalplanung	§§ 99 Abs.1, 100 Abs. 2, 101: personelle Einzelmaßnahmen
§ 99 Abs.1: Personelle Einzelmaßnahmen (Einstellung, Eingruppierung, Umgruppierung, Versetzung)	Zustimmungs- oder Vetorecht bei § 87 Abs.2: sozialen Angelegenheiten
§ 106 Abs.2: Wirtschaftliche Angelegenheiten (Wirtschaftsausschuß)	§ 94: Inhalt von Personalfragebögen und Beurteilungsgrundsätzen
§ 111 Abs.2: Betriebsänderungen	§ 95: Auswahlrichtlinien
	§ 98 Abs.2: Bestellung eines betrieblichen Ausbilders
Recht auf Anhörung zu § 102 Abs.1: Kündigungen	Initiativrecht bei § 87 Abs.2: sozialen Angelegenheiten
Recht auf Beratung und Verhandlung bei §§ 90, 92 Abs.1, 106 Abs.1, 111 Abs.1 (s.o.)	§ 94: nicht menschengerechten Arbeitsplätzen
§ 96 Abs.1: Förderung der Berufsbildung	§ 95 Abs.2: Personalauswahlrichtlinien
§ 97: Einrichtungen und Maßnahmen der Berufsausbildung	§ 98 Abs.4: Durchführung betrieblicher Berufsbildungsmaßnahmen und der Teilnahme bestimmter Arbeitnehmer
Recht auf Widerspruch bei §§ 99, 102: s.o.	§ 112 Abs.4: Aufstellung eines Sozialplans
§ 103: außerordentliche Kündigung	

Wo können Manager nicht allein entscheiden ?

Aufgabe 4
Welche der für das folgende Jahr geplanten Maßnahmen kann die Geschäftsleitung der „Alptraum Ski" ohne Einschaltung des Betriebsrats durchführen? Arbeiten Sie mit Ihrem Nachbarn zusammen, und vergleichen Sie anschließend Ihre Arbeitsergebnisse im Plenum!

Planung bei „Alptraum Ski"

Die Geschäftsleitung von „Alptraum Ski" (110 Mitarbeiter) plant für das folgende Jahr:

Entlassungen im Frühjahr	
Kurzarbeit im Sommer	
Durchführung eines Computerpflichtkurses für Mitglieder der Verwaltung	
Umstellungen der Heizungsanlage von Kohle auf Öl	
Umstellungen von Glühbirnen auf Neonbeleuchtung in der Betriebskantine	
Entwicklung und Herstellung von Snowboards	
Kauf der Langlaufskifabrik „Gleiterglück"	

Auffassungen deutscher Unternehmensleiter vom Betriebsrat	Prozent
Betriebsrat ist wichtig als Ansprechpartner für die Unternehmensleitung	50
Betriebsrat ist wichtig für die Interessensartikulation der Belegschaft	29
Betriebsrat ist wichtig als Informationsmittler zwischen Unternehmensleitung und Belegschaft	11
Betriebsrat wird als Teil der Personalleitung genutzt	6
Betriebsrat ist überflüssig, ja schädlich	4
	100

Aufgabe 5
Die Einstellung bundesdeutscher Arbeitgebervertreter zum Betriebsrat ist überwiegend positiv.
Wie schätzen die Arbeitgebervertreter in Ihrem Land Ihrer Meinung nach die betriebliche Arbeitnehmervertretung ein?

„Wenn es den Betriebsrat nicht gäbe, müßte man ihn erfinden!"
(Ein deutscher Manager)

Die Sozialpartner

In der Bundesrepublik Deutschland haben sich auf der Grundlage des durch Artikel 9 Grundgesetz (GG) garantierten Koalitionsrechts die Arbeitnehmer zu Gewerkschaften und die Arbeitgeber zu Verbänden zusammengeschlossen. Als „Sozialpartner" regeln sie die Gestaltung der Arbeitswelt weitgehend in eigener Verantwortung. Für alle Wirtschaftszweige und Beschäftigungsgruppen treffen sie verbindliche Vereinbarungen über Löhne und Arbeitsbedingungen und nehmen somit Einfluß auf die gesamtwirtschaftliche Entwicklung. Dabei sind sie jedoch an die staatlichen Rechtssätze gebunden, wie sie z.B. im Betriebsverfassungsgesetz, in den Arbeitsschutzbestimmungen und im Kündigungsschutzgesetz enthalten sind.

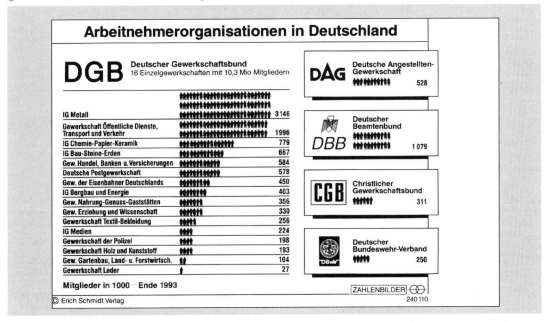

Arbeitnehmerorganisationen in Deutschland

DGB Deutscher Gewerkschaftsbund
16 Einzelgewerkschaften mit 10,3 Mio Mitgliedern

IG Metall	3146
Gewerkschaft Öffentliche Dienste, Transport und Verkehr	1996
IG Chemie-Papier-Keramik	779
IG Bau-Steine-Erden	667
Gew. Handel, Banken u. Versicherungen	584
Deutsche Postgewerkschaft	578
Gew. der Eisenbahner Deutschlands	450
IG Bergbau und Energie	403
Gew. Nahrung-Genuss-Gaststätten	356
Gew. Erziehung und Wissenschaft	330
Gewerkschaft Textil-Bekleidung	256
IG Medien	224
Gewerkschaft der Polizei	198
Gewerkschaft Holz und Kunststoff	193
Gew. Gartenbau, Land- u. Forstwirtsch.	104
Gewerkschaft Leder	27

Mitglieder in 1000 — Ende 1993

DAG Deutsche Angestellten-Gewerkschaft — 528

DBB Deutscher Beamtenbund — 1 079

CGB Christlicher Gewerkschaftsbund — 311

Deutscher Bundeswehr-Verband — 250

ZAHLENBILDER
240 110

© Erich Schmidt Verlag

In der Bundesrepublik Deutschland sind 36,5% der Arbeitnehmer in Gewerkschaften organisiert. Dabei vertritt eine Gewerkschaft die Interessen aller in einem Wirtschaftszweig vertretenen Arbeitnehmer. Die Interessen aller Arbeitnehmer eines Betriebes werden jeweils nur von einer Gewerkschaft vertreten (Industrieverbandsprinzip).

Aufgabe 1
In welchen Gewerkschaften können sich Arbeitnehmer aus den folgenden Berufsgruppen organisieren?

Köche

Lehrer

Fernsehreporter

Busfahrer der Stadtwerke Köln

Meister bei VW

Aufgabe 2
Wie beurteilen Sie das Industrieverbandsprinzip?

Aufgabe 3
Nach welchen Prinzipien sind die Gewerkschaften in Ihrem Land gebildet?

Wo können Manager nicht allein entscheiden ?

Tarifabschlüsse

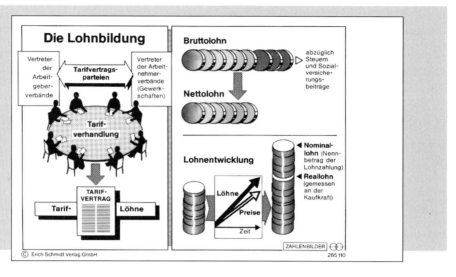

Aufgabe 4

Im folgenden finden Sie Informationen zum Abschluß von Tarifverträgen in der Bundesrepublik Deutschland. Können Sie sie der oben stehenden Abbildung entnehmen? Überlegen Sie mit Ihrem Nachbarn zusammen, und vergleichen Sie anschließend Ihre Arbeitsergebnisse im Plenum!

	ja	nein
Tariflöhne sind die zwischen Arbeitgeber- und Arbeitnehmerverbänden ausgehandelten Mindestlöhne		
Tariflöhne sind im Tarifvertrag festgehalten		
Tariflöhne werden ohne staatliche Einmischung ausgehandelt		
Können sich die Tarifpartner nicht auf einen neuen Tarifvertrag einigen, so muß ein neutraler Schlichter vermitteln		
Letztes Mittel im Arbeitskampf ist auf seiten der Arbeitnehmer der Streik und auf seiten der Arbeitgeber die Aussperrung		

Lexikon

Arbeitgeberverband, der, ¨e	**Zusammenschluß von Arbeitgebervertretern**
Gewerkschaft, die, -en	**Interessensvertretung der Arbeitnehmer**
Sozialpartner, die, Pl.	**Arbeitgeberverbände und Gewerkschaften**
Industrieverbandsprinzip, das, o.Pl.	**Gliederungsweise der deutschen Gewerkschaften (seit 1945) nach Industriezweigen bzw. Branchen**

Tarifverträge

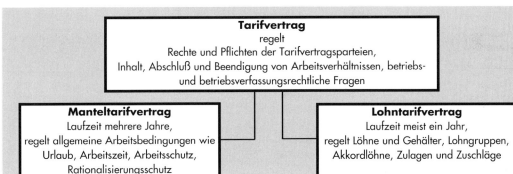

Tarifvertrag
regelt
Rechte und Pflichten der Tarifvertragsparteien,
Inhalt, Abschluß und Beendigung von Arbeitsverhältnissen, betriebs-
und betriebsverfassungsrechtliche Fragen

Manteltarifvertrag
Laufzeit mehrere Jahre,
regelt allgemeine Arbeitsbedingungen wie
Urlaub, Arbeitszeit, Arbeitsschutz,
Rationalisierungsschutz

Lohntarifvertrag
Laufzeit meist ein Jahr,
regelt Löhne und Gehälter, Lohngruppen,
Akkordlöhne, Zulagen und Zuschläge

Aufgabe 5
Welche der folgenden Informationen können Sie dem obigen Diagramm entnehmen? Arbeiten Sie mit Ihrem Nachbarn zusammen, und vergleichen Sie anschließend Ihre Arbeitsergebnisse im Plenum!

Tarifverträge sind der Schriftform bedürfende Verträge zwischen Arbeitgeberverbänden und Gewerkschaften, die die Mindestarbeitsbedingungen für einzelne Berufszweige regeln	
Manteltarifverträge enthalten Angaben über allgemeine Arbeitsbedingungen und gelten oft für einen längeren Zeitraum	
Lohn- und Gehaltstarifverträge regeln die Entgeltfestsetzung unter Berücksichtigung von Vorbildung, Alter, Betriebszugehörigkeit usw.	
Lohntarifverträge werden in der Regel jedes Jahr neu ausgehandelt	
Tarifparteien sind die Vertreter der Arbeitgeberverbände und der Gewerkschaften	

Lexikon

Tarifvertrag, der, ¨e	**zeitlich begrenzter Vertrag zwischen Arbeitgeberverbänden und Gewerkschaften, der die Mindestarbeitsbedingungen für einzelne Berufszweige regelt**
Manteltarifvertrag, der, ¨e	**längerfristig geltender Tarifvertrag, der allgemeine Arbeitsbedingungen, wie Nachtarbeit, Urlaub, Probezeit etc. regelt**
Lohntarifvertrag, der, ¨e	**Tarifvertrag mit kürzerer Laufzeit (max. 2 Jahre), der die Festsetzung des Arbeitsentgelts regelt**

Wo können Manager nicht allein entscheiden ?

Lexikon

Tariflohn, der, ̈e	im Tarifvertrag festgelegter Mindestlohn
Tarifparteien/ Tarifpartner, die, Pl.	Sozialpartner
Tarifautonomie, die, o.Pl.	Grundsatz, daß die Tarifparteien das alleinige Recht haben, ohne staatliche Einmischung Tarifverträge abzuschließen
Tarifkonflikt, der, -e	Streit zwischen den Tarifparteien über Lohn, Arbeitszeit o.ä.
Warnstreik, der, -s	kurzfristige, zeitlich begrenzte Arbeitsniederlegung, die von den Gewerkschaften organisiert wird, um bei schwierigen Tarifverhandlungen Druck auf die Arbeitgeber auszuüben
Schlichtung, die, o.Pl.	Verfahren zur Beilegung eines Tarifkonflikts, bei dem ein neutraler Dritter die Tarifparteien berät und Empfehlungen zur Lösung des Konflikts gibt
Urabstimmung, die, -en	Abstimmung der gewerkschaftlich organisierten Arbeitnehmer über eine gemeinsame Arbeitsniederlegung nach dem Scheitern der Tarifverhandlungen
Streik, der, -s	zulässiges Kampfmittel der Arbeitnehmer, um die Forderungen ihrer Gewerkschaften durchzusetzen. Dem Beginn und Ende eines Streiks geht eine Urabstimmung voraus
Aussperrung, die, -en	vorübergehender Ausschluß der Arbeitnehmer von der Arbeit unter Einstellung der Lohnfortzahlung; Kampfmittel der Arbeitgeber
Arbeitskampf, der, ̈e	Mittel von Gewerkschaften, durch Streik, und Mittel von Arbeitgebern, durch Aussperrung, ihre Forderungen nach gescheiterten Tarifverhandlungen durchzusetzen
Friedenspflicht, die, o.Pl.	Verpflichtung der Sozialpartner, während der Dauer eines Tarifvertrages oder während der Tarifver- handlungen nicht zu streiken oder auszusperren

Spielregeln für den Arbeitskampf

In Deutschland werden jährlich rund 7.000 Tarifverträge abgeschlossen. Bei den Tarifrunden läßt sich immer wieder das gleiche beobachten: Die Gewerkschaften fordern mehr, als sie durchsetzen können, die Arbeitgeber bieten weniger an, als sie zugestehen müssen. Beide Tarifpartner versuchen, zu Beginn der Verhandlungen nicht zu nahe beieinander zu liegen. Es wird hart verhandelt, aber man muß zu Kompromissen kommen. Denn unendlich lange kann keine Gewerkschaft ihren Mitgliedern Streikgeld aus der Streikkasse zahlen, und unbegrenzt können auch die Arbeitgeberverbände bestreikte oder aussperrende Betriebe nicht aus dem Solidaritätsfonds des Arbeitgeberverbandes unterstützen.

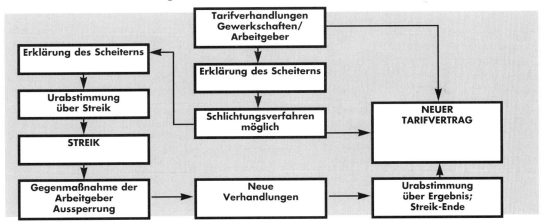

Aufgabe 6
Wie können Tarifverhandlungen ablaufen?
Bitte ergänzen Sie den folgenden Text mit Hilfe der Informationen aus dem obigen Text und der Graphik!
Arbeiten Sie mit Ihrem Nachbarn zusammen, und vergleichen Sie anschließend die Arbeitsergebnisse im Plenum!

Der Ablauf von Tarifverhandlungen läßt sich folgendermaßen zusammenfassen:

1. Beide _____ legen ihre Forderungen bzw. Angebote vor und verhandeln sie. Können sie sich einigen, so wird der neue _____ formuliert und abgeschlossen.

2. Können sie sich nicht einigen, so mobilisieren die_____ ihre Mitglieder - es kann zu Warnstreiks kommen. Ein neutraler Schlichter wird angerufen.

3. Scheitert die Schlichtung, so kommt es zur _____ . Die Gewerkschaften rufen zum _____ auf. Über den _____ wird in der _____ entschieden. Kommt es zum Streik, so können die Arbeitgeber diesen mit_____ beantworten.

4. Es kommt zu einer neuen Vermittlungsphase zwischen_____ und_____ .

5. Der abschließende Einigungsprozeß kann zur Schlichtung führen, er kann aber auch von weiteren_____ begleitet sein. Kommt es zur Einigung und zum Abschluß eines neuen _____ , so herrscht _____ .

Wo können Manager nicht allein entscheiden ?

Aufgabe 7
Wie laufen Tarif-
verhandlungen
in Ihrem Land ab?
Notieren Sie sich
Stichpunkte,
und informieren
Sie das Plenum!

Aufgabe 8
Die Schweiz,
Österreich und
Deutschland
weisen relativ
wenige Arbeits-
tage auf,
die durch Streik
verlorenge-
gangen sind.
Welche Position
nimmt Ihr
Land im
internationalen
Vergleich ein?

Arbeitszeitmodelle und Tarifabschlüsse

Angesichts des Dauer- und Strukturproblems der Massenarbeitslosigkeit und der durch hohe Produktions- und Lohnkosten gefährdeten Wettbewerbsfähigkeit der deutschen Wirtschaft suchen Sozialpartner nach Lösungen.

Nachdem sich die Unternehmensleitung von VW und der Betriebsrat 1993 in einer Betriebsvereinbarung zur Vermeidung von Entlassungen auf die 4-Tage-Woche (32-Stunden-Woche) ohne Lohnausgleich geeinigt hatten, wurde im März 1994 zum ersten Mal ein beschäftigungssicherndes Arbeitszeitmodell in einen Tarif-vertrag aufgenommen. Diese Regelung gilt für die Metallindustrie für 2 Jahre: Je nach Auftragslage kann die wöchentliche Arbeitszeit von derzeit 36 Stunden auf bis zu 30 Stunden gesenkt werden. Wird die Stunden-zahl für alle Arbeitnehmer gesenkt, so gibt es zwar keinen Lohnausgleich, dafür aber Beschäftigungsgarantie.

Zur gleichen Zeit schlug die ÖTV vor, die wöchentliche Arbeitszeit von 38,5 auf 32 Stunden zu senken und dafür Lohneinbußen von ca. 10% hinzunehmen.

Dazu ein Fahrer der Berliner Wasserbetriebe:
„Nur 32 Stunden arbeiten? Meine Frau kriegt 'nen Föhn, wenn ich noch öfter zu Hause bin. Ein Mann muß doch arbeiten. Und außerdem: Wenn ich mehr Freizeit habe, brauche ich auch mehr Geld."

+++stop+++arbeitslosenquote im februar 94 in deutsch

Aufgabe 9
Alle folgenden Aussagen sind richtig. Lassen sie sich dem obigen Text entnehmen? Arbeiten Sie mit Ihrem Nachbarn zusammen, und vergleichen Sie anschließend Ihre Arbeitsergebnisse im Plenum!

	ja	nein
1994 betrug die tarifliche Arbeitszeit in Deutschland 38,5 Stunden pro Woche		
Die Gewerkschaften sind für eine Verkürzung der Arbeitszeit, damit die vorhandene Arbeit auf mehr Arbeitnehmer verteilt werden kann		
Viele Arbeitgeber fordern eine Erhöhung der Arbeitszeit ohne Lohnausgleich		
Die Verbindung von Arbeitszeitflexibilisierung und Beschäftigungsgarantie ist Kern des VW-Modells		
Die Arbeitszeitflexibilisierung hilft dem Arbeitgeber, auf Auftragsschwankungen zu reagieren und damit Kosten zu sparen		
Die Arbeitszeitflexibilisierung hilft dem Arbeitnehmer, die Arbeitszeit in einem gewissen Maß besser mit seinen persönlichen Bedürfnissen in Einklang zu bringen		

Aufgabe 10
Wie beurteilen Sie die Reaktion des Fahrers der Berliner Wasserwerke auf die Politik seiner Gewerkschaft bezüglich der Arbeitszeitverkürzung?

Deutsche Manager und Gewerkschaften

Deutsche Manager haben ein überwiegend positives Bild von Gewerkschaften, was angesichts ihrer Meinungsäußerungen vor Tarifverhandlungen verwundern mag. Der überwiegende Teil der Manager sieht die wesentliche Funktion der Gewerkschaften in der Bündelung der Arbeitnehmerinteressen, wodurch diese zu einem autorisierten und kompetenten Ansprechpartner für die Unternehmensleitungen werden. Einige Manager werten diese Funktion sogar als Wettbewerbsvorteil für den Standort Bundesrepublik.

Aufgabe 11
Wie schätzen Ihrer Meinung nach Manager in Ihrem Land die Rolle der Gewerkschaften ein?

mit 4 mio erwerbslosen auf dem rekordstand+++stop+++

Wo können Manager nicht frei entscheiden ?

Management in der sozialen Marktwirtschaft

Das Handeln des Managements ist primär auf die Erreichung ökonomischer und sozialpolitischer Ziele aus-gerichtet. Dennoch stellt es keine ausreichende Basis für die Lösung der heutigen sozialen Probleme, wie z.B. der Massenarbeitslosigkeit, oder aller ökologischen und ethischen Probleme dar.

Es muß durch ein Verhalten ergänzt werden, das existentielle Interessen anderer Gruppen sichert und das Allgemeinwohl berücksichtigt. D.h., es müssen dort politische Regelungen getroffen werden, wo das öko-nomische System allein die friedliche Koordination wirtschaftlicher Handlungen nicht garantiert. Um diese zu erreichen, wurde in der BRD eine Vielzahl gesetzlicher Regelungen getroffen, wie z.B.

- die Umweltschutzgesetzgebung
- die Verbraucherschutzgesetzgebung
- das Arbeitsrecht

Aufgabe 1
Bitte ordnen Sie zu!

Arbeitsrecht

Verbraucherschutzgesetzgebung

Umweltschutzgesetzgebung

Arzneimittelgesetz

Pflanzenschutzgesetz

Arbeitszeitordnung

Lebensmittelgesetz

Kündigungsschutzgesetz

Abfallbeseitigungsgesetz

Aufgabe 2
Durch welche gesetzlichen
Faktoren wird Managerhandeln
in Ihrem Land beschränkt?
Machen Sie sich Stichpunkte,
und informieren Sie das Plenum!

Manager im Spannungsfeld zwischen ökonomischen und sozialen Zielen

Untersuchungen über die Mentalität deutscher Manager ergaben, daß gut 15% der Befragten bestimmte Gemeinwohlverpflichtungen für vorrangig vor den Unternehmensinteressen hielten.

Dazu ein Automobilmanager:

„Es setzt ja kein Unternehmen heute mehr Ziele, ohne sich zu sagen, das muß sich in Harmonie mit den für die Gemeinschaft wichtigen Zielen befinden. Die altkapitalistische Vorgehensweise ist ja heute ausgestorben, das kann man zumindest für die Bundesrepublik wohl weitgehend sagen. Es hätte ja auch gar keine Chance mehr. Ich sehe da eigentlich gar keinen Konflikt. Ich sehe da einfach die Selbstverständlichkeit, daß man das machen muß. Daß man auch immer wieder in unternehmerischen Entscheidungen sich diesen Dingen unterordnet."

Es gibt eine Reihe von Gesetzen, die z.B. besondere Kündigungsschutzregelungen für bestimmte Personen bzw. Gruppen beinhalten; zu diesen Gruppen gehören:

- Schwerbehinderte
- werdende Mütter
- ältere Arbeitnehmer
- jugendliche Arbeitnehmer
- Kinderreiche
- Wehrpflichtige
- Arbeitnehmervertreter (Betriebsräte und Jugendvertreter)

Aufgabe 3

Hier sind Bestimmungen aus einigen Gesetzen zum Schutz bestimmter Arbeitnehmer aufgelistet. Zu welchen dieser Gesetze gehören die Bestimmungen? Arbeiten Sie mit Ihrem Nachbarn zusammen, und vergleichen Sie anschließend die Arbeitsergebnisse im Plenum!

Für werdende Mütter besteht bis 4 Monate nach der Entbindung Kündigungsschutz.	**a) Betriebsverfassungsgesetz**
Jugendliche Arbeitnehmer dürfen nicht zur Schicht-, Samstags- und Nachtarbeit herangezogen werden.	**b) Mutterschutzgesetz**
Jeder Betrieb mit 16 oder mehr Arbeitsplätzen ist verpflichtet, 6% der Arbeitsplätze mit Schwerbehinderten zu besetzen.	**c) Jugendarbeitsschutzgesetz**
6 Wochen vor und 8 Wochen nach der Entbindung dürfen Frauen nicht beschäftigt werden.	**d) Schwerbehindertengesetz**
Mitglieder des Betriebsrats können während ihrer Amtszeit und 1 Jahr danach nicht gekündigt werden.	

Aufgabe 4

Welche Personen oder Gruppen werden in Ihrem Land als Arbeitnehmer besonders geschützt? Nennen Sie einige Schutzbestimmungen!

Wo können Manager nicht frei entscheiden ?

Illegale Arbeitsverhältnisse

Die Traute Heim GmbH ist eine Baufirma, die sich auf die Sanierung von Altbauten in Berlin spezialisiert hat. Zur Deckung ihres Arbeitskräftebedarfs wirbt sie zusätzlich zu ihrem deutschen Stammpersonal einige Fachkräfte aus Polen an und verspricht ihnen einen Stundenlohn von DM 15.- sowie kostenlose Unterbringung. Die Polen erhalten ihren Lohn jeweils freitags bar auf die Hand. Ein polnischer Arbeiter kostet die Firma bei einer Arbeitsleistung von rund 60 Stunden pro Woche und einem Stundenlohn von DM 15.- wöchentlich DM 900.-. Der Stukkateur Bolek Wewanowski fällt eines Freitagabends vom Gerüst und wird schwerverletzt ins Krankenhaus gebracht. Als er den Namen seiner Versicherung nicht nennen kann, schöpft die Krankenhausverwaltung Verdacht und schaltet die Polizei ein. Diese befragt Bolek ausführlich nach seinen Personalien und nach dem Unfallhergang. Als sich herausstellt, daß es sich um einen Arbeitsunfall handelt, fragt die Polizei nach Aufenthalts- und Arbeitsgenehmigung sowie nach dem Arbeitgeber Boleks.

Aufgabe 1
Wie würde eine vergleichbare Geschichte in Ihrem Land weitergehen?
Arbeiten Sie mit Ihrem Nachbarn zusammen, wenn möglich, und vergleichen Sie anschließend Ihre Geschichten im Plenum!

Aufgabe 2
Alle nebenstehenden Informationen sind richtig. Können Sie sie dem obigen Text entnehmen? Nehmen Sie ggf. das Lexikon auf S.57 zu Hilfe! Arbeiten Sie mit Ihrem Nachbarn zusammen, und vergleichen Sie anschließend Ihre Arbeitsergebnisse im Plenum!

	ja	nein
Arbeitsverträge können mündlich oder schriftlich abgeschlossen werden		
In der Regel werden Arbeitsverträge schriftlich abgeschlossen		
In der Regel werden bei Abschluß der Arbeitsverträge die Arbeitspapiere übergeben		
Zu den Arbeitspapieren gehören die Lohnsteuerkarte und das Sozialversicherungsnachweisheft		
Die Arbeitszeit ist im Arbeitsvertrag festgelegt. Sie richtet sich nach den tariflichen Arbeitzeiten		
Schwarzarbeit ist eine ohne Anmeldung bei den zuständigen Behörden ausgeübte selbständige oder unselbständige Tätigkeit		
Bei illegalen Arbeitsverhältnissen sind die Arbeitnehmer weder kranken- noch unfallversichert		
Bei illegalen Arbeitsverhältnissen zahlen weder Arbeitgeber noch Arbeitnehmer Beiträge zur gesetzlichen Renten- und Arbeitslosenversicherung		
Bei Schwarzarbeit führen die Arbeitnehmer keine Lohnsteuer ab		

Lexikon

Sozialversicherung, die, o.Pl.	gesetzliche Pflichtversicherung, die die Arbeitnehmer vor Schäden aller Art und Einkommenseinbußen schützen soll, z.B. bei Krankheit, Alter, Unfall, Arbeitslosigkeit
Rente, die, -n	im sozialen Sicherungssystem regelmäßig wiederkehrende Zahlungen an Versicherte, z.B. im Rahmen der gesetzlichen Altersversorgung
Rentenversicherung, die, o.Pl.	Bestandteil der Sozialversicherung, gesetzlich vorgeschriebene Pflichtversicherung für alle Arbeiter und Angestellten, die im Fall von Berufs-, Erwerbsunfähigkeit, Alter und Tod laufende Geldzahlungen gewährt
Pflegeversicherung, die, o.Pl.	Versicherung für den Fall, daß man sich nach einem Unfall oder im Alter nicht mehr selbst versorgen kann
gesetzliche Krankenversicherung, die, o.Pl.	Bestandteil der Sozialversicherung, Pflichtversicherung für Arbeiter und Angestellte und bestimmte Berufsgruppen bis zu einer bestimmten Einkommensgrenze, Auszubildende und Studenten, Rentner und Arbeitslose
Unfallversicherung, die, o.Pl.	Bestandteil der Sozialversicherung, zum Schutz der Arbeitnehmer vor den Folgen von Arbeitsunfällen
Arbeitslosenversicherung, die, o.Pl.	Bestandteil der Sozialversicherung, der zur Zahlung einer Lohnersatzleistung bei unfreiwilliger Arbeitslosigkeit führt
Schwarzarbeit, die. o.Pl.	illegales Arbeitsverhältnis, bei dem weder Arbeitgeber noch Arbeitnehmer die gesetzlichen Vorschriften erfüllen
Lohnsteuer, die, o.Pl.	Steuer auf das Einkommen aus nichtselbständiger Arbeit von Arbeitnehmern
Lohnsteuerkarte, die, -n	Grundlage für die Berechnung der Lohnsteuer
Lohnnebenkosten, die, Pl.	gesetzliche, tarifliche und betriebsbedingte Zahlungen des Arbeitgebers, wie z.B. der Arbeitgeberanteil zur Sozialversicherung, das Urlaubsgeld oder die betriebliche Altersversorgung
Personalkosten, die, Pl.	Summe von Lohn- und Lohnnebenkosten

Wo können Manager nicht frei entscheiden ?

Soziale Sicherheit in Deutschland

Das System der sozialen Sicherheit in der Bundesrepublik Deutschland ist in über hundert Jahren gewachsen. Der Anteil der Sozialleistung am Bruttosozialprodukt liegt bei nahezu 30 Prozent. Die Höhe der Sozialleistungen belief sich 1990 auf 710 Milliarden DM, die aus den Beiträgen der Arbeitgeber und Arbeitnehmer finanziert wurden. Bei den Zahlungen zur Rentenversicherung, zur gesetzlichen Krankenversicherung und zur Arbeitslosenversicherung beträgt der Arbeitgeberanteil und der Arbeitnehmeranteil jeweils 50%. Die Beiträge zur Unfallversicherung werden zu 100% von den Arbeitgebern getragen.

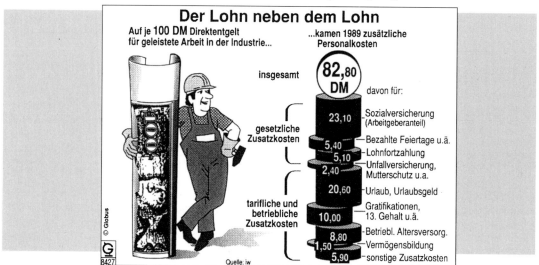

Aufgabe 3
Bitte ergänzen Sie den nebenstehenden Text über die Zusammensetzung der Personalkosten! Nehmen Sie dabei die Graphik und gegebenenfalls das Lexikon auf Seite 57 zu Hilfe! Arbeiten Sie mit Ihrem Nachbarn zusammen, und vergleichen Sie anschließend Ihre Arbeitsergebnisse im Plenum!

Die Personalkosten eines Unternehmens setzen sich aus dem Direktentgelt und den _____ zusammen.
Das _____ bezieht sich auf die tatsächlich geleistete Arbeit, die _____ dagegen stehen nicht in direktem Zusammenhang mit der geleisteten Arbeit.
Die _____ betragen über 80% des Direktentgelts.
Die Personalnebenkosten bestehen aus, _____, Zusatzkosten und _____ sowie _____ Zusatzkosten.
Der Hauptanteil der gesetzlichen Nebenkosten besteht in den Arbeitgeberanteilen zur _____, d.h. zur R _____, K _____, _____ und in der Unfallversicherung.
Mehr als die Hälfte der _____ ist tariflich oder betrieblich bedingt. Der größte Anteil entfällt dabei auf den Urlaub und das _____ u.ä.

Aufgabe 4

Die Firma Trautes
Heim beschäftigt
gelegentlich auch
deutsche
Schwarzarbeiter.
Warum beschäfti-
gen Firmen
Schwarzarbeiter?
Nennen Sie
Gründe, die die
Arbeitnehmerseite
zur Annahme von
Schwarzarbeit
bewegen können!
Arbeiten Sie mit
Ihrem Nachbarn
zusammen, und
vergleichen Sie
anschließend
Ihre Arbeitsergeb-
nisse im Plenum!

Aufgabe 5

Wie hoch sind
die Personal-
kosten in Ihrem
Land und wie
setzen sie sich
zusammen?
Was bedeuten
die Personal-
kosten für Ihr
Land als Standort?

Wie motivieren Manager ?

Lohnformen

In der aufstrebenden Stadt Posemuckel gibt es drei Bäckereien, das Backhaus Semmelmeier, die Bäckerei Mehlworm und die Backstube „Heißer Ofen". Alle drei haben aufgrund der Qualität ihrer ofenfrischen Brötchen, Croissants und Brezeln einen steigenden Umsatz und benötigen zur Überbrückung des morgendlichen Engpasses bei der Herstellung von Backwaren einen zusätzlichen Gehilfen. Sie inserieren im Posemuckeler Stadtanzeiger:

Traditionsreiche Bäckerei sucht erfahrenen Bäckergehilfen für DM 20.-/Std. in Dauerstellung. Zuschriften an Mehlworms Bäckerei	Backhaus Semmelmeier sucht tüchtigen Bäckergehilfen zum Mindestlohn von DM 20.-/Std. Mehrleistungen werden extra vergütet! Bewerbungen an Siegfried Semmelmeier	Verdienen Sie DM 25.-/Std. in dynamischer Backstube! Sie sind schnell und geschickt und formen spielend 240 Brötchen pro Stunde. Rufen Sie noch heute beim „Heißen Ofen" an!

Aufgabe 1
Alle folgenden Aussagen über Lohnformen sind richtig. Können Sie sie dem obigen Text entnehmen? Arbeiten Sie mit Ihrem Nachbarn zusammen, und vergleichen Sie anschließend Ihre Arbeitsergebnisse im Plenum!

	ja	nein
Dem Arbeitgeber stehen verschiedene Lohnformen zur Verfügung		
Es gibt leistungs- und zeitorientierte Löhne		
Bäcker Mehlworm bemißt den Lohn nur nach der Arbeitszeit weil er glaubt, daß ein streßfreier Arbeitsplatz dazu führt, daß ein guter Mitarbeiter lange bei ihm bleibt		
Die Geschäftsführung des stark expandierenden „Heißen Ofens" bemißt den Lohn nach vorgegebener Leistung pro Zeiteinheit und versucht auf diese Weise, dynamische Mitarbeiter über ein entsprechendes Lohnangebot zu gewinnen		
Backhaus Semmelmeier vergütet einerseits die Arbeitszeit, andererseits aber auch quantitative oder qualitative Mehrleistung, weil es an flexiblen Mitarbeitern interessiert ist, die präzise arbeiten, aber auch zu Mehrleistungen oder besonderen Leistungen bereit sind		

Lexikon

Zeitlohn, der, o. Pl.	**leistungsunabhängige Lohnform auf der Bemessungsgrundlage der Arbeitszeit**
Akkordlohn, der, o.Pl.	**leistungsbezogene Lohnform auf der Bemessungsgrundlage einer vorgegebenen Leistungsmenge pro Zeiteinheit**
Prämienlohn, der, o.Pl.	**aus Grundlohn und Prämie zusammengesetzter Lohn. Prämien werden z.B. für mengenmäßige Mehrleistung oder Verbesserungsvorschläge gezahlt**

Aufgabe 2
Welche Lohn-
formen bieten
die drei
Posemuckeler
Bäckereien an?

Backhaus Semmelmeier: _____

Bäckerei Mehlworm: _____

Backstube „Heißer Ofen": _____

Lohngestaltung

Trotz der Vorteile der Lohnformen für bestimmte Tätigkeiten gewerblicher Arbeitnehmer, z.B. Zeitlohn für Präzisionsarbeit, Akkordlohn für die Produktion von Massenware, setzt sich der pauschalisierte Monatslohn immer mehr durch. Damit nähert sich die Form der Entlohnung gewerblicher Arbeitnehmer immer mehr der der Angestellten an. Dies beruht u.a. auf der Tatsache, daß der gewerbliche Arbeitnehmer seinen Arbeitsrhythmus aufgrund zunehmender Automatisation immer weniger selbst bestimmen kann. Neben dem pauschalisierten Monatslohn bleibt der Prämienlohn als leistungsgerechte und damit flexible Lohnform von Bedeutung.

Aufgabe 3
Richtig oder falsch?
Entscheiden Sie
mit Hilfe des Lexikons!

	R	F
Lohn - Arbeitsentgelt eines Angestellten		
Gehalt - Arbeitsentgelt eines gewerblichen Arbeitnehmers		
Arbeitsentgelt - Entlohnung eines Angestellten		
pauschalisierter Monatslohn - neuere Lohnform für gewerbliche Arbeitnehmer		

Lexikon

Arbeitsentgelt, das, o. Pl.	**Einkommen aus nichtselbständiger Arbeit**
Lohn, der, ¨e	**allgemein: Bezeichnung für Arbeitsentgelt; umgangssprachlich: Entlohnung für gewerbliche Arbeitnehmer**
Gehalt, das, ¨er	**umgangssprachlich: Lohn für Angestellte**
pauschalisierter Monatslohn, der, o. Pl.	**Lohn, der sich aus tariflichen und übertariflichen Lohnanteilen zusammensetzt und auf der Basis einer monatlichen durchschnittlichen Arbeitszeit festgelegt wird**
Angestellte, der, -n	**Arbeitnehmer, der fast nur geistige Aufgaben zu erfüllen hat**
leitende(r) Angestellte(r)	**Manager, der die Interessen des Arbeitgebers in starkem Maße zu vertreten hat**
gewerbliche(r) Arbeitnehmer, der, -n	**Arbeiter in der Produktion**

2C

Wie motivieren Manager ?

Mitarbeiterbeteiligung

Neben der Lohngestaltung dient die Mitarbeiterbeteiligung als materieller Anreiz. Dabei handelt es sich um eine freiwillig vereinbarte materielle Beteiligung der Arbeitnehmer an den Erlösen (Gewinnbeteiligung) oder am Kapital des Unternehmens (Kapitalbeteiligung). 1840 beteiligte Bayer seine Mitarbeiter zum ersten Mal am Gewinn: zwischen 1873 und 1877 waren es bereits 54 Unternehmen in Deutschland, die diesem Beispiel folgten. Gewinnbeteiligung ist auch heute in der BRD noch von großer Bedeutung: So ist z.B. bei der Gruner & Jahr AG (Verlagsgesellschaft, „Die Zeit", „Der Spiegel" etc.), die ihre Belgschaft seit 1975 am Gewinn beteiligt, bis 1989 pro Mitarbeiter eine Gewinnbeteiligung von DM 86.000 aufgelaufen. Die Kapitalbeteiligung wurde zuerst von der Firma Thunen 1848 praktiziert. Heutzutage halten deutsche Arbeitnehmer 14,2 Mrd. DM des Kapitals der Unternehmen, in denen sie arbeiten. Bei der Rosenthal AG, Selb (Porzellan) ist die Belgschaft mit 10 % Beteiligung am Grundkaital die größte Aktionärsgruppe. In der Europäischen Union (EU) gibt es die meisten Beteiligungsmodelle in Frankreich und Großbritannien.

Aufgabe 4
Bitte ordnen Sie zu!

Gewinnbeteiligung
Kapitalbeteiligung

1
Bare Zuwendung am Ende eines Geschäftsjahres eines Unternehmens gemäß Geschäftserfolg an die Arbeitnehmer des Unternehmens

2
Beteiligung am Unternehmen und an seinem Gewinn durch Ausgabe von Belegschaftsaktien

3
Freiwillig vereinbarte materielle Beteiligung der Arbeitnehmer am Unternehmen über eine vom Arbeitgeber begünstigte Kapitaleinlage des Arbeitnehmers

Aufgabe 5
Welche weiteren Formen materieller Anreize kennen Sie?

Aufgabe 6
Welche materiellen Anreize sind in Ihrem Land besonders wichtig?

Lexikon

Gewinnbeteiligung, die, o.Pl.	**für Arbeitnehmer, Vorstands- und Aufsichtsratsmitglieder vorgesehene Beteiligung am Unternehmenserfolg (Gewinn)**
Kapitalbeteiligung, die, o. Pl.	**im Rahmen der Mitarbeiterbeteiligung finanzielle Beteiligung der Arbeitnehmer am Unternehmenskapital, bei einer Aktiengesellschaft z.B. durch Belegschaftsaktien, die dem Arbeitnehmer vom Arbeitgeber zum Vorzugspreis angeboten werden**

Aufgabe 1
Sie haben Stellenangebote verschiedener Firmen, die Sie gut kennen. Welche der aufgelisteten Merkmale wären für Sie für die Annahme eines Stellenangebots wichtig? Bewerten Sie die einzelnen Faktoren durch die Vergabe von Punkten: 1 (unwichtig) bis 5 (sehr wichtig). Versuchen Sie, mit Ihrem Nachbarn zu einer gemeinsamen Wertung zu kommen! Vergleichen Sie anschließend Ihre Bewertungen im Plenum!

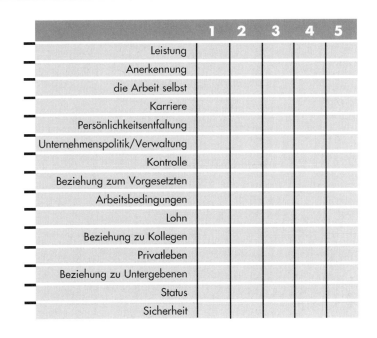

	1	2	3	4	5
Leistung					
Anerkennung					
die Arbeit selbst					
Karriere					
Persönlichkeitsentfaltung					
Unternehmenspolitik/Verwaltung					
Kontrolle					
Beziehung zum Vorgesetzten					
Arbeitsbedingungen					
Lohn					
Beziehung zu Kollegen					
Privatleben					
Beziehung zu Untergebenen					
Status					
Sicherheit					

Aufgabe 2
Vergleichen Sie Ihre Bewertung mit der Graphik, die die Ergebnisse einer Untersuchung von Herzberg über Zufriedenheit bzw. Unzufriedenheit von Arbeitnehmern wiedergibt. In welchen Punkten weichen Sie von der Herzbergschen Skala ab und warum?

Einflußfaktoren auf Arbeitseinstellungen

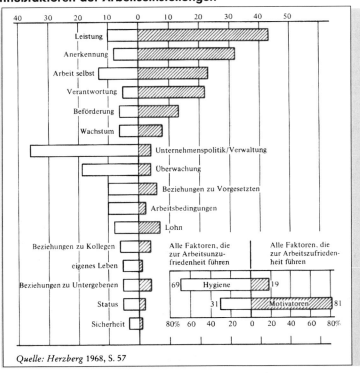

Quelle: Herzberg 1968, S. 57

Aufgabe 3
Welche der nebenstehenden Faktoren sind nach Herzberg Motivatoren bzw. Hygienefaktoren?

Anerkennung

Verantwortung

Verwaltung/Unternehmenspolitik

Lohn

Aufgabe 4
Die Untersuchung von Herzberg stammt aus dem Jahr 1968. Halten Sie die Herzbergsche Skala unter den heutigen Arbeitsbedingungen noch für gültig? Bei welchen Faktoren ergeben sich in Ihren Augen möglicherweise Verschiebungen? Begründen Sie Ihre Meinung!

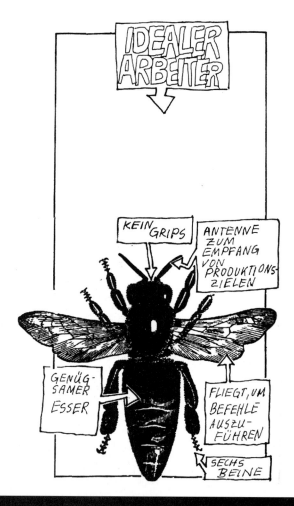

Motivierende Arbeitsgestaltung

Die Untersuchung von Herzberg zu Einflußfaktoren auf Arbeitseinstellungen (Herzberg 1968) zeigt, daß materielle Anreize nur einen Teil der Faktoren ausmachen, die zur Arbeitszufriedenheit führen. Die anderen Einflußfaktoren sind immaterielle Faktoren wie z.B. eigene Leistung und die Arbeit selbst als Folge von Arbeitsinhalt und -strukturierung, Verantwortung, Anerkennung und Arbeitsbedingungen. Zufriedenheit über Arbeitsstrukturierung und Inhalt wird z.B. erreicht durch Aufgabenvielfalt, Ganzheitscharakter der Aufgabe, Autonomie bei der Durchführung und durch flexible Arbeitszeit.

Aufgabe 5
Bitte ordnen Sie zu!

Arbeitsstrukturierung

Arbeitszeitgestaltung

1
Der schwäbische Maschinenbauer Mettler hat seit 1986 eine Betriebsvereinbarung, nach der seine Mitarbeiter pro Tag 4 Stunden anwesend sein müssen. Wann ein Mitarbeiter kommt und wann er geht, bestimmt er selbst. Seine Anwesenheit wird auf einem Zeitkonto festgehalten, das innerhalb eines halben Jahres auszugleichen ist. Dabei darf ein Grundsatz nicht vernachlässigt werden: Jeder Liefertermin ist heilig. Wie er eingehalten wird, bestimmt die Gruppe in eigener Verantwortung.

2
MBB (Messerschmitt-Bölkow-Blohm) in München führte Anfang der 70er Jahre aufgrund der Verkehrsprobleme bei Arbeitsbeginn und Arbeitsende flexible Zeiten für den Beginn und das Ende der Arbeit ein.

3
Bei Mercedes wird die gesamte elektrische Anlage für die Autos im Werk Sindelfingen nicht in Fließfertigung, sondern in Gruppenarbeit installiert.

Lexikon

Arbeitsstrukturierung, die, o.Pl.	**Gestaltung von Inhalt, Umfeld und Bedingung der Arbeit**
Arbeitszeitgestaltung, die, o.Pl.	**Verteilung der Arbeitszeit**
flexible Arbeitszeit, die, -en	**Arbeitszeitgestaltung, bei der Arbeitsbeginn und Arbeitsende vom Arbeitnehmer innerhalb festgelegter Grenzen variiert werden können**
Arbeitszufriedenheit, die, o.Pl.	**positive Einstellung zur eigenen Arbeitssituation**

2D

Wo müssen Manager interkulturell lernen ?

„Wir sind in einem Meeting, um über einen Investitionsvorschlag zu entscheiden. Ich habe eine Menge Zeit damit verbracht, die Berichte vorher zu studieren. Es ist offensichtlich, daß meine britischen Kollegen die Unterlagen jetzt zum ersten Mal ansehen. Es beansprucht unsere ganze Zeit. Aber es hält sie nicht davon ab, ihre Meinung zu äußern." **Ein niederländischer Ingenieur**

„Man hat den Eindruck, daß die Franzosen nicht wahrnehmen, daß sie auf einem Meeting sind. Sie geben nicht acht, oder sie unterbrechen, oder sie stehen auf und telefonieren." **Ein englischer Manager eines französisch-britischen Unternehmens**

„Die Meetings mit meinen Mitarbeitern sind sehr ärgerlich. Man kann sie schwer dazu bringen, die Tagesordnung einzuhalten. Und sie bestehen darauf, jeden Punkt zu diskutieren, bis jeder etwas dazu gesagt hat." **Ein französischer Manager eines italienischen Unternehmens**

Aufgabe 1
Alle folgenden Informationen sind richtig. Können Sie sie den Aussagen der oben zitierten Manager entnehmen?

	ja	nein
In der EU können Unternehmen nicht einheimische Manager haben		
Ausländisches Management in europäischen Unternehmen beruht oft auf der Tatsache, daß das Unternehmen von einem ausländischen Unternehmen gekauft wurde		
Es existiert eine zunehmende Fluktuation von Topmanagern in der EU		
Manager anderer Nationalität haben oft Probleme mit ihren Mitarbeitern, die auf Stereotypen beruhen können		
Durch national geprägte Verhaltensweisen von Managern und Mitarbeitern können sich Mißverständnisse ergeben		
Euro-Manager erwarten, daß sich ihre Mitarbeiter so verhalten wie Mitarbeiter zu Hause		

Wie Deutsche den französischen Manager sehen: Der halbe Nachmittag wird fürs Wohlleben verplempert, die Gespräche drehen sich mehr ums Vergnügen als ums Geschäft.

Wie Franzosen den deutschen Manager sehen: Humorlos, akkurat, und an der Wand im Büro hängen ein Organigramm, ein Gründerprofil und eine Uhr mit Sekundenzeiger.

Aufgabe 2
Management-
probleme
können
interkulturell
bedingt sein.
Die Wirtschaft
hat dieses
Problem erkannt.
Verlage haben
entsprechend
reagiert.

Hier finden Sie
Zitate aus dem
Buch „Euro-
Knigge für
Manager" von
John Mole zum
Thema
„Deutschland".
Entsprechen
die Aussagen
von J. Mole
Ihrem Bild von
den Deutschen?
In welchen
Punkten teilen
Deutsche mögli-
cherweise Ihre
Meinung nicht?

1.

Deutsche fühlen sich unbehaglich bei Ungewißheit, Unklarheiten und unquantifizierbaren Risiken. Erfahrung und Veranlagung haben eine starke Furcht vor Unsicherheit verstärkt. Angesichts einer Wahl werden sie die konservativste Alternative nehmen.

2.

Deutsche suchen eine starke, entschlußfreudige Führung durch jemanden, der weiß, wovon er redet. Es gibt eine allgemeine Ergebenheit gegenüber Autoritätspersonen, und Untergebene werden ihrem Vorgesetzten kaum widersprechen oder ihn kritisieren. Vorgesetzte erwarten, daß man ihnen gehorcht, und umgekehrt wird von ihnen erwartet, daß sie eindeutig führen.

3.

Deutsche sind von Konkurrenzgedanken geprägt und ehrgeizig. Sie können eigenen und fremden Mißerfolg nicht tolerieren. Sie schämen sich, arbeitslos zu sein, und ein Bankrott ist ein soziales und berufliches Stigma. Sie messen dem individuellen Erfolg und seinen äußeren Zeichen große Bedeutung bei. Das Auto, das man fährt, die Größe des Büros und die Urlaubsziele sind wichtig.

4.

Es gibt eine klare Abgrenzung zwischen Privatleben und Arbeit. Die Deutschen verlassen die Arbeit so pünktlich, wie sie gekommen sind, und nehmen selten Arbeit mit nach Hause. Sie haben es nicht gerne, zu Hause wegen Arbeitsangelegenheiten angerufen zu werden, außer wenn es einen triftigen Grund hierfür gibt.

5.

Es gibt keine beherrschende Elite, kein Äquivalent zu den französischen Grandes Ecoles und Prestige-Universitäten.

Bilder vom Nachbarn - europaweit
Frage: Wann herrschen in Europa himmlische Zustände?
Antwort: Wenn der Deutsche Mechaniker ist, der Engländer Polizist, der Franzose Koch, der Schweizer Banker und der Italiener Liebhaber.
Frage: Wann herrscht in Europa die Hölle?
Antwort: Wenn der Deutsche Polizist ist, der Engländer Koch, der Franzose Mechaniker, der Italiener Banker und der Schweizer Liebhaber.

2E

Reflexion und Überprüfung

Sie haben in dieser Einheit einige Strategien bei der Erschließung von Wortbedeutung angewendet und auf diese Weise ohne Lexikon Termini verstanden und gelernt. Wir möchten an dieser Stelle einige Strategien systematisieren.

Lohnformen

In der aufstrebenden Stadt Posemuckel gibt es drei Bäckereien, das Backhaus Semmelmeier, die Bäckerei Mehlworm und die Backstube „Heißer Ofen". Alle drei haben aufgrund der Qualität ihrer ofenfrischen Brötchen, Croissants und Brezeln einen steigenden Umsatz und benötigen zur Überbrückung des morgendlichen Engpasses bei der Herstellung der Backwaren einen zusätzlichen Gehilfen. Sie inserieren im Posemuckeler Stadtanzeiger:

Traditionsreiche Bäckerei sucht erfahrenen Bäckergehilfen für DM 20.-/Std. in Dauerstellung. Zuschriften an Mehlworms Bäckerei	Backhaus Semmelmeier sucht tüchtigen Bäckergehilfen zum Mindestlohn von DM 20.-/Std. Mehrleistungen werden extra vergütet! Bewerbungen an Siegfried Semmelmeier	Verdienen Sie DM 25.-/Std. in dynamischer Backstube! Sie sind schnell und geschickt und formen spielend 240 Brötchen pro Stunde. Rufen Sie noch heute beim „Heißen Ofen" an!

Der obige Text ist ein Fallbeispiel. Er ist fiktiv. Die Namen der Beteiligten und die erzählten Geschichten sind zwar erfunden, aber die Entscheidungsprobleme, die dargestellt sind, entsprechen denen der Wirklichkeit.

In unserem Fallbeispiel sind drei Bäckereibetriebe in derselben Situation: Sie benötigen einen Gehilfen und inserieren in der Zeitung. Aus den Inseraten können Sie schließen auf
- die Unternehmensphilosophie der Betriebe
  (z.B. traditionsreiche Bäckerei, erfahrener Bäckereigehilfe, Dauerstellung)
- die aus der Unternehmensphilosophie resultierenden Anforderungen an die Persönlichkeit des Mitarbeiters (z.B. schnell und geschickt)
- die Anforderungen an die Leistung des Gehilfen pro Zeiteinheit (z.B. 240 Brötchen/Std.)
- unterschiedliche Lohnhöhe für dieselbe Tätigkeit (DM 20.-/DM 25.-)

Quantitativ vergleichen können Sie in diesen Anzeigen
- die Höhe des Lohns/Std.
- die geforderte Menge der zu produzierenden Einheiten/Std.

Daraus ziehen Sie den Schluß, daß es Löhne gibt, die unabhängig von der ausgebrachten Menge, also nur auf Zeitbasis gezahlt werden, z.B. bei der Firma _____, daß es Löhne gibt, die auf Leistungsbasis pro Zeiteinheit gezahlt werden, wie z.B. bei der Firma _____ .

Sie schließen aber auch daraus, daß es Löhne gibt, bei denen Zeitorientierung und Leistungsorientierung die Lohnhöhe bestimmen (Firma _____).

Sie haben aber auch daraus geschlossen, daß bestimmte Löhne für bestimmte Unternehmensziele charakteristisch sind:

- das traditions- und qualitätsbewußte Unternehmen zahlt einen fixen Lohn allein auf der Basis der _____

■ das umsatzorientierte, sich dynamisch gebende Unternehmen zahlt den Lohn auf der Basis der

_____ pro Zeiteinheit

■ das umsatz- und qualitätsorientierte Unternehmen zahlt einen Lohn, dem Zeitbezug und Leistungsbezug

zugrundeliegen, um flexibel auf die Anforderungen des Marktes reagieren zu können.

In der Übung 1 (S.60) überprüfen Sie Ihre Schlüsse anhand von abstrakter formulierten Aussagen, indem Sie

vergleichen. Dieser Vergleich ergibt für Sie

■ die Bestätigung, daß es verschiedene Lohnformen gibt

■ die Fähigkeit, die Merkmale der Lohnformen zu benennen

(Termini: Leistungsorientierung und _____)

■ Informationen über die Anwendung und die Vorteile der Lohnformen

Im darauf folgenden Lexikon ordnen Sie, ausgehend vom bekannten Inhalt der Lohnformen, die Benennung diesen Formen zu. Sie lernen also über den Inhalt der Lohnformen ihren Namen, d.h. Sie lernen über den Begriffsinhalt den Terminus. Sie kennen den Begriff des Lohns als Arbeitsentgelt.

Sie haben jetzt erfahren, daß es verschiedene Lohnformen gibt, die sich durch bestimmte Merkmale unterscheiden: Entweder sind sie nur durch den Zeitbezug oder nur durch den Leistungsbezug charakterisiert oder sie weisen beide Merkmale auf. Die Lohnformen, die nur einen Bezug aufweisen, bezeichnet man als reine Lohnformen, die mit mehr als einem Merkmal als zusammengesetzte. Man kann die Bezüge bei den reinen Lohnformen folgendermaßen darstellen:

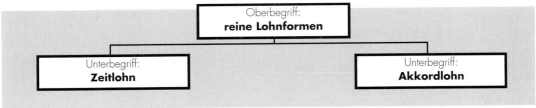

Das Merkmal, das den Zeitlohn vom Akkordlohn unterscheidet, ist der Bezug ausschließlich auf die Zeit oder der Bezug auf die vorgegebene Menge/Zeiteinheit.

In der Übung 2 (S.61) ordnen Sie die Lohnformen über ihre Anwendung in einer bestimmten Situation den Beispielen zu, d.h. Sie ordnen den Terminus dem durch das Beispiel repräsentierten Begriffsinhalt zu.

Die Bedeutungserschließung erfolgt durch
■ Erkennen vergleichbarer Elemente, repräsentiert in den Eigenschaften im Beispiel
■ Abstrahierung von konkreten Eigenschaften auf allgemeingültige Merkmale
■ Erkennen des entsprechenden Begriffsinhalts
■ Zuordnung von Begriffsinhalt und Terminus
■ Einordnen des Terminus in die entsprechende Begriffshierarchie

Reflexion und Überprüfung

Aufgabe 1
Welche Position haben die folgenden Begriffe in der Begriffshierarchie, die in der Tabelle vorgegeben ist?

Werkstoff ist der _____ zu Hilfsstoff.

Rohstoff ist ein _____ zu Werkstoff.

Werkstoffe

Fertigprodukt	Werkstoffe		
	Rohstoff	**Hilfsstoff**	**Betriebsstoff**
Stuhl	Holz	Leim, Lack	Elektrizität
Auto	Stahl, Gußeisen	Kunststoff, Glas, Gummi, Lack	Elektrizität, Luft, Wasser, Öl

Aufgabe 2
Ordnen Sie die Begriffe „Terminus" und „Begriffsinhalt" bitte in die nebenstehende Tabelle ein!

Rohstoff	Stoff, der zum Hauptbestandteil des Fertigprodukts wird
Hilfsstoff	Stoff, der nicht Hauptbestandteil des Fertigprodukts wird
Betriebsstoff	Stoff, der bei der Produktion verbraucht wird, aber nicht Bestandteil des Fertigprodukts wird

Aufgabe 3
Welche Merkmale bilden den Unterschied zwischen „Rohstoff", „Hilfsstoff" und „Betriebsstoff"?

_____

_____

_____

_____

1. Arbeitsverhältnis

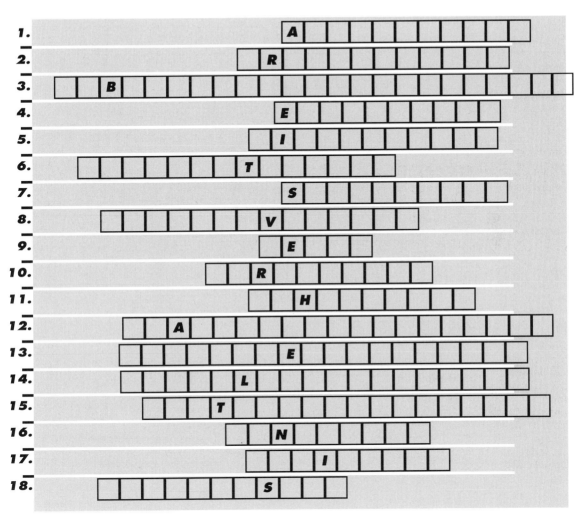

1. A
2. R
3. B
4. E
5. I
6. T
7. S
8. V
9. E
10. R
11. H
12. A
13. E
14. L
15. T
16. N
17. I
18. S

1.Unternehmer mit einem oder mehr Mitarbeitern 2.Arbeiter und Angestellte 3.Sozialversicherungsbestandteil zur Milderung der Folgen der Arbeitslosigkeit 4.Beendigung des Arbeitsverhältnisses durch den Arbeitgeber 5.Begründung eines Arbeitsverhältnisses 6.Auf Dauer vereinbarte Verkürzung der tariflichen Arbeitszeit 7.Maßnahmen des Arbeitgebers zur Minderung der Folgen bei betriebsbedingtem Stellenabbau 8. Vertrag zur Begründung eines Arbeitsverhältnisses 9.Altersruhegeld gewerblicher Arbeitnehmer oder Angestellter 10.Vorübergehende Herabsetzung der betrieblichen Arbeitszeit 11.Steuer auf das Einkommen aus nichtselbständiger Arbeit 12.Versicherung für den Krankheitsfall 13. Versicherung für die Folgen von Betriebsunfällen 14.Gesetzliche Pflichtversicherung zum Schutz der Arbeitnehmer vor Schäden aller Art 15.Sozialversicherungsbestandteil zur wirtschaftlichen Sicherstellung von Arbeitnehmern für den Fall der Berufs- und Erwerbsunfähigkeit oder im Alter 16.Auflösung eines Arbeitsvertrags 17.Materieller Anreiz für Arbeitnehmer, freiwillig aus dem Betrieb auszuscheiden 18.Interessenvertretung der Arbeitnehmer im Betrieb

Reflexion und Überprüfung

2. Tarifautonomie

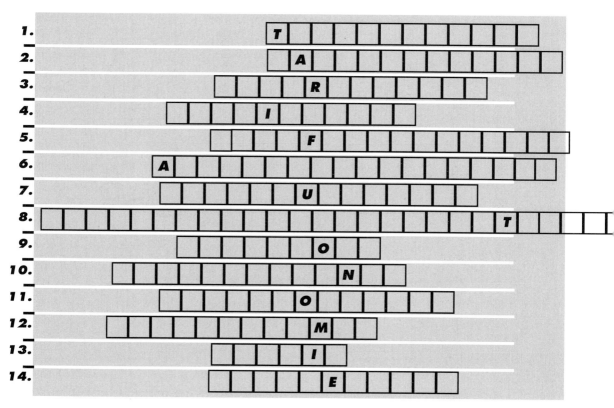

1. **T** _ _ _ _ _ _ _ _ _ _ _
2. **A** _ _ _ _ _ _ _ _ _ _ _
3. _ _ **R** _ _ _ _ _
4. _ _ **I** _ _ _ _ _ _
5. _ _ **F** _ _ _ _ _ _ _ _ _ _
6. **A** _ _ _ _ _ _ _ _ _ _ _ _ _ _
7. _ _ _ **U** _ _ _ _ _
8. _ _ _ _ _ _ _ _ _ **T** _ _ _
9. _ _ _ **O** _ _ _
10. _ _ _ **N** _ _ _
11. _ _ _ **O** _ _ _
12. _ _ _ **M** _ _ _
13. _ _ **I** _ _
14. _ _ **E** _ _ _ _

1. Vertrag zwischen Arbeitgebern und Gewerkschaften über Mindestarbeitsbedingungen 2. Tarifpartner 3. Interessenvertretung der Arbeitnehmer 4. Beilegung von Tarifkonflikten durch neutrale Personen 5. Gespräche zwischen Arbeitgebern und Gewerkschaften über den Inhalt von Tarifverträgen 6. Zusammenschluß von Arbeitgebern 7. Grundsatz, daß die Sozialpartner das alleinige Recht zum Abschluß von Tarifverträgen haben 8. Dachverband der deutschen Gewerkschaften 9. Tariflich festgelegter Mindestlohn 10. Tarifparteien 11. Streit zwischen den Tarifpartnern über Lohn und Arbeitszeit 12. Mittel von Arbeitnehmer- und Arbeitgeberverbänden, ihren Forderungen nach dem Scheitern von Tarifverhandlungen Nachdruck zu verleihen 13. Mittel der Arbeitnehmer im Arbeitskampf 14. Mittel der Arbeitgeber im Arbeitskampf

3. Motivation

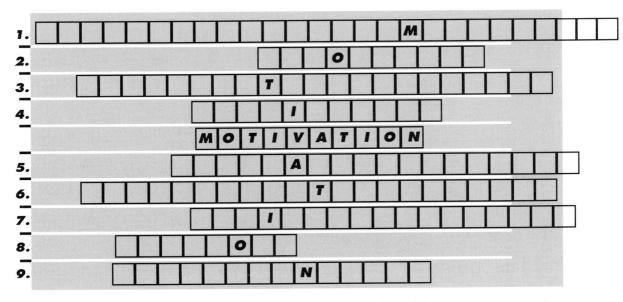

1.Neuere Lohnform für gewerbliche Arbeitnehmer 2.Leistungsabhängige Lohnform auf der Basis von Leistungsvorgaben
3.Immaterieller Anreiz, die Arbeitsgestaltung betreffend 4.Flexible, leistungsgerechte Lohnform 5.Mitarbeiterbeteiligung
über Belegschaftsaktien 6.Immaterieller Anreiz, die Arbeitszeit betreffend 7.Materieller Anreiz in Form von Barauszah-
lung 8.Leistungsunabhängige Lohnform 9.Lohn

keine weitere Aufgabenstellung !

3 Marketing

Das finden Sie in diesem Kapitel

RESTAURANTE · COSTA DEL SOL

SPEISEKARTE

Hauptgerichte
Besonders zu empfehlen:

Fisch

124 **Platte "Costa del Sol",**
Spezialplatte mit verschiedenen
gebackenen/gegrillten Fischen
dazu Sauce und 1/2 spanische Salatplatte
für eine Person   26,—

121 Octopus in scharfer Sauce, Reis, und Salat   16,—

José García García expandiert

José García García betreibt seit 15 Jahren mit gutem Erfolg ein spanisches Restaurant in der Rheingasse in Mannheim. Da er eine gute Küche führt, entsprechend Kunden unter seinen Landsleuten hat und immer mehr Deutsche aufgrund von Spanienurlauben spanisches Essen schätzen, hatte er jahrelang steigende Umsätze, was spanische Bekannte dazu veranlaßt hat, ebenfalls Restaurants in Mannheim und Umgebung zu eröffnen. Seit drei Jahren geht jedoch trotz gleichbleibender Qualität sein Umsatz zurück. Er versucht dies durch ein erweitertes Angebot (preiswerter Mittagstisch, freitags und samstags abends Flamenco) aufzufangen, hat damit aber keinen nennenswerten Erfolg. Daraufhin spricht er mit seinem Sohn Jorge, der in Münster Betriebswirtschaftslehre (BWL) mit Schwerpunkt Marketing studiert, über die Probleme seines Betriebs. Im Laufe der Diskussion berichtet Jorge über die Geschäftsentwicklung von McDonald's, der aus relativ kleinen Anfängen durch eine Orientierung seiner Produktion an den Wünschen der Verbraucher und ein entsprechendes Marketingkonzept zur größten Schnellimbißorganisation der Welt wurde:

1955 hatte Ray Kroc, ein 52jähriger Vertreter für Milch-Mix-Getränke, eine Kette von 7 Schnellimbiß-Restaurants für 2,7 Mill. US-$ von den Brüdern Richard und Maurice McDonald gekauft und baute sie unter Einbeziehung des Take-away-food-Geschäfts zur größten Fast-Food-Kette der Welt aus. Sein Marketingkonzept war und ist „Q., S., C. & V." (Quality, Service, Cleanliness and Value, also Qualität, Service, Sauberkeit und Wert). Er entschloß sich, diese Kette zu erweitern und Verkaufsrechte an andere zu vergeben. Franchise-Nehmer können eine 20jährige Lizenz für 150.000 $ erwerben. Sie absolvieren ein Zehn-Tage-Training an der McDonald's „Hamburger Universität" in Elk Grove Village in Illinois.

Da die Einrichtung einer Kette spanischer Restaurants angesichts der zahlreichen Konkurrenten keinen Erfolg verspricht, schlägt Jorge seinem Vater vor, seinem Restaurant ein Take-away-Geschäft anzuschließen und erinnert an den Erfolg der Feinkost-Take-away-Kette „Ibiza" in seiner Heimatstadt, der auf der Qualität des Angebots und den Öffnungszeiten (täglich bis 22.00 Uhr, auch samstags und sonntags) beruht. José García García kennt die Klagen berufstätiger Frauen über die deutschen Ladenschlußgesetze und ihre Doppelbelastung sowie ihr Interesse an guten Spezialitätengerichten. Er hat eine genügend große Küche und in der Familie genügend Mitglieder, die bereit sind einzuspringen, zudem einen Vetter, der in Tief-kühlwagen frische Fische, Meeresfrüchte und Gemüse aus Spanien liefern kann. Deshalb entschließt er sich, einen Straßenverkauf spanischer Spezialitäten zu organisieren. Aufgrund guter Küche, der Öffnungszeiten (identisch mit denen der Restaurants), der reellen Preise und der freundlichen Bedienung hat er schnell Erfolg und kann nach drei Jahren zwei Restaurants seiner Konkurrenten aufkaufen und mit einem Straßenverkauf versehen. Sein Sohn untersucht im Rahmen einer praxisorientieren Diplomarbeit, ob die Einrichtung einer Take-away-Kette spanischer Spezialitäten im Raum Süd-West Erfolg haben wird.

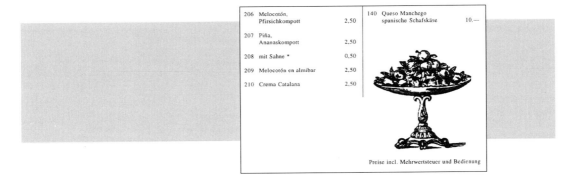

206	Melocotón, Pfirsichkompott	2,50
207	Piña, Ananaskompott	2,50
208	mit Sahne *	0,50
209	Melocotón en almibar	2,50
210	Crema Catalana	2,50

| 140 | Queso Manchego spanische Schafskäse | 10.— |

Preise incl. Mehrwertsteuer und Bedienung

Aufgabe 1
Sind im obigen Text Antworten auf die folgenden Grundfragen des Marketing enthalten? Arbeiten Sie mit Ihrem Nachbarn zusammen, und vergleichen Sie anschließend Ihre Arbeitsergebnisse im Plenum!

	ja	nein
Wer hat Interesse an meinen Produkten?		
Muß ich neue Produkte anbieten?		
Kann ich Produkte anbieten, mit denen ich Probleme möglicher Kunden lösen kann?		
Wieviel darf das neue Produkt kosten?		
Wie kommt mein neues Produkt zum Kunden?		
Wie informiere ich über mein neues Produkt?		
Was erwartet der Kunde von meinem neuen Produkt?		

Was braucht der Kunde ?

Mannheim, Rheingasse; Raum Süd-West	

Aufgabe 2
Ordnen Sie die Inhalte aus dem Fallbeispiel den entsprechenden Termini zu! Arbeiten Sie mit Ihrem Nachbarn zusammen, und vergleichen Sie anschließend Ihre Arbeitsergebnisse im Plenum!

spanische Speisen und Getränke

Gast von J. García García

Qualität, Service, Sauberkeit, Wert

alle möglichen und tatsächlichen Gäste von J. García García

spezielle Angebote, Abgabe von Verkaufsrechten

praxisorientierte Diplomarbeit von Jorge García

spanische Spezialitäten als Take-away-Angebot

span. Restaurants in Mannheim u. Umgebung, die nicht G. gehören

José García García

berufstätige Frauen mit Interesse an Spezialitätengerichten

a) Produkt

b) Markt

c) Standort

d) Verkäufer

e) Marktforschung

f) Konkurrenz

g) Produktidee

h) Käufer/Kunde

i) Marketing-strategie

k) Marketing-konzept

l) Zielgruppe

Lexikon

Angebot, das, -e	**die Menge an Gütern und Dienstleistungen, die verkauft werden soll**
Nachfrage, die, o.Pl.	**die Menge an Gütern und Dienstleistungen, die beschafft werden soll**
Markt, der, ̈e	**der Ort, an dem Angebot und Nachfrage zusammentreffen**
Marktteilnehmer, der, -	**Käufer und Verkäufer**
Konkurrenz, die, o.Pl.	**Angebot bzw. Anbieter vergleichbarer Güter am Markt**
Standort, der, -e	**geographischer Ort, an dem ein Unternehmen seine Leistungen erstellt**
Absatz, der, ̈e	**Verkauf von Gütern gegen Entgelt als Schlußphase der betrieblichen Leistungserstellung; Menge der in einer Periode verkauften Einheiten eines Gutes**
Umsatz, der, ̈e	**mit den Verkaufspreisen bewertete Verkaufsmenge eines Gutes in einer Periode**
Marketing, das, o.Pl.	**konsequente Ausrichtung aller unternehmerischer Aktivitäten auf den Markt**
Marketingkonzept, das, -e	**Programm im Rahmen der Marketingplanung**
Marketingstrategie, die, -n	**Wege und Maßnahmen, mit deren Hilfe ein Unternehmen seine Marketingziele zu erreichen versucht**
Marktforschung, die, o.Pl.	**systematische, wissenschaftliche Untersuchung der Märkte mit dem Ziel, marktbezogene Informationen als Entscheidungsgrundlage zu gewinnen**

Was braucht der Kunde ?

Warum Marketing?

Als José García García vor 15 Jahren sein spanisches Restaurant eröffnete, war er in Mannheim Allein-anbieter spanischer Spezialitäten. Obwohl er nur wenige, nicht gerade preiswerte Gerichte anbot, war sein Lokal jeden Abend voll. Sein Erfolg führte zur Eröffnung weiterer spanischer Restaurants durch Konkur-renten, so daß sein Umsatz bald stagnierte. Um weiter steigende Umsätze zu haben, setzte er mehr Ge-richte auf die Speisekarte und bot kostenlos Flamenco an. Dann eröffnete er ein erfolgreiches Take-away-Geschäft.

Aufgabe 3
Alle folgenden Aussagen sind richtig. Gehen sie aus dem obigen Text hervor? Arbeiten Sie mit Ihrem Nachbarn zusammen, und vergleichen Sie anschließend Ihre Arbeitsergeb-nisse im Plenum!

	ja	nein
Auf dem Verkäufermarkt kann der Verkäufer Angebot und Preise bestimmen		
Auf dem Verkäufermarkt ist das Angebot geringer als die Nachfrage		
Auf dem Käufermarkt ist das Angebot größer als die Nachfrage		
Der Verkäufermarkt wird durch das Prinzip des Mangels bestimmt, der Käufermarkt durch das Prinzip des Überflusses		
Auf dem Käufermarkt ist das Unternehmen gezwungen, sich nach den Bedürfnissen seiner Kunden zu richten		
Auf dem Käufermarkt ist das Unternehmen gezwungen, Marketing zu betreiben		

Aufgabe 4

Käufermarkt

Verkäufermarkt

1
Buchmarkt in der Europäischen Union

2
Versorgung von ganz Frankreich mit Strom durch Eléctricité de France

3
Automobilmarkt in der Bundesrepublik Deutschland, in Österreich und der Schweiz

Lexikon

Verkäufermarkt, der, ⸚e	**Markt, auf dem das Angebot geringer ist als die Nachfrage**
Käufermarkt, der, ⸚e	**Markt, auf dem das Angebot erheblich größer ist als die Nachfrage**

IKEA - das unmögliche Möbelhaus aus Schweden

In den 40er Jahren etablierte Ingvar (I) Kampard (K) einen kleinen Versandhandel auf dem elterlichen Bauernhof Elentaryd (E) in Agunnaryd (A) in Südschweden mit einem preiswerten Sortiment vom Kugelschreiber über Damenstrümpfe bis zum Küchenstuhl. Wenige Jahre später hatte er sich auf Einrichtungsgegenstände konzentriert und baute 1958 das erste IKEA-Möbelhaus zur Präsentation seiner Produkte. 1989 existierten 50 IKEA-Häuser in 14 Ländern der Welt mit einer Verkaufsfläche von 460.000 m²; bereits im Geschäftsjahr 82/83 hatten sie einen Umsatz von 2 Mrd. DM. 1994 gab es über 100 IKEA-Häuser in 25 Ländern, 22 davon in Deutschland.

IKEAs Zielmarkt sind Käufer mit mittlerem Einkommen im Alter von 25 - 44 Jahren. Die Produkte zeichnen sich aus durch
- gute Qualität zu niedrigen Preisen
- modernes schwedisches Design
- Kombinationsfähigkeit
- Zerlegbarkeit der Möbel
- Abtransportierbarkeit durch den Kunden
- sofortige Lieferbereitschaft
- ausführliche Kundeninformation
- Rücknahmegarantie innerhalb von drei Monaten nach dem Kauf

Als IKEA 1974 sein erstes deutsches Möbelhaus eröffnete, befand sich der deutsche Möbeleinzelhandel aufgrund stagnierender Realeinkommen, Angst um den Arbeitsplatz und allgemeiner Spareigung in einer Krise. In dieser Situation sprach die Preispolitik von IKEA die Verbraucher an. Mittelfristig kamen auf dem Markt u.a. folgende Tendenzen dazu:
- Zunahme der durchschnittlichen Wohnfläche pro Haushalt
- Zunahme der Ein-Personen-Haushalte
- geburtenstarke Jahrgänge

Aus den Komponenten, die in der Produktidee enthalten sind, nämlich gute, funktionelle Qualität, gutes Design und günstiger Preis sowie der Delegation von Leistungen auf den Konsumenten entsteht die unverwechselbare Positionierung von IKEA. Diese lautete damals:
„IKEA ist das einzige Möbelhaus, das mit Hilfe seiner Kunden, die einen Teil der Leistung übernehmen, das bisher Unmögliche möglich macht: Gutes Design und gute funktionelle Qualität zu niedrigem Preis."
Als zentrale Kommunikationsidee formuliert heißt das:
„IKEA - das unmögliche Möbelhaus aus Schweden".
Ziel der Unternehmung war es, eine Marktabdeckung von 75% aller bundesrepublikanischen Haushalte zu erreichen.

Was braucht der Kunde ?

Aufgabe 1
Nebenstehend finden Sie Fragen, auf die ein Unternehmen eine Antwort finden muß, wenn es ein erfolgreiches Marketing betreiben will. Hat das IKEA-Management laut Text entsprechend reagiert? Arbeiten Sie mit Ihrem Nachbarn zusammen, und vergleichen Sie anschließend Ihre Arbeitsergebnisse im Plenum!

	ja	nein
Was sind die Bedürfnisse des Marktes?		
Wie können wir besser sein als die Konkurrenz?		
Wie positionieren wir unser Produkt?		
Wie bringen wir unser Produkt an den Kunden?		
Welchen Service bieten wir unseren Kunden?		
Wie kommunizieren wir unser Produkt?		
Wie können wir anders sein als andere?		

Aufgabe 2
Bitte ergänzen Sie folgende Informationen aus dem Praxisfall IKEA!

1
Markteintritt von IKEA in Deutschland

2
Unternehmens- bzw. Marketingziele von IKEA auf dem deutschen Möbelmarkt

3
Positionierung

_____

_____

_____

Prognosen:

ein Artikel aus der ta

Aufgabe 3
Bitte notieren Sie die Marketing-Begriffe, die hinter folgenden Informationen aus dem Praxisfall IKEA stehen! Nehmen Sie gegebenenfalls die Informationen auf S.81 zu Hilfe! Arbeiten Sie mit Ihrem Nachbarn zusammen, und vergleichen Sie anschließend Ihre Arbeitsergebnisse im Plenum!

1
Einrichtungsgegenstände

2
vornehmlich Möbelkäufer von 25 - 44 Jahren mit mittlerem Einkommen

3
qualitativ hochwertige, zerlegbare, preiswerte Möbel mit schwedischem Design

4
Stagnation des deutschen Möbeleinzelhandels in den frühen 70er Jahren, Zunahme der Wohnfläche und der Ein-Personen-Haushalte etc.

5
Möbeleinzelhandel in Deutschland

6
2 Mrd. DM im Geschäftsjahr 82/83

7
Agunnaryd; 14 Länder der Welt

8
Produktion von Möbeln für junge Käufer mit hohem Individualitäts-anspruch, großem Investitionsbedarf und begrenzten finanziellen Mitteln

Müllmänner am besten
London (rtr) - Vielleicht hätte das Ifo-Institut für seine Erhebungen lieber Müllmänner statt Wirtschaftsexperten befragen sollen. Die britische Zeitschrift The Economist hatte im Jahr 1984 Wirtschaftsbosse, Studenten, Finanzminister führender Industrienationen sowie Müllmänner um Prognosen zur Entwicklung der Inflation, des Ölpreises und des Dollar-Wechselkurses in der folgenden Dekade gebeten. Die jetzt veröffentlichten Ergebnisse belegen: Die Finanzminister lagen komplett daneben. Am besten schnitten die Industriebosse ab - und die Müllmänner.

Was muß man über den Markt wissen ?

Komponenten der Marketingumwelt

IKEA hatte dem Eintritt in den deutschen Markt gründliche Untersuchungen vorangehen lassen und insbesondere das eigene Unternehmen, Lieferanten, Kunden, Konkurrenten und Öffentlichkeit sowie Altersstruktur der Bevölkerung, Familienstrukturen etc. untersucht. Diese Untersuchungsbereiche bezeichnet man auch als Marketing-Umfeld oder Marketing-Umwelt.

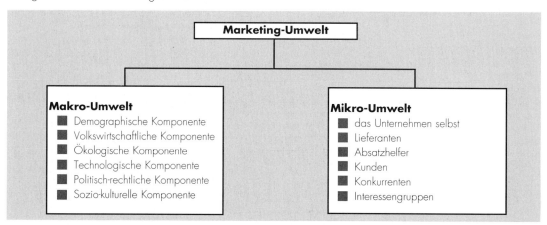

Marketing-Umwelt	
Makro-Umwelt	**Mikro-Umwelt**
■ Demographische Komponente	■ das Unternehmen selbst
■ Volkswirtschaftliche Komponente	■ Lieferanten
■ Ökologische Komponente	■ Absatzhelfer
■ Technologische Komponente	■ Kunden
■ Politisch-rechtliche Komponente	■ Konkurrenten
■ Sozio-kulturelle Komponente	■ Interessengruppen

Lexikon

demographische Komponente, die, -n	**z.B. steigende oder sinkende Bevölkerungszahlen, Überalterung der Bevölkerung, Veränderung der Familienstruktur, Zunahme der Ein-Personen-Haushalte, geographische Bevölkerungsverlagerungen**
volkswirtschaftliche Komponente, die, -n	**z.B. Wachstum der Realeinkommen, Sparquote, Rezession**
technologische Komponente, die, -n	**z.B. technischer Fortschritt, hohe Ausgaben für Forschung und Entwicklung**
ökologische Komponente, die, -n	**Verknappung von Rohstoffen, schwankende Energiepreise, zunehmende Umweltverschmutzung, Durchgriff des Staates beim Umweltschutz**
politisch-rechtliche Komponente, die, -n	**z.B. EU-Gesetzgebung, wirtschaftsrechtliche Gesetze in Deutschland (z.B. Gesetz gegen Wettbewerbsbeschränkungen (GWB), Gesetz gegen unlauteren Wettbewerb (UWG), Ladenschlußgesetz, Lebensmittelgesetz, Arzneimittelgesetz, Umweltgesetz)**
sozio-kulturelle Komponente, die, -n	**z.B. Grundwerte einer Gesellschaft, Grundwerte von Subkulturen bzw. von bestimmten gesellschaftlichen Gruppen, Wandel der Werte innerhalb einer Gesellschaft**
Marketingumfeld, das, o.Pl./ Marketingumwelt, die, o.Pl.	**von außen wirkende Faktoren, die die Entwicklung und Aufrechterhaltung erfolgreicher Geschäftsbeziehungen beeinflussen**

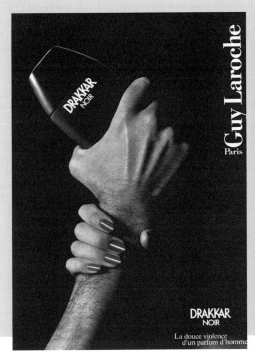

Aufgabe 1

Die Firma Guy Laroche wirbt für das Herrenparfum Drakkar in einer europäischen und einer arabischen Zeitschrift (s. Abb.). Wodurch unterscheiden sich die Anzeigen? Welche der Anzeigen ist für den europäischen Raum, welche für den arabischen Raum gemacht? Warum differenziert Ihrer Meinung nach Guy Laroche die Anzeigen? Arbeiten Sie mit Ihrem Nachbarn zusammen, und vergleichen Sie anschließend Ihre Arbeitsergebnisse im Plenum!

Aufgabe 2

Bitte entscheiden Sie bei den folgenden Praxisbeispielen, welche Komponenten der Makro-Umwelt jeweils betroffen sind! Vergleichen Sie anschließend Ihre Arbeitsergebnisse im Plenum!

1 ——————————

Eine der weltweit größten Lebensmitteleinzelhandelsketten Tengelmann (80 Mrd. DM Umsatz), die auch Drogerieartikel führt, profiliert sich mit Umweltschutz.

2 ——————————

Für das Swatch-Elektroauto MCC Micro-Compact-Car, das Mercedes baut, lagen bereits vor Produktionsbeginn allein in der Schweiz 30.000 Bestellungen vor.

Was muß man über den Markt wissen ?

3

General Food scheiterte mit seinem löslichen Kaffee „Maxim" in den 60er Jahren auf dem deutschen Markt, weil die Werbung mit einem Eiswürfel unter der Tasse darauf hinwies, daß der Kaffee gefriergetrocknet war. Bei den Deutschen suggerierte der Eiswürfel kalten Kaffee, den sie nicht mögen.

4

Das Marketing entdeckt die Senioren - der Anteil älterer Menschen an der Gesamtbevölkerung vergrößert sich. Im Jahr 2000 werden 25% der Bevölkerung in Deutschland über 60 Jahre alt sein.

5

Unternehmenszusammenschlüsse sind in Deutschland verboten, wenn zu erwarten ist, daß sie zur Entstehung oder Verstärkung einer marktbeherrschenden Stellung führen werden.

6

Dem Vater des jetzigen Inhabers der deutschen Firma Rodenstock (optische Geräte, Brillen etc.) fiel bei einem Japanbesuch auf, daß seine exklusiven - und entsprechend teuren - Brillengestelle auf den japanischen Nasen zu tief saßen und ließ sie entsprechend anpassen. Darauf ging der Absatz von Rodenstock-Brillengestellen drastisch zurück: Die Japaner waren nicht bereit, die stolzen Preise für Rodenstock-Brillen zu bezahlen, wenn man ihnen nicht mehr direkt ansah, daß sie aus dem Westen kamen.

Typisch

Die soziokulturellen Faktoren der Makro-Umwelt beeinflussen insbesondere auch den Erfolg von Geschäftsverhandlungen.

■ Lateinamerikaner und Spanier sitzen oder stehen bei geschäftlichen Verhandlungen gewöhnlich enger beieinander als es amerikanische oder deutsche Manager gewöhnt sind. So kann es passieren, daß der amerikanische oder deutsche Partner in Verhandlungen mit lateinamerikanischen oder spanischen Geschäftsleuten zurückweicht, während seine Partner immer dichter heranrücken. Das Gespräch kann dadurch atmosphärisch gestört werden.

■ Japaner und Chinesen sagen in direkten Gesprächen nur selten „Nein." Deutsche und Amerikaner sind in solchen Fällen frustriert und wissen nicht, woran sie sind. Sie kommen rasch zur Sache: Japaner finden dies anstößig.

Aufgabe 3
Sammeln Sie mit Ihrem Nachbarn zusammen Informationen über Verhaltensweisen von Geschäftsleuten aus Ihrem Land, die Sie für typisch halten! Diskutieren Sie Ihre Ergebnisse im Plenum!

typisch:

_____

_____

_____

_____

_____

Nivea auf den Philippinen?

Die Beiersdorf AG, Hamburg, ist ein traditionsreiches Unternehmen der Chemiebranche, das heute mit 42 Tochtergesellschaften, über 70 Lizenznehmern und weltweiten Exporten international vertreten ist. 1989 erwirtschaftete die Beiersdorf AG mit etwa 18.000 Mitarbeitern im In- und Ausland einen Jahresumsatz von gut 4 Mrd. DM, davon 60% im Ausland. Vielerorts ist Beiersdorf Marktführer, zu seinen bekanntesten Marken zählt Tesa (Klebeband) und Nivea. Die Nivea-Creme ist eine Allzweckcreme für jeden Hauttyp und jeden Verbraucher, also ein typisches Produkt für den Markt der Massenkonsumgüter. Sie ist als schützende und pflegende Universalcreme für die ganze Familie positioniert, ist mittelpreisig und bietet als typischer Markenartikel „good value für money".

Obwohl Nivea ursprünglich für den deutschen Markt entwickelt worden war, war die Creme international erfolgreich. Angesichts des Wirtschaftswachstums in den asiatischen Märkten führte die Beiersdorf AG 1978/79 eine umfassende Länder- und Marktanalyse im asiatischen Raum durch, um festzustellen, ob es möglich sei, Nivea in diesen Märkten zu etablieren. Für die Philippinen kam man zu folgendem Egebnis:

Die Philippinen hatten auf einer Gesamtfläche von 300.000 km^2 42 Mio. Einwohner mit einer Zuwachsrate von 3%. Die wirtschaftliche und politische Lage wurde weniger positiv eingeschätzt als in anderen asiatischen Ländern, auch das Pro-Kopf-Einkommen war im Vergleich zu den asiatischen Nachbarn relativ niedrig. Dennoch kamen 10 Mio. Einwohner als mögliche Nivea-Creme-Verbraucher in Frage. Der Markt für Festcremes machte 9,8 Mio. DM mit einer Steigerung von 15% aus. Er wies kein mit Nivea vergleichbares Produkt auf und war von Ponds-Gesichtscreme dominiert. Der internationale Wettbewerb war gering. Ca. 50% des Marktvolumens waren auf Manila konzentriert, wo die Mehrzahl der Supermärkte angesiedelt waren. Die Zölle für Körperpflegeprodukte waren extrem hoch.

Aufgabe 1
Alle folgenden Aussagen über Objekte der Marktforschung sind richtig. Gehen sie aus dem obigen Text hervor? Arbeiten Sie mit Ihrem Nachbarn zusammen, und vergleichen Sie anschließend Ihre Arbeitsergebnisse im Plenum!

	ja	nein
Marktforschung umfaßt geographische Analysen, wie z.B. Erhebungen über Größe, Klima, Bevölkerungsdichte und -zahl eines Landes		
Marktforschung umfaßt Analysen der Altersstruktur und Lebensgewohnheiten der Bevölkerung		
Marktforschung erhebt Daten über Grundwerte einer Gesellschaft, wie z.B. Religion, Sitten und Gebräuche		
Marktforschung erhebt Daten über das Einkommen der Bevölkerung, Kaufkraft etc.		
Länderanalysen beinhalten Aussagen über die politische Situation und die Wirtschaftspolitik eines Landes		
Marktanalysen erfassen Daten über die Produkte und die Marktposition der Konkurrenz		

3B

Was muß man über den Markt wissen ?

Aufgabe 2
In welchen Regionen Deutschlands ist die Kaufkraft am höchsten? Nehmen Sie gegebenenfalls eine Landkarte zu Hilfe! Arbeiten Sie mit Ihrem Nachbarn zusammen, und vergleichen Sie anschließend Ihre Arbeitsergebnisse im Plenum!

Kaufkraftkennziffern 1993 (Postleitzahlregionen)

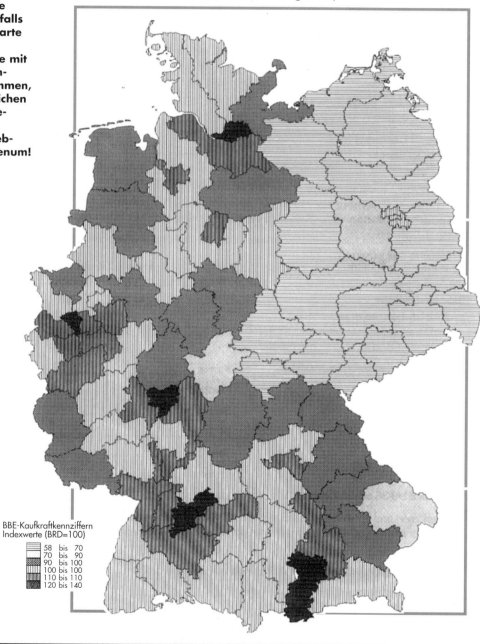

BBE-Kaufkraftkennziffern
Indexwerte (BRD=100)

58 bis 70
70 bis 90
90 bis 100
100 bis 100
110 bis 110
120 bis 140

Aufgabe 3

Sie haben in Dänemark eine kleine Firma an der deutschen Grenze und produzieren erfolgreich Feinschmeckersandwiches. Sie möchten expandieren und überlegen, ob Sie mit Ihren Sandwiches in den Hamburger oder Lübecker Markt eintreten wollen. Welche Informationen liefert Ihnen die Karte? Arbeiten Sie mit Ihrem Nachbarn zusammen, und vergleichen Sie anschließend Ihre Arbeitsergebnisse im Plenum!

Aufgabe 4

Kreuzen Sie in der nebenstehenden Checkliste die Punkte an, die Sie als Sandwich-Exporteur bei einer gründlichen Marktanalyse berücksichtigen müssen!

Studien über Werbung der Konkurrenten	
Untersuchungen über Wirtschaftstrends	
Preisstudien	
Standortuntersuchungen für Betriebsstätten	
Informationsansprüche der Konsumenten	
Untersuchungen über Umweltfragen	
Studien über gesetzliche Auflagen bezüglich Werbung und Absatzförderung	
Studien über gesellschaftliche Wertesysteme	
Studien über die Akzeptanz des Produkts	
Untersuchungen über Produkte der Konkurrenten	
Analyse von Marktanteilen	
Erfassung von Marktmerkmalen	
Umsatzanalysen	
Festsetzung von Umsatzquoten	
Testmärkte	
Absatzkanäle	
Verpackungstests	
Studien über Verkäuferentlohnung	
Untersuchungen über Sonderangebote, Gutscheine usw.	

Lexikon

Marktanalyse, die, -n	einmalige, zeitpunktbezogene Untersuchung eines Teilmarktes, bei der die Struktur des Marktes ermittelt werden soll
Marktbeobachtung, die, -en	zeitraumbezogene Untersuchung eines Teilmarktes, die die Entwicklung und Veränderung des Marktes ermitteln soll
Marktprognose, die, -n	Verfahren, das Marktanalyse und Marktbeobachtung als Voraussetzung hat und die zukünftige Entwicklung des Marktes vorhersagt
Marktvolumen, das, o.Pl.	der in einer Periode von allen Anbietern am Markt realisierte Absatz
Marktpotential, das, o.Pl.	die unter idealen Bedingungen maximal absetzbare Menge eines Gutes am Markt
Kaufkraft, die, o.Pl.	der Geldbetrag, der pro Einwohner bzw. Haushalt in einem bestimmten Zeitraum für konsumtive Zwecke zur Verfügung steht

Was muß man über den Markt wissen ?

Aufgabe 5
Bitte ergänzen
Sie die folgenden
Fall- und
Praxisbeispiele!
Arbeiten Sie mit
Ihrem Nachbarn
zusammen, und
vergleichen Sie
anschließend Ihre
Arbeitsergebnisse
im Plenum!

Marktanalyse

Marktprognose

Marktvolumen

Marktpotential

Kaufkraft

1. In Atlantis gibt es 10 Mio. Buchkäufer. Jeder Buchkäufer kauft durchschnittlich drei Bücher pro Jahr. Jedes Buch kostet durchschnittlich 10 Dublonen. Das _____ beträgt 30 Mio. Dublonen.

2. Schilda hat 30.000 Einwohner. Jeder dritte äußert sich positiv zum Erwerb eines schwimmenden Fahrrads. Das _____ für schwimmende Fahrräder beträgt 10.000 Stück.

3. In Krähwinkel gibt es 5.000 Kinder im Alter zwischen 5 und 12 Jahren. Jedes Kind erhält im Durchschnitt DM 30.- Taschengeld im Monat. Die Bevölkerungsgruppe der Kinder zwischen 5 und 12 in Krähwinkel weist DM 1,8 Mio. _____ pro Jahr auf.

4. Nach Einschätzung von Beiersdorf hat der philippinische Markt für Nivea ein zwar kleines, aber in absehbarer Zeit interessantes Volumen. Ihre _____ ist also positiv.

5. Die Firma Zweigle stellt Textilprüfgeräte her; ihre Kunden sind in erster Linie Spinnereien. Eine _____ ergab 1984, daß Indien mit der weltweit höchsten Kapazität von 25 Mio. Spindeln ein immenses Potential darstellt.

Einige unternehmensexterne Informationsquellen

- amtliche Quellen, z.B. Statistiken
- Veröffentlichungen halbamtlicher oder nichtamtlicher Statistiken
- Veröffentlichungen wissenschaftlicher Institute
- Berichte von Kammern und Wirtschaftsorganisationen, Wirtschaftspresse, Fachpresse (auch Anzeigen), Adreßbücher, Messekataloge, Geschäftsberichte,Berichte und Gutachten von Universitäten, Verbänden, Kammern, Unternehmen
- sonstige Quellen oder Veröffentlichungen

Aufgabe 6

Ein Reiseveranstalter aus Ihrem Heimatland will für Deutsche Urlaubsreisen anbieten. Er fragt Sie nach Produktideen und möglichen Zielgruppen. Machen Sie stichpunktartig Vorschläge für ein Urlaubsangebot in Ihrem Land! Definieren Sie eine Zielgruppe und berücksichtigen Sie dabei Punkte wie Alter, Kaufkraft, Gewohnheiten und Trends, Produkte und Preise der Konkurrenz und positionieren Sie das Produkt! Arbeiten Sie möglichst mit einem Partner zusammen, und informieren Sie anschließend das Plenum!

Aufgabe 7

Welchem deutschen Produkt räumen Sie eine Marktchance in Ihrem Land ein? Machen Sie sich Notizen über Marktchancen, Zielgruppen und Positionierung, und informieren Sie das Plenum!

Urlaub für Deutsche

A.B.S.

Kultur- und Studienreisen

Ägypten

- **Echnaton 14 Tage ab 2732,-**
Kairo und 10 Nächte Nilkreutzfahrt

- **Nut 3   11 Tage ab 1781,-**
Kairo und 6 Nächte Nilkreutzfahrt

- **Nile 1   8 Tage ab 1351,-**
Kairo und 4 Nächte Nilkreutzfahrt

- **Großer Individual Teil**

México

- **Maya 3   10 Tage ab 3678,-**
Mexico City und östliches Mexiko

- **Itzmna 2 9 Tage ab 2754,-**
Mexico City, Taxco, Yukatan, Cancun

- **Mietw.-Rundreis. 8 Tg. ab 2088,-**
- **Badeaufenthalte (Karibik, Pazifik)**
- **Großer Individualteil**

Unsere Reisebetreuung zu Ihrer Freude

Individual- u. Exclusiv-Reisen
Irland

Aufenthalte in den schönsten Schlössern und Herrenhäusern-
Mietwagenrundreisen–Wochenendreisen

• Kairo und 10 Nächte Nilkreutzfahrt **ab 780,-**   • 8 Tg. Fly+Drive **ab 897,-**

Städtereisen

• Paris 3 Tage **ab 780,-**   • Nizza 3 Tage **ab 535,-**

Wir sind super und toll

SOLARIS REISEN

der Reiseveranstalter mit Superservice
Katalog und Buchung in Ihrem Reisebüro

Wer teilt sich den Markt auf ?

Chancen auf dem Uhrenmarkt?

Die traditionsreiche Schwarzwälder Uhrenfabrik Junghans steckte Mitte der 80er Jahre in einer tiefen Krise. Der Massenmarkt traditioneller Wecker- und Armbanduhren, den Junghans vordem besetzt hatte, war von den Japanern erobert worden. Manager Fritz erkannte: „Mit den Japanern können wir bei den billigen Me-too-Produkten niemals mithalten."

Junghans setzte auf neue Technologien und brachte 1990 die erste Funksolararmbanduhr auf den Markt. 1993 präsentierte die Firma die Megasolaruhr - eine Kombination aus Funkuhr und Solaruhr. „Wir haben alle unsere Kräfte darauf konzentriert, etwas zu machen, was die Japaner noch nicht können," erläuterte Fritz die Junghans-Strategie. Er konnte den Umsatz von 1987-1993 verdreifachen und Junghans wieder zum Marktführer machen.

Aufgabe 1
Alle folgenden Aussagen sind richtig. Können Sie sie dem obigen Text entnehmen?

	ja	nein
Marktführer sind Unternehmen, die den größten Marktanteil auf ihrem Produktmarkt besitzen		
Marktherausforderer sind Unternehmen mit einem relativ hohen Marktanteil, den sie vergrößern wollen		
Unternehmen haben auch in hart umkämpften Märkten Chancen, wenn sie einzigartige Produkte anbieten		
In hart umkämpften Märkten haben Me-too-Produkte nur dann Chancen, wenn sie niedrigpreisig sind		

Lexikon

Marktführer, der, -	**Unternehmen, das in der Regel den größten Marktanteil hält und bei Preisänderungen, Einführung neuer Produkte etc. bestimmend ist, so daß sich die Konkurrenten an ihm orientieren**
Marktverfolger, der, -	**Unternehmen mit dem zweitgrößten oder einem geringeren Marktkanteil**
Marktherausforderer, der, -	**Marktverfolger, der den Marktführer oder andere Konkurrenten durch aggressives Streben nach Marktanteilen bekämpft**
Marktmitläufer, der, -	**Marktverfolger, der sich mit seinem Rang im Markt begnügt und häufig Produkte von Konkurrenten imitiert**
Nischenbesetzer, der, -	**kleineres Unternehmen mit Befähigung zur Spezialisierung, das in Marktnischen eindringt, die von den größeren Konkurrenten übersehen oder vernachlässigt werden**
Me-too-Produkt, das, -e	**Produkt, das nachgeahmt ist bzw. das es in vergleichbarer Weise bereits auf dem Markt gibt**

Die Software-Giganten

	Umsatz 1993 in Mio. US-Dollar	Beschäftigte
Microsoft Corp. (USA)	4395	14430
Computer Associates/Ask Group (USA)	2454	9527
Novell/Wordperfect (USA)	1881	9229
Oracle Corp. (USA)	1805	9247
Lotus Corp. (USA)	981	4738
SAP AG (D)	**657**	**3450**
Software AG (D)	510	4396
Dun & Bradstreet (USA)	476	2600

Der Spiegel

Aufgabe 2
Bitte notieren Sie bei den folgenden Praxisfällen, welche Rolle die entsprechenden Unternehmen haben!

1 ▬▬▬▬▬
Microsoft ist unter den Softwaregiganten

_____

2 ▬▬▬▬▬
Auf dem gesättigten und hart umkämpften Markt der Armbanduhren hat Swatch die Schweizer Qualitätsuhr mit sportlichem Design zu günstigem Preis innerhalb weniger Jahre zum Welterfolg geführt. Swatch ist

_____

3 ▬▬▬▬▬
Computer Associates/Ask Group sind unter den Softwareproduzenten

_____

4 ▬▬▬▬▬
Die Fuji-Corporation brachte ein Fotopapier auf den Markt, das qualitätsmäßig dem des Marktführers Kodak vergleichbar, aber um 10% billiger war. Da Kodak den Preis für sein Papier nicht senkte, konnte Fuji seinen Marktanteil wesentlich erhöhen. Fuji ist

_____

Wer teilt sich den Markt auf ?

IKEA positioniert seine Produkte

IKEA trat 1974 in den deutschen Markt ein mit dem Ziel, 75% Marktanteil zu erreichen. Aufgrund von Marktuntersuchungen wandte sich IKEA an 25 - 44jährige aktive Menschen mit mittlerem Einkommen und Freude an nordischem Design und positionierte sein Produkt unverwechselbar als Produkt mit gutem Design, funktionaler Qualität und günstigem Preis, der auch durch Eigenleistung des Kunden zustandekommt.

Aufgabe 1

Hinter der Zielgruppenauswahl von IKEA steht eine Segmentierung des Marktes aller möglichen Möbelkäufer. Marktsegmentierung kann nach unterschiedlichen Kriterien erfolgen. Sind die folgenden Kriterien im Praxisbeispiel IKEA erkennbar? Arbeiten Sie mit Ihrem Nachbarn zusammen, und vergleichen Sie anschließend Ihre Arbeitsergebnisse im Plenum!

	ja	nein
Segmentierung nach geographischen Kriterien		
Segmentierung nach dem Alter der Bevölkerung		
Segmentierung nach der Kaufkraft		
Segmentierung nach dem Geschlecht		
Segmentierung nach dem Lebensstil		

Lexikon

Marktsegmentierung, die, -en	**das Verfahren, Kunden in Gruppen mit unterschiedlichen Bedürfnissen, Charakteristiken oder Verhaltensweisen zu klassifizieren**
Marktpositionierung/ Positionierung, die, o. Pl.	**Ausrichtung eines Produkts mit dem Ziel, diesem im Bewußtsein der Zielgruppe einen unverwechselbaren Platz im Vergleich zu den Produkten der Konkurrenten zu verschaffen**
Marktdurchdringung, die, o.Pl.	**Strategie zur Förderung des Unternehmenswachstums, die auf einer Steigerung der Verkäufe laufender Produkte in bestehenden Märkten beruht**
Marktabschöpfung, die, o. Pl.	**Festlegung eines hohen Preises für ein neues Produkt, um maximale Erträge von jenen Segmenten zu erhalten, die bereit sind, den hohen Preis zu zahlen**

Aufgabe 2
Bitte entscheiden Sie in Zusammenarbeit mit Ihrem Nachbarn, welche Marketingstrategie bei den folgenden Praxisfällen maßgeblich war! Vergleichen Sie anschließend Ihre Ergebnisse mit denen Ihrer Kollegen!

1
BMW produziert in einer relativ hohen Preisklasse Autos für eine Zielgruppe oberhalb der Käufergruppe von VW, Opel oder Ford und relativ nah bei Daimler-Benz

2
Die Firma Hipp produziert Babynahrung

3
Polaroid bringt in der Regel zuerst eine teure Ausführung einer neuen Kamera auf den Markt und bietet später nach und nach einfachere Modelle an, um neue Marktsegmente zu erschließen

4
Ein Motorradhersteller konstruiert seine Motorräder so, daß sie lauter sind, als es sein müßte, weil seine Käufer „laut" mit „leistungsstark" und „aufsehenerregend" gleichsetzen

5
Texas-Instruments verfolgt folgende Strategie: TI errichtet eine große Produktionsanlage, setzt den Preis so niedrig wie möglich, erobert einen hohen Marktanteil, gelangt in eine Zone sinkender Kosten und senkt die Preise weiter

Aufgabe 3
Bitte entscheiden Sie, zu welcher Strategie die folgenden Voraussetzungen gegeben sein sollten! Arbeiten Sie mit Ihrem Nachbarn zusammen, und vergleichen Sie anschließend Ihre Arbeitsergebnisse im Plenum!

Voraussetzungen für die _____

■ Kaufbereitschaft einer genügend großen, zahlungskräftigen Kundengruppe

■ nicht zu hohe Herstellungskosten bei kleinem Produktionsvolumen

■ Rechtfertigung des hohen Preises durch Qualität und Image des Produktes

■ Technologievorsprung vor der Konkurrenz

Voraussetzungen für die _____

■ Empfindlichkeit des Marktes für Niedrigpreise

■ Fallen der Herstellungskosten bei Zunahme des Produktionsvolumens

■ Abschreckung der Konkurrenz durch den Niedrigpreis

Reflexion und Überprüfung

Sie haben in den letzten Einheiten einige Strategien bei der Erschließung von Wortbedeutung angewendet und auf diese Weise ohne Lexikon Termini verstanden und gelernt. Wir wollen an dieser Stelle einige dieser Strategien systematisieren.

1. Die deutsche Sprache hat seit Jahrhunderten immer wieder zahlreiche Wörter aus anderen, insbesondere europäischen Sprachen übernommen, vor allem dann, wenn die entsprechenden Nationen auf einem Sektor des wirtschaftlichen, kulturellen oder politischen Lebens führend waren. So stammen z.B. zahlreiche Termini im Wirtschaftsdeutsch aus dem Italienischen (die Italiener entwickelten im Mittelalter das Geld- und Bankwesen). Dazu gehören z.B. Termini wie Saldo, Valuta, Agio, Disagio und viele andere. Viele Ausdrücke sind im Bereich des Wirtschaftslebens aus dem Französischen übernommen (die Franzosen übten vom 16.-19. Jahrhundert in Europa eine Hegemonie aus). Beispiel: Budget, Exporteur, Depot, Pension u.v.a. Englische Ausdrücke sind seit der industriellen Revolution in England und der Entwicklung der amerikanischen Wirtschaft in großer Zahl ins Deutsche übernommen worden, eine Entwicklung, die als „Neudeutsch" bezeichnet wird (z.B. Management, Controlling, PC, Fast-Food, Non-Food, Me-Too-Product u.v.a. mehr). Auch aus nicht-europäischen Kulturen wurden immer mehr Begriffe entlehnt (wie z.B. Tarif von arabisch „tarifa" oder „Kaizen", japanisch). Diese Termini bezeichnet man als Lehnwörter.

Lehnwörter werden in Fachtexten orthographisch angeglichen oder nicht. Der Begriffsinhalt bleibt bei der Übernahme in der Regel voll erhalten, d.h. die Übernahme erfolgt, weil sie praktisch ist - vom Begriffsinhalt geht durch Übersetzung nichts verloren, die Kommunikation bleibt gesichert. Rückübersetzungsprobleme werden ausgeschaltet.
Wenn Sie in Fachtexten auf ein Wort stoßen, das übernommen zu sein scheint und das Sie aus dem Englischen, Französischen, Italienischen, Spanischen, Portugiesischen kennen, so können Sie sehr oft davon ausgehen, daß es noch dieselbe Bedeutung hat wie in der Sprache, aus der es kommt - Sie sollten dies jedoch am Kontext überprüfen.

Aufgabe 1
Können Sie von Ihren Sprachkenntnissen her entscheiden, aus welchen Sprachen die nebenstehenden Termini stammen? Arbeiten Sie mit Ihrem Nachbarn zusammen, und vergleichen Sie anschließend Ihre Arbeitsergebnisse im Plenum!

	Italienisch	Französisch	Englisch
Marketing-Mix			
Budget			
Bank			
Spediteur			
Konto			
Baisse			
Sponsoring			
Just-in-Time			
Diskontieren			
Image			
Coupon			
Exporteur			

Aufgabe 2
In die deutsche Wirtschaftssprache sind besonders viele englische und amerikanische Termini integriert worden. Erstellen Sie zusammen mit Ihrem Nachbarn eine Liste von englischen/ amerikanischen Lehnwörtern, die in den Einheiten 1 - 3 vorkommen! Vergleichen Sie anschließend Ihre Arbeitsergebnisse im Plenum!

2. Mit der Entwicklung moderner Wissenschaften wurden sehr viele Termini für neue Begriffsinhalte benötigt. Im Deutschen greift man bei der Begriffsbildung ebenso wie in anderen europäischen Sprachen häufig auf griechische und lateinische Elemente zurück (z.B. Produkt, Produktion, Transport, sozio-kulturelle Faktoren, demographisch, Makro-Umwelt u.v.a.m.). Wenn solche Termini vergleichbar auch in anderen Sprachen auftreten, bezeichnet man sie als Internationalismen.
Sie können also über Ihre Kenntnisse anderer Sprachen Wortbedeutungen erschließen, sollten dabei aber den Kontext nutzen, um zu überprüfen, ob die von Ihnen angenommene Wortbedeutung sinnvoll ist.

Aufgabe 3
Können Sie die folgenden Termini oder Wortglieder der Termini aufgrund Ihrer Fremdsprachenkenntnisse erschließen? Arbeiten Sie mit Ihrem Nachbarn zusammen, und vergleichen Sie anschließend Ihre Arbeitsergebnisse im Plenum!

	ja	nein	vielleicht
Marktorientierung			
Produktqualität			
Qualitätskontrolle			
Präsentationstechnik			
Manageraktivitäten			
Unternehmenskultur			
Organisationsstruktur			
Distributionspolitik			
Produktdiversifikation			
Produkteliminierung			

Aufgabe 4
Blättern Sie zusammen mit Ihrem Nachbarn die Einheiten 1 - 3 durch, und notieren Sie mindestens 20 Wörter, die Sie aus dem Lateinischen, Griechischen, Italienischen, Spanischen, Portugiesischen, Französischen, Englischen oder einer anderen Sprache kennen, und vergleichen Sie an schließend Ihre Arbeitsergebnisse im Plenum!

Aufgabe 5
In Frankreich wurde 1994 diskutiert, ob Begriffe, die aus dem Englischen übernommen werden, ins Französische übersetzt werden müssen. Andere Sprachen, wie z.B. das Spanische und Türkische übernehmen Termini unübersetzt, schreiben sie aber konsequent gemäß der spanischen bzw. türkischen Orthographie. Was halten Sie von den einzelnen sprachpolitischen Ansätzen? Welche Sprachpolitik verfolgt Ihr Land in dieser Beziehung? Machen Sie sich Notizen, möglichst mit einem Partner, und informieren Sie das Plenum!

Reflexion und Überprüfung

1.

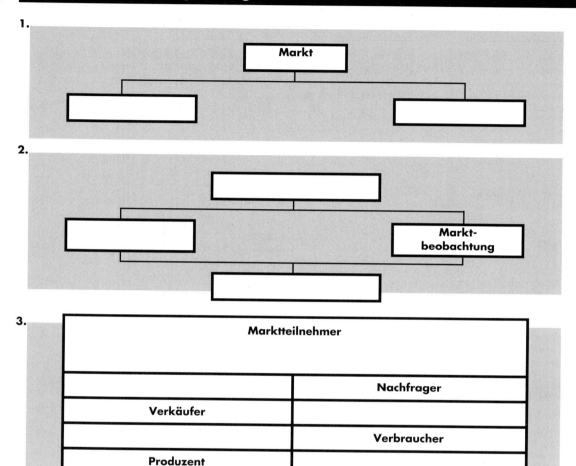

Markt

```
┌──────────┐                    ┌──────────┐
│          │                    │          │
└──────────┘                    └──────────┘
```

2.


```
        ┌──────────────┐
        │              │
        └──────────────┘
┌──────────┐        ┌──────────────┐
│          │        │ Markt-       │
└──────────┘        │ beobachtung  │
        ┌──────────┐ └──────────────┘
        │          │
        └──────────┘
```

3.

Marktteilnehmer	
	Nachfrager
Verkäufer	
	Verbraucher
Produzent	

4.

Rolle am Markt:	Merkmale:
	Größter Marktanteil, bestimmend bei Preisbestimmung und der Einführung neuer Produkte
	zweitgrößter oder geringerer Marktanteil
	aggressives Streben nach größeren Marktanteilen
	unaggressives Verhalten im Markt, Imitation von Konkurrenzprodukten
	Besetzung von Marktnischen

5. Marketing

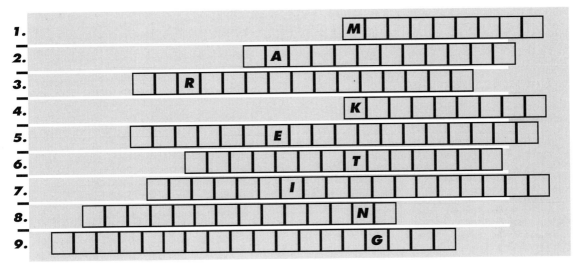

1. Ausrichtung aller Unternehmenstätigkeiten auf den Markt hin   2. Das in einer Periode von allen Anbietern am Markt realisierte Absatz- bzw. Umsatzvolumen   3. Gesamtheit aller Faktoren, die direkt oder indirekt Einfluß auf das Marketing ausüben   4. Geldbetrag je Einwohner oder Haushalt, der in einem bestimmten Zeitraum zum Konsum zur Verfügung steht   5. Aufteilung heterogener Gesamtmärkte in homogene Teilmärkte   6. Unter optimalen Bedingungen maximal absetzbare Menge eines Gutes   7. Langfristiger Verhaltensplan zur Erreichung der Marketingziele   8. Entwicklung des Image eines Produktes oder einer Firma im Umfeld konkurrierender Produkte oder Firmen   9. Unternehmenstrategie, die auf Wachstum von gegenwärtigen Produkten auf gegenwärtigen Märkten abzielt

4 Produkt- und Preismix

Das finden Sie in diesem Kapitel

Seite

Wem soll was wie verkauft werden?

Nivea auf den Philippinen

Nach der Marktanalyse von 1978/79 entschied die Beiersdorf AG, mit der Nivea-Creme in den philippinischen Markt einzutreten. Da aufgrund hoher Zölle der Import von Fertigwaren ausschied und angesichts des geringen Marktvolumens und der hohen Finanzierungskosten die Gründung einer Tochtergesellschaft nicht in Frage kam, entschied sich die Beiersdorf AG für eine Lizenzproduktion, d.h. für die Produktion von Nivea-Creme durch einen ortsansässigen Produzenten nach dem Verfahren der Beiersdorf AG.

Unter dauernder Qualitätskontrolle seitens der Beiersdorf AG produzierte der Lizenznehmer die tropenstabile Version der Nivea-Creme, die in der blauen, anfangs importierten Aluminiumdose verpackt wurde. Der Verbraucherpreis der Nivea-Creme wurde deutlich unter dem Preis des Marktführers Pond's Gesichtscreme festgelegt. Nivea-Creme wurde direkt oder über einen Großhändler in die Supermärkte von Manila und Luzon gebracht, wo Pond's Gesichtscreme in den Regalen vorhanden war. In diesen Gebieten waren 60% der potentiellen Verwender von Nivea-Creme ansässig. Die Beiersdorf AG beauftragte eine lokale Werbeagentur mit der Einführungskampagne. Diese adaptierte Werbespots der Beiersdorf AG und brachte sie in das philippinische Fernsehen.

Die Marketingziele von Beiersdorf wurden erreicht: Bereits im Einführungsjahr 1982 erreichte die Nivea-Creme einen Marktanteil von 5%. Inzwischen sind weitere Produkte der Nivea-Familie im philippinischen Markt etabliert, nämlich Nivea-Milk, Nivea-Creme-Seife und Nivea-Face. Alle werden in Lizenz auf den Philippinen hergestellt.

Aufgabe 1
Alle folgenden Aussagen sind richtig. Gehen sie aus dem obigen Text hervor? Arbeiten Sie mit Ihrem Nachbarn zusammen, und vergleichen Sie anschließend Ihre Arbeitsergebnisse im Plenum!

	ja	nein
Will ein Unternehmen ein Produkt in einen bisher nicht bearbeiteten Markt einführen, so muß es Entscheidungen bezüglich der Beschaffenheit und der Qualität des Produktes treffen		
Zur Produktpolitik eines Unternehmens gehört die Entscheidung über Namen und Verpackung seiner Produkte		
Ein Unternehmen muß entscheiden, ob es mit nur einem oder mit mehreren Produkten an den Markt geht		
Eine Marketing-Stategie für einen Marktherausforderer besteht darin, den Preis für sein Produkt niedriger anzusetzen, als es der Marktführer tut		
Unternehmen können ihre Preise nach diversen Kriterien gestalten wie z.B. Kosten oder Gewinn		
Unternehmen müssen sich überlegen, wie sie ihre Produkte an den Kunden bringen		
Unternehmen können ihre Produkte direkt oder indirekt an den Verwender bringen		
Unternehmen müssen entscheiden, wie sie ihr Produkt kommunizieren wollen		
Fernsehen, Zeitung und Rundfunk sind Werbeträger		

Marketingentscheidungen

Folgende Fragen stellen sich dem Unternehmen beim Absatz seiner Produkte bzw. Dienstleistungen:

1. Was soll am Markt angeboten werden?
2. Zu welchen Bedingungen sollen die Leistungen am Markt angeboten werden?
3. An wen und auf welchen Wegen sollen die Leistungen verkauft werden?
4. Wie soll über die Leistungen informiert und wie soll dafür geworben werden?

Aufgabe 1
Entscheiden Sie mit Hilfe des folgenden Lexikons, welche Fragen welche Marketing-instrumente repräsentieren. Arbeiten Sie mit Ihrem Nachbarn zusammen und vergleichen Sie an-schließend Ihre Arbeitsergeb-nisse im Plenum!

1. _____

2. _____

3. _____

4. _____

Lexikon

Marketinginstrument, das, -e	**Aktivität zur Erreichung der Marketingziele**
Produktmix, das, o.Pl.	**Marketinginstrument zur Festlegung, welche Leistungen am Markt angeboten werden sollen und in welcher Form**
Preismix, das, o.Pl./ Kontrahierungsmix, das, o.Pl.	**Marketinginstrument zur Festlegung, zu welchen monetären Bedingungen die Leistungen auf dem Markt angeboten werden**
Distributionsmix, das, o.Pl.	**Marketinginstrument zur Festlegung, an wen und auf welchen Wegen die Leistungen verkauft werden sollen**
Kommunikationsmix, das, o.Pl.	**Marketinginstrument zur Festlegung, wie mit den Marktteilnehmern über die abzusetzenden Leistungen kommuniziert werden soll**
Marketingmix, das, -e	**Gesamtheit der Marketinginstrumente**

Wem soll was wie verkauft werden?

Aufgabe 2
Hier finden Sie Praxisbeispiele für die Anwendung der oben genannten Marketinginstrumente. Entscheiden Sie zusammen mit Ihrem Nachbarn, um welches Marketinginstrument es sich handelt, und vergleichen Sie anschließend Ihre Arbeitsergebnisse im Plenum!

Marketingmix

Preismix

Distributionsmix

Kommunikationsmix

Produktmix

1
Die Firma Eismann (Eismann bringt's) verkauft ihre Tiefkühlprodukte an der Haustür. Beispiel für

2
Die deutsche Telekom bietet sonn- und feiertags Billigtarife für Telefongespräche an. Beispiel für

3
Die Beiersdorf AG stimmte bei der Einführung der Nivea-Creme in den philippinischen Markt Produkt, Preis, Vertrieb und Werbung auf die örtlichen Verhältnisse und aufeinander ab. Beispiel für

4
Die Maschinenbaufirma Mettler wirbt ausschließlich in Fachzeitschriften. Beispiel für

5
Mercedes entschied sich 1994 für die Produktion eines umweltfreundlichen Elektroautos. Beispiel für

6
Waschmittelwerbung findet in Deutschland hauptsächlich im Fernsehen statt. Beispiel für

4er-Systematik des Marketinginstrumentariums

In der Literatur finden sich für das Marketingmix auch noch folgende Bezeichnungen, die alle im praktischen Sprachgebrauch auftreten:

Gutenberg	Nieschlag/Dichtl/Hörschgen	Meffert	Mc Carthy
Absatzmethode (3)	Produkt- und Programmpolitik (1)	Kontrahierungspolitik (2)	Produkt (1)
Preispolitik (2)	Entgeltpolitik (2)	Produkt- und Sortimentspolitik (1)	Preis (2)
Werbung (4)	Distributionspolitik (3)	Distributionspolitik (3)	Platz (3)
Produktgestaltung (1)	Kommunikationspolitik (4)	Kommunikationspolitik (4)	Promotion (4)

Die Instrumente (Instrumentalbereiche) mit der jeweils gleichen Zahl entsprechen sich (weitgehend); die Zahlen 1 bis 4 markieren dabei die „natürliche" Reihenfolge der Instrumente.

Die Systematik von McCarthy ist auch bekannt als die vier P's des Marketing (Product, Price, Place, Promotion).

Aufgabe 3

Wie nennt Meffert das Preismix?

_____

_____

Wie nennen Nieschlag/Dichtl/Hörschgen das Produktmix?

_____

_____

Wie nennt McCarthy das Kommunikationsmix?

_____

_____

Was soll verkauft werden?

Welcher Radiorecorder?

Der Sohn Ihres Freundes wünscht sich von Ihnen zum Geburtstag einen Radiorecorder. Sie denken an die untere Preisklasse und informieren sich bei „Stiftung Warentest"*:

STIFTUNG WARENTEST test KOMPASS

UNTERHALTUNGSELEKTRONIK
RADIORECORDER (Stereo-)

Heft 12/1990

Bewertung	Mittlerer Preis in DM	Preis nach Markterhebung in DM	Ausgangsleistung 15 %	Rundfunkbetrieb 30 %	Recorderbetrieb 30 %	Batterieverbrauch 15 %	Bedienung 10 %	test-Qualitätsurteil
Porst Intersound SCR 801¹)	69,90		—	O	—*)	++	—	mangelhaft
CTC Clatronic SSR 193	79,–	79,– bis 99,–	O	O	O	O	—	zufriedenstellend
ICE SRR 2451	79,–	69,– bis 79,–	O	O	O	O	O	zufriedenstellend
ICS STR 5014	79,–	70,– bis 89,–	—	—*)	O	++	—	mangelhaft
Toshiba RT-8018	99,–		O	+	—*)	+	—	mangelhaft
Quelle Universum Best.-Nr. 477.933	99,95		O	O	O	+	—	zufriedenstellend
Philips AQ 5190	119,–	109,– bis 129,–	O,	+	O	++	—	zufriedenstellend
Hitachi TRK-640 E	129,–	118,– bis 138,–	O	+	O	++	O	gut
ITT Nokia Polo-Cassette 811	129,–	114,– bis 138,–	O	+	O	+	O	zufriedenstellend
Nordmende TR 800	129,–		baugl. mit Telefunken RC-735					zufriedenstellend
Telefunken RC-735	139,–		O	+	O	+	—	zufriedenstellend
Sony CFS 201	148,–	139,– bis 149,–	+	++	+	++	O	gut
Panasonic RX-FS 400	149,–		+	+	O	++	O	gut

* 1964 von der Bundesregierung gegründet (Sitz in Berlin). Die Stiftung bewertet und prüft Güter und Dienstleistungen u.a. nach Qualität und Preis-Leistungsverhältnis. In Bezug auf technische Sicherheit werden Geräte von den Technischen Überwachungsvereinen (TÜV) überprüft.

Aufgabe 1

**Welches der getesteten Geräte würden Sie wählen und warum?
Ist die Marke für Ihre Kaufentscheidung wichtig? Arbeiten Sie mit Ihrem Nachbarn zusammen, und vergleichen Sie anschließend Ihre Arbeitsergebnisse im Plenum!**

Lexikon

Produktqualität, die, o.Pl.	**Eigenschaften des Produktes wie z.B. Haltbarkeit, Zuverlässigkeit und Präzision, Leichtigkeit von Handhabung und Reparatur, Sicherheit, Unschädlichkeit, Umweltverträglichkeit etc.**
Marke, die, -n	**Name, Ausdruck, Zeichen, Symbol oder Design oder eine Kombination davon zur Identifizierung der Güter oder Dienstleistungen eines Anbieters, die gesetzlich geschützt sein können**
Markenartikel, der, -	**Produkte oder Dienstleistungen mit einer individuellen Kennzeichnung (Marke), die vom Hersteller (Herstellermarke) oder Händler (Handelsmarke) auf den Markt gebracht werden**
Markenpolitik, die, o.Pl.	**Aufbau und Pflege von Produktangeboten als Markenartikel**
No Names/Weiße Produkte/Gattungsnamen/Generics	**vom Handel ohne Markennamen vertriebene Waren, die lediglich den Gattungsnamen wie z.B. Reis, Zucker oder Mehl aufgedruckt tragen**

Neues Marktsegment für Levi

Das 35-Mrd.-Unternehmen Levi Strauss, bekannt für seine Jeans, versuchte in den frühen achtziger Jahren, seine Wachstumsraten durch Eintritt in ein neues Marktsegment konstant zu halten. Levi war bis dahin in den USA lediglich auf dem Marktsegment des „klassischen Individualisten" nicht vertreten, eines Verbrauchers, dem es auf gutaussehende Markenkleidung ankommt und der für Levi Produkte kein Verständnis hat.

Im Hinblick auf diese Verbrauchergruppe bot Levi die „Levi Taylored Classics" an, ein Sortiment von Anzügen, das der Qualität und den Preisen der Konkurrenz gleichkam. Unterscheidungsmerkmal der neuen Artikel war, daß Hosen und Jacken einzeln gekauft werden konnten. Vertrieben wurden „Levi Taylored Classics" primär über Warenhäuser, da Levi dort die besten Kontakte hatte.

Trotz teurer und professioneller Entwicklungs- und Einführungsmaßnahmen blieb der Erfolg aus. Dabei war einer der wichtigsten Faktoren der Name Levi, der für Jeansstoffe, Haltbarkeit, Arbeitskleidung...etc., aber nicht für elegante Qualitätskleidung stand.

1986 hatte Levi jedoch mit „Dockers", einem Hosensortiment, das keine namentliche Verbindung zu Levi aufwies, großen Erfolg.

Aufgabe 2
Alle folgenden Aussagen sind richtig. Gehen sie aus dem obigen Text hervor? Arbeiten Sie mit Ihrem Nachbarn zusammen, und vergleichen Sie anschließend Ihre Arbeitsergebnisse im Plenum!

	ja	nein
Im Rahmen der Markenpolitik gilt es, eine Markenpersönlichkeit zu formen, diese zu positionieren, entsprechende Zielgruppen zu segmentieren und die Marke im Bewußtsein der Zielgruppe zu verankern		
Markenartikel fördern den Absatz, weil die Kaufentscheidung durch einheitliche Qualität erleichtert wird		
Der Markenartikel schafft einen direkten Kontakt zwischen Hersteller und Käufer. Damit werden Absatzschwankungen vermindert		
Oft besteht Identität zwischen Markenimage und Unternehmensimage, die sich auch auf neue Produkte des Unternehmens überträgt		
Markenartikel bieten neben ihren Produktvorteilen Zusatznutzen und sind häufig als Imageträger ein Mittel zur Selbstdarstellung und Selbstverwirklichung des Verbrauchers		
Markenartikel werden seitens des Herstellers mit großem Aufwand beworben		
Da es einen großen Zeit- und Geldaufwand bedeutet, eine neue Marke in den Markt einzuführen, ziehen Unternehmen es oft vor, Produktgruppen unter dem Namen einer Marke zu erweitern		

Was soll verkauft werden?

Aufgabe 3
Im folgenden finden Sie Teile einer Umfrage zur Einstellung von Verbrauchern zum Markenartikel. Welchen Aussagen stimmen Sie zu? Vergleichen Sie anschließend Ihre Ergebnisse im Plenum!

Bei den Markenartikeln hat man eine höhere Gewißheit als bei markenlosen Produkten, gute Qualität zu erhalten	
Für Markenartikel gibt es meist einen besonderen Kundendienst	
Wenn bei Markenartikeln einmal etwas nicht in Ordnung ist, hat man die Möglichkeit zu reklamieren und bekommt Ersatz	
Zu Markenartikeln habe ich einfach mehr Vertrauen als zu markenlosen Produkten	
Markenartikel erleichtern die Orientierung beim Einkauf	
Bei Markenartikeln kann man sich darauf verlassen, daß sie in der Qualität immer gleich bleiben	
Ohne mir über die Gründe viel Gedanken zu machen, kaufe ich Markenartikel einfach lieber als markenlose Produkte	
In einem Geschäft, zu dem ich Vertrauen habe, kaufe ich markenlose Ware genauso gern wie Markenartikel	

Aufgabe 4

Die folgende Graphik gibt die Einstellung von Händlern zu Produkteigenschaften von Markenartikeln und Gattungsmarken wieder. Die durchgezogene Linie repäsentiert die _____ ,

die gestrichelte Linie die _____ .

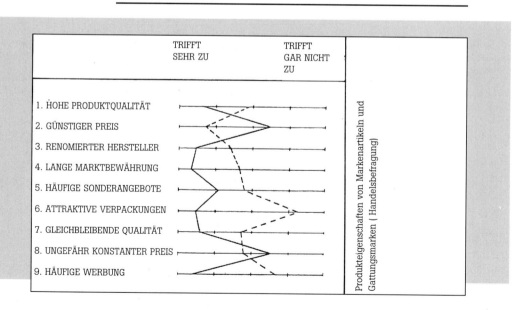

Aufgabe 5

Hier finden Sie Beispiele für freiwillige Garantieleistung, gesetzliche Gewährleistung, Kundendienst, Produkthaftung und Produktqualität. Um welchen Begriff handelt es sich jeweils? Informieren Sie sich mit Hilfe des Lexikons! Arbeiten Sie mit Ihrem Nachbarn zusammen, und vergleichen Sie anschließend Ihre Arbeitsergebnisse im Plenum!

1
Rank Xerox wirbt für seine Kleinkopierer mit der Zusage, drei Jahre Umtauschrecht bei Unzufriedenheit mit dem Gerät zu gewähren.

2
IKEA bietet für seine Kunden ausreichend Parkplätze, einen Restaurantbetrieb mit preiswerten Spezialitäten und kostenlose Kinderbetreuung während der Besichtigung oder während des Einkaufs

3
Die „Mon Chérie"-Kognac-Kirschen in Schokolade werden im Sommer nicht geliefert, um eine Beeinträchtigung der Ware durch Hitze zu vermeiden.

4
Die Firma Junkers garantiert die Reparatur ihrer Heizungsanlagen innerhalb von 6 und die ihrer Durchlauferhitzer innerhalb von 24 Stunden.

5
Die Migros repariert bei ihr gekaufte Ware in der Regel kostenlos und tauscht um, ohne die rechtliche Lage zu prüfen.

6
Die Firma Desowag muß für die durch ihr Holzschutzmittel Pentachlorphenol PCP verursachten gesundheitlichen Schäden aufkommen.

7
Jedes Einbauteil eines Volkswagens wird bis zu fünfmal vor dem Einbau überprüft.

Lexikon

Service, der, o. Pl./ Kundendienst, der, o.Pl.	Zusatzleistungen, die helfen sollen, eine Leistung am Markt abzusetzen wie z.B. Beratung, schnelle Reparatur etc.
freiwillige Garantieleistung, die, -en	Leistungen des Verkäufers, die über die gesetzlich vorgeschriebene Gewährleistung hinausgehen, z.B. im Bereich von Ersatzteilen, Reparaturen, Umtausch und Wartung
gesetzliche Gewährleistung/gesetzliche Garantieleistung, die, -en	gesetzliche Verpflichtung des Verkäufers, für die Mängelfreiheit einer verkauften Leistung einzustehen
Produkthaftung/ Produzentenhaftung, die, o.P.	in bestimmten Ländern wie z.B. den USA oder der Europäischen Union das Einstehenmüssen für Schäden, die dem Konsumenten aus der Benutzung von Produkten entstehen

Was soll verkauft werden?

Verpackung aus Stärke

Die Firma Biotec, Emmerich, stellt Verpackungen her. Verpackungstrays für Fleisch, Obst und Gemüse, Eierschachteln, Verpackungschips, Blumentöpfe, Isolierplatten, Einweggeschirr, Fast-food-Verpackungen, Trinkbecher, Transportschachteln und Container, Schaumfolien u.v.a.m. Das Verpackungsmaterial besteht aus pflanzlicher Stärke. Die Firma wirbt für ihren Werkstoff Biopur folgendermaßen:

Umweltfreundlich
in der Herstellung, mit Hilfe von Wasserdampf aufgeschäumt und zu Formteilen verarbeitet. Produziert von vollautomatischen computergesteuerten Anlagen, mit garantiert gleichbleibender Qualität. Ein Herstellungsverfahren ohne giftige Abfallprodukte und ohne schädliche Emissionen.

BIOPUR - ein Stärkeschaum
Antistatisch, isolierend und stoßabsorbierend. Geschaffen für universelle Anwendungen in der Verpackungsindustrie, im Gartenbau, der Bauindustrie sowie im Lebensmittelbereich oder als Einweggeschirr im Fast-food-Bereich. Die Verarbeitungsmöglichkeiten sind vielfältig. Sie können BIOPUR stanzen, schneiden, prägen, bedrucken und beschichten. Ein universeller biologischer Werkstoff, der die aktuellen Anforderungen des Marktes erfüllt.

Produkte aus BIOPUR sind problemlos kompostierbar.
Die natürliche Zersetzung bewirkt eine rasche und vollständige Umwandlung des Materials in wertvollen Kompost. Aber auch alle anderen Formen der Abfallbeseitigung und der Weiterverwertung sind möglich, ohne daß schädliche Zersetzungsprodukte in die Umwelt gelangen. Ein industrielles Einwegprodukt, geeignet für alle bestehenden Entsorgungssysteme.

Alles, was Sie wollen.
Spezielle Produktanforderungen wie: Festigkeit, Materialdichte, Abriebbeständigkeit, Isolierfähigkeit oder Hitze- und Feuchtigkeitsresistenz sind bei BIOPUR individuell steuerbar.
BIOPUR
Ein Werkstoff einer Reihe zukunftsorientierter Produktentwicklungen aus nachwachsenden Rohstoffen. Umweltschonend hergestellt und problemlos zu entsorgen. Eine Entwicklung der BIOTEC-Forschung.

Aufgabe 1
Alle folgenden Aussagen sind richtig. Gehen sie aus dem obigen Text hervor? Arbeiten Sie mit Ihrem Nachbarn zusammen, und vergleichen Sie anschließend Ihre Arbeitsergebnisse im Plenum!

	ja	nein
Verpackungen erfüllen technische Funktionen wie z.B. Herstellung von Transportfähigkeit, Stapelbarkeit, Lagerfähigkeit, Schutz		
Verpackungen können Verkaufsfunktionen haben; sie dienen der Information und Werbung		
Verpackungen können einen Kaufanreiz darstellen		
Verpackungen dienen der Differenzierung des Produktes bzw. der Markenbildung		
Verpackungen sollten die Umwelt möglichst wenig belasten		

Aufgabe 2
Ergänzen Sie bitte die folgenden Sätze! Orientieren Sie sich am untenstehenden Lexikon!

Verpackung

Umverpackung

1. Die schweizerische Handelskette Migros bot als erste Handelskette Zahnpasta ohne Kartons an. Sie verzichtete auf die _____

2. Die Migros hat nie Getränke in Aluminiumdosen angeboten, sondern nur in Mehrweg-flaschen. Sie versuchte, mit dieser _____ zum Umweltschutz beizutragen.

3. Insbesondere in der Kosmetikbranche sind _____ ein wichtiges Element bei der Markenbildung und Produktdifferenzierung. Drei bis vier _____ sind keine Seltenheit.

Aufgabe 3

Seit 1991 gibt es in Deutschland eine Ver-packungsver-ordnung, die Handel bzw. Hersteller ver-pflichtet, Umverpackun-gen zurückzu-nehmen und zu entsorgen. Dann wurde das Duale System geschaffen, das die Hersteller an den Kosten der Entsorgung von Verpackung beteiligt.

Worin sehen Sie Gründe für die Wichtigkeit, die man in Deutschland dem Müllpro-blem beimißt?

Ist Müllbeseiti-gung in Ihrem Land ein Problem? Wie geht man damit um?

Arbeiten Sie mit Ihrem Nachbarn zusammen, und vergleichen Sie an-schließend Ihre Arbeitsergeb-nisse im Plenum!

Hilfe, wir ersticken im Müllberg! Die Hälfte unserer Hausabfälle besteht aus Verpackung – das sind bei einer dreiköpfigen Familie gut 1,5 Tonnen im Jahr!

Lexikon

Verpackung, die, -en	äußere Umhüllung von Waren zur Produktgestaltung, -portionierung, Warenpräsentation und zum Schutz des Produkts
Umverpackung, die, -en	Verpackung, die nicht direkt mit dem Produkt in Berührung kommt

Was soll verkauft werden?

Programm- und Sortimentspolitik

Programmpolitik beinhaltet alle Entscheidungen eines Herstellers bezüglich seiner Produktpalette. Das Programm umfaßt also alle vom Hersteller angebotenen Leistungen. Die wichtigsten Entscheidungen der Programmpolitik als absatzpolitisches Instrument betreffen Umfang (Anzahl der Produktlinien) und Art des Programms (Qualität, Preis). Beim Umfang unterscheidet man die Programmbreite (Anzahl der Produktlinien) und die Programmtiefe (Anzahl der Produktvarianten innerhalb einer Produktlinie). Im Handel spricht man in diesem Zusammenhang von Sortimentspolitik, Sortimentsbreite und Sortimentstiefe.

Aufgabe 1
Bei den Abbildungen handelt es sich um Darstellungen der Sortimentsbreite bzw. -tiefe. Bitte kennzeichnen Sie die Darstellungen mit dem passenden Begriff.

Linkes Diagramm:
A_1 B_1 C_1 D_1
A_2 B_2 C_2 D_2
A_3 B_3 C_3 D_3
A_4 B_4 C_4 D_4
A_5 B_5 C_5 D_5
A_6 B_6 C_6 D_6
A_7 C_7 D_7
A_8 C_8
A_9

Rechtes Diagramm:
A_1 B_1 C_1 D_1 E_1 F_1 G_1
A_2 B_2 C_2 D_2 E_2 F_2 G_2
A_3 B_3 C_3 D_3 E_3 F_3 G_3
A_4 C_4 E_4
A_5 E_5

a [   ]

b [   ]

Lexikon

Artikel, der, -	Waren, wie z.B. Hemden, Socken, Tische etc.
Produktlinie/ Produktgruppe/ Produktfamilie, die, -n	Gruppe von Artikeln mit ähnlichen Eigenschaften (z.B. Damenoberbekleidung)
Programm, das, -e	Gesamtheit der Produkte, die von einem Hersteller angeboten werden
Programmbreite, die, o.Pl.	Anzahl der Produktlinien, die im Programm enthalten sind
Programmtiefe, die, o.Pl.	Anzahl der Varianten (Typen, Modelle), die in einer Produktlinie angeboten werden
Sortiment, das, o.Pl.	Gesamtheit der Artikel, die von Handelsbetrieben angeboten werden
Sortimentsbreite, die, o.Pl.	Anzahl der Produktlinien, die innerhalb eines Sortiments enthalten sind
Sortimentstiefe, die, o.Pl.	Anzahl der Varianten (Typen, Modelle), die innerhalb einer Produktlinie geführt werden

Aufgabe 2
Worum handelt es sich bei den folgenden Beispielen aus der Programm- bzw. der Sortimentspolitik von Unternehmen? Geben Sie jeweils an, ob es sich um eine geringe oder große Breite bzw. Tiefe handelt! Arbeiten Sie mit Ihrem Nachbarn zusammen, und vergleichen Sie anschließend Ihre Arbeitsergebnisse im Plenum!

Programmbreite
Programmtiefe
Sortimentsbreite
Sortimentstiefe

Monosortiment

1 ▬▬▬▬▬▬▬▬▬

Adidas produziert Tennisschläger und -bälle, Fußbälle und anderes Sportgerät, Freizeitmode, Taschen, Körperpflege etc. Beispiel für

2 ▬▬▬▬▬▬▬▬▬

Im Verkaufsprogramm der Firma Herion, die Steuerungsgeräte und Regeleinrichtungen für nahezu alle Branchen herstellt, sind rund 30.000 in Preislisten enthaltene Standarderzeugnisse und eine Vielzahl von Varianten und Sonderausführungen enthalten. Beispiel für

3 ▬▬▬▬▬▬▬▬▬

Der Lebensmittel-Discounter ALDI macht mit 800 verschiedenen Artikeln einen Umsatz von 30 Mrd. DM pro Jahr. Beispiel für

4 ▬▬▬▬▬▬▬▬▬

Bäcker Beck produziert Brot, Brötchen und Kuchen, hat sich aber besonders auf Brötchen spezialisiert. Er bietet an: Wasserbrötchen, Milchbrötchen, Kümmelbrötchen, Zwiebelbrötchen, Vollkornbrötchen, Roggenbrötchen, Dinkelbrötchen, Röggelchen, Käsebrötchen, Partybrötchen, Rosinenbrötchen, Schwedenbrötchen etc. Beispiel für

5 ▬▬▬▬▬▬▬▬▬

Die Kaufhof AG führt ca. 1.000 verschiedene Weine in 400 verschiedenen Flaschenformen und -farben. Beispiel für

6 ▬▬▬▬▬▬▬▬▬

Das süddeutsche Herrenbekleidungsunternehmen HUGO BOSS erweiterte den Markenbegriff und sein Programm HUGO-BOSS auf HUGO für modische junge Leute, BOSS für den klassischen Geschäftsmann und BALDESSARINI für Leute mit höchsten Ansprüchen. Beispiel für

4B

Was soll verkauft werden?

Käfer-Nachfolge

In den Nachkriegsjahren galt der VW Käfer als das zuverlässige, sparsame und langlebige Auto („und läuft und läuft und läuft…"). 1974 führte VW den Golf als Nachfolger des Käfers ein und stellte die Produktion des Käfers in Deutschland zehn Jahre später ein. Es gelang VW, in Deutschland den Markenwert des Käfers auf den Golf zu übertragen und mit ihm 1983 die Marktführerschaft zu erreichen. Der Golf war als Benziner und Diesel mit unterschiedlich starken Motoren und unterschiedlichen Fahrwerken erhältlich; auch ein Kabrio war auf dem Markt.

Die Kritik am Golf und die allgemeine Marktsituation brachte VW ab 1977 dazu, über die Entwicklung eines Nachfolgemodells und einer neuen Marketingkonzeption nachzudenken und sich schließlich für die Entwicklung eines Kompaktwagens mit den bewährten Eigenschaften und dem eigenständigen Charakter des Golf sowie zahlreichen Produktverbesserungen zu entscheiden. Der Golf II kam im September 1983 auf den Markt. Wieder wurde der Golf Marktführer.

Der Golf II wurde 1991 durch den Golf III abgelöst (1992 Marktführer). 1993 brachte VW erstmals in dieser Klasse einen Kombi auf den Markt. Der Golf III wird 1996 vom Golf IV abgelöst.

Aufgabe 1
Alle folgenden Aussagen sind richtig. Gehen sie aus dem obigen Text hervor? Arbeiten Sie mit Ihrem Nachbarn zusammen, und vergleichen Sie anschließend Ihre Arbeitsergebnisse im Plenum!

	ja	nein
Unternehmen geben nach einer bestimmten Zeit oft Produkte auf		
Unternehmen führen in bestimmten Abständen neue Produkte in den Markt ein		
Produkte haben auf dem Markt einen bestimmten Lebenszyklus		
Die Lebenszeit von Produkten wird kürzer		
Um die Bedürfnisse unterschiedlicher Zielgruppen zu befriedigen, werden Produkte in Varianten angeboten		
Manche Unternehmen halten Produkte bewußt sehr lange Zeit am Markt		
Unternehmen halten und steigern Marktanteile durch Umgestaltung und Verbesserung bereits im Markt befindlicher Produkte		
Unternehmen bringen nicht nur neue Produkte in bestehende Märkte, sondern versuchen auch, mit neuen Produkten neue Marktsegmente zu erobern		
Unternehmen versuchen Kundentreue zu erreichen, indem sie ihre Produkte gegen die der Konkurrenz deutlich abgrenzen		

Aufgabe 2
Welche Strategien der Produktpolitik lassen sich in den folgenden Praxisbeispielen beobachten? Entnehmen Sie die notwendigen Informationen dem Lexikon!

Arbeiten Sie mit Ihrem Nachbarn zusammen, und vergleichen Sie anschließend Ihre Arbeitsergebnisse im Plenum!

Produktinnovation

Produkteliminierung

Produktdifferenzierung

Produktdiversifikation

Produktvariation

Relaunch

1

Mit dem Kauf von Rover Ltd. nahm BMW 1994 Geländewagen in sein Programm auf.

2

Die Mercedes-Fahrzeuge tragen auf der Kühlerhaube den Mercedes Stern (gesetzlich geschützt).

3

Das Haus Dior ist für seine Modekreationen berühmt. Später nahm es Parfum, Brillen, Modeschmuck etc. in sein Programm auf.

4

Sony brachte auf den Markt: das erste Transistorradio der Welt, den ersten Walkman der Welt, das erste Compact-Disk-System (CD) der Welt.

5

VW bietet den Passat als Limousine und Kombi, als Benziner und Diesel in verschiedenen Motorversionen und Ausstattungen an.

6

Das Grippemittel „Refagan" der Firma Bayer wurde Anfang der 90er Jahre aus dem Markt genommen.

7

Die Firma Werner & Metz hatte ihre Schuhcreme „Erdal Schuhglanz" 1973 als Selbstglanzmittel auf den Markt gebracht und wurde mit diesem Produkt bald Marktführer, verlor jedoch bis 1985 23 % ihres Marktanteils, weil die Creme die Schuhe nicht genügend pflegte. 1986 brachte das Unternehmen das Produkt unter dem Namen „Erdal Pflegeglanz" mit Hinweis auf die pflegende Komponente „mit echtem Bienenwachs" wieder auf den Markt.

8

Die Beiersdorf AG vertreibt die Nivea-Creme in der blauen Dose seit 1912.

Lexikon

Produktinnovation, die, -en	**Entwicklung und Einführung neuer Produkte in den Markt**
Produktvariation, die, -en	**Entwicklung und Einführung von Varianten eines Produkts (in Größe, Form, Farbe etc.) in den Markt**
Produktdifferenzierung, die, o.Pl.	**Strategie der Produktgestaltung, die dazu dient, das Produkt durch technische Gestaltung, Farbe, Verpackung etc. deutlich von Konkurrenzprodukten zu unterscheiden**
Produktdiversifikation, die, o.Pl.	**Strategie der Produktpolitik, mit neuen Produkten in neue Marktsegmente einzudringen**
Produktpersistenz, die, o.Pl.	**bewußte Beibehaltung bewährter Produkte**
Produkteliminierung, die, o.Pl.	**Herausnahme eines Produkts aus dem Angebotsprogramm**
Relaunch, das, o.Pl.	**Reaktivierung eines Produktes, das seit längerer Zeit im Markt ist und dessen Umsätze stagnieren oder rückläufig sind**
Produktlebenszyklus, der, -zyklen	**Absatzentwicklung eines Produkts bzw. einer Marke über die Zeit**

4C

Zu welchen Bedingungen soll verkauft werden?

Was ist ein Hamburger wert?

Im Jahr 1984 haben es die rund 100 Luxusburger-Restaurants in den USA auf 100 Mio $ Umsatz gebracht; man rechnet mit einem Anstieg auf über 3000 Restaurants mit jährlich 2-3 Milliarden Dollar Umsatz.
Die durchschnittlichen Preise für einen Hamburger, Pommes frites und ein Getränk betragen in einem Luxusburger-Restaurant rund 4 $ - in einem herkömmlichen Schnellrestaurant belaufen sie sich auf 1,50 $.
Die Luxusburger-Restaurants bieten größere und vielleicht bessere Hamburger an, die auf Bestellung mit frischem Rindfleisch zubereitet werden; dazu gibt es Bier, Wein und Cocktails; es gibt Stühle und Tische anstelle von Plastikbänken. Manche dieser Restaurants bieten Bedienung an.

Aufgabe 1
Alle folgenden Aussagen sind richtig. Gehen sie aus dem obigen Text hervor? Arbeiten Sie mit Ihrem Nachbarn zusammen, und vergleichen Sie anschließend Ihre Arbeitsergebnisse im Plenum!

	ja	nein
Die Preisfestlegung hängt von den Marketingzielen ab		
Hohe Preise können absatzfördernd wirken		
Die Preisbildung wird durch die Nachfragesituation beeinflußt		
Hohe Preise erlauben hohen Aufwand für Produktqualität und Service		
Eine Strategie der Preisfestlegung ist, die Kosten für die Erstellung des Produkts als einzigen Parameter zugrundezulegen		
Die Preisbildung kann von gesetzlichen Vorschriften abhängig sein		

Lexikon

Preis, der, -e	**Geldbetrag, der für ein Produkt oder eine Dienstleistung gefordert wird**
kostenorientierte Preisfestlegung, die, o.Pl.	**Preisfestsetzung, die sich vorrangig an den Herstellungskosten für das Produkt orientiert**
gewinnorientierte Preisfestlegung, die, o.Pl.	**Preisbildung, die sich an einer festgesetzten Rendite aus dem eingesetzten Kapital ausrichtet**
konkurrenzorientierte Preisfestlegung, die, o.Pl.	**Preisbildung, die sich nach den Preisen der Konkurrenz ausrichtet**
nachfrageorientierte/kundenorientierte Preisfestlegung, die, o.Pl.	**Preisbildung, die sich danach ausrichtet, wieviel der Kunde für das Produkt zu zahlen bereit ist**
psychologisch orientierte/psychologische Preisfestlegung, die, o.Pl.	**Preisfestlegung, bei der der Preis entweder für den Kunden niedriger erscheint, als er wirklich ist, oder bewußt hoch angesetzt wird, um das Ansehen einer Artikelgruppe oder des Geschäfts zu heben**

Aufgabe 2

Welche Preisfestlegungsstrategie steht hinter den folgenden Beispielen? Arbeiten Sie mit Ihrem Nachbarn zusammen, und vergleichen Sie anschließend Ihre Arbeitsergebnisse im Plenum!

Aufgabe 3

Was fällt Ihnen bei den Preisen von Drogeriemarkt Seife auf?

Was beabsichtigt Ihrer Meinung nach Fa. Seife mit dieser Preisgestaltung?

Gibt es in Ihrem Heimatland vergleichbare Strategien der Preisgestaltung? Für welche Produkte? Überlegen Sie mit Ihrem Nachbarn zusammen, und vergleichen Sie anschließend Ihre Arbeitsergebnisse im Plenum!

1

Die Mövenpick-Restaurants in Deutschland bieten Espresso, Cappuccino, Melange u.a. an. Keines dieser Angebote liegt unter DM 3,-. Die Tschibo-Kette bietet in ihren Stehausschänken die Tasse Kaffee zu DM 1,20 an.

2

Die Firma Komatsu griff 1971 Caterpillar mit bis zu 40% niedrigeren Preisen an. Caterpillar war bis dahin Führer auf dem Markt für schwere Bau- und Bergbaugeräte gewesen und hatte eine Hochpreispolitik betrieben. Caterpillar zog mit den Preisen nach und löste damit einen langjährigen Preiskrieg aus.

3

General Motors legte lange Zeit seine Preise so fest, daß dabei eine Verzinsung des eingesetzten Kapitals von 15 - 20 % erzielt wurde.

4

Beim deutschen Einzelhandel finden sich im Ausverkauf oft Preisschilder, auf denen die früheren, höheren Preise noch deutlich sichtbar, aber durchgestrichen sind.

5

Das Elektrohaus Petersen in Bad Bramstedt stellt einen Absatzrückgang bei Küchenkleingeräten fest. Um diesem Trend entgegenzuwirken, erwägt es u.a., Toaster zu DM 66,70 anzubieten. Darin sind DM 40,- Einkaufspreis, DM 18,- eigene Kosten und 15% Mehrwertsteuer enthalten.

6

In einem amerikanischen Supermarkt kostete ein Markenartikel $ 3.95 pro Stück. Die Doppelpackung wurde für $ 7.95 angeboten. Der Ständer mit der Doppelpackung war wesentlich schneller leer als der mit der Einzelpackung.

Drogeriemarkt Seife

Vileda Fenstertuch -top- 1 Stück	**4.49**	Tip-Top Fensterwäsche 500 ml	**2.49**
Ajax Allzweckreiniger 750 ml	**2.99**	Melita Brennspiritus 1 Liter	**2.79**

Zu welchen Bedingungen soll verkauft werden?

Preisanpassungsstrategien

Unternehmen haben mehrere Instrumente, um einen einmal gewählten Preis zu modifizieren, z.B. Preisnachlässe, die in bestimmten Situationen gewährt werden, Kredite oder Ratenzahlungen.

Die Zahlungsbedingungen eines Unternehmens werden in der Regel in den allgemeinen Geschäfts- und Zahlungsbedingungen festgelegt. Sie bieten dennoch vor allem im Investitionsgüterbereich und Exportgeschäft Möglichkeiten der Preisanpassung.

Aufgabe 1
Bei Verkaufsgesprächen können Firmen immer noch Preise modifizieren bzw. korrigieren. Welche Anpassungsinstrumente stehen hinter den folgenden Angeboten? Entnehmen Sie die notwendigen Informationen dem Lexikon! Arbeiten Sie mit Ihrem Nachbarn zusammen, und vergleichen Sie anschließend Ihre Arbeitsergebnisse im Plenum!

1
„Ich kann mit dem Preis von DM 725,- auf DM 695,- heruntergehen, wenn Sie 200 statt 100 Einheiten bestellen!"

2
„Wenn wir alle sechs Wochen statt wie bisher alle 14 Tage liefern könnten, wären wir mit dem niedrigeren Preis einverstanden."

3
„Wenn Sie die Hälfte jetzt und die andere Hälfte bei Lieferung zahlen, bin ich mit dem niedrigeren Preis einverstanden."

4
„Akzeptieren Sie mein Preisangebot, wenn ich Ihnen die Skier jetzt zusende, Sie aber erst bei Saisonbeginn zahlen?"

5
„Ich gehe davon aus, daß Sie mir mit dem Preis entgegenkommen, wenn ich 100 Stück abnehme."

Lexikon	
Kredit, der, -e	**Darlehen mit einer bestimmten Laufzeit**
Rabatt, der, -e	**Preisnachlaß, der bei bestimmten Leistungen des Abnehmers gewährt wird**
Lieferbedingung/Lieferungsbedingung, die, -en	**Bedingungen der Übernahme, d.h. des Gefahrens- oder des Eigentumsübergangs der Ware**
Zahlungsbedingung, die, -en	**Bedingungen der Entrichtung des vereinbarten Kaufpreises**

Aufgabe 2

Bei Rabatten gibt es mehrere Arten. Ordnen Sie den Aussagen die dahinterstehenden Rabattarten zu, nehmen Sie das Lexikon zu Hilfe! Arbeiten Sie mit Ihrem Nachbarn zusammen, und vergleichen Sie anschließend Ihre Arbeitsergebnisse im Plenum!

Bei Barzahlung innerhalb von 14 Tagen nach Erhalt der Ware gewähren wir Ihnen einen Rabatt von 3%.

Wenn Sie uns einen Auftrag über 1000 statt über 600 t der Chemikalie erteilen, sind wir bereit, DM 0,01 pro kg nachzulassen.

Wenn Sie Ihre Lagerbestände an Skiern im Frühling und im Sommer auffüllen, gewähren wir Ihnen einen attraktiven Preisnachlaß.

Im diesjährigen Sommerschlußverkauf gewähren wir 30 - 50% Preisnachlaß auf unsere Markenware.

Der Neue Brockhaus in 22 Bänden bis zum Jahresende zum Einführungspreis!

Golfmodelle der 2. Generation mit Sonderausstattung zu Serienpreisen!

a)	**Mengenrabatt**
b)	**Skonto**
c)	**Einführungsrabatt**
d)	**Saisonrabatt**
e)	**Auslaufrabatt**

Lexikon

Funktionsrabatt, der, -e	**Rabatt, der dem Groß- und Einzelhandel gewährt wird, wenn dieser bestimmte Leistungen, wie z.B. die Lagerhaltung übernimmt**
Mengenrabatt, der, -e	**Preisnachlaß für Kunden, die große Mengen kaufen**
Bonus, der, o.Pl.	**Mengenrabatt, bei dem die Abnahme auf der Basis eines Jahres berechnet wird, um den Kunden zu veranlassen, alle Aufträge an einen Anbieter zu vergeben**
Skonto, der, Skonti	**Rabatt, der für Barzahlung innerhalb einer bestimmten Frist gewährt wird**
Einführungsrabatt, der, -e	**Rabatt, der während der Einführungsphase eines Produktes gewährt wird, um diese Phase zu verkürzen**
Auslaufrabatt, der, -e	**Rabatt, der gewährt wird, um die Lager möglichst schnell von veralteten Produkten zu räumen**
Saisonrabatt, der, -e	**Rabatt für Käufer, die Waren oder Dienstleistungen außerhalb der Saison erwerben**
Zeitrabatt, der, -e	**Einführungsrabatt, Saisonrabatt, Auslaufrabatt**

Zu welchen Bedingungen soll verkauft werden?

Aufgabe 3

Ein Vogelfutter-
hersteller liefert
sein Körner-
futter „Tüdelüt"
nur an Groß-
händler. Er plant,
in Zukunft
Rabattpolitik als
Mittel der Preis-
anpassung zu
betreiben, und
steht daher vor
dem Problem,
das richtige
Rabattsystem
und die
Rabatthöhe zu
bestimmen.
Welche Rabatt-
art kann er ein-
setzen?
Arbeiten Sie mit
Ihrem Nachbarn
zusammen,
und vergleichen
Sie an-
schließend Ihre
Arbeitsergeb-
nisse im Plenum!

Funktionsrabatt	
Skonto	
Mengenrabatt	
Bonus	
Einführungsrabatt	
Saisonrabatt	
Auslaufrabatt	

Gleicher Preis in Nah und Fern?

Der Porzellanwarenhersteller August mit Sitz in Dresden im Bundesland Sachsen verkauft seine Produkte an
Kunden in ganz Europa. Die Frachtkosten sind hoch und beeinflussen daher die Kaufentscheidungen der
Kunden. August will eine geographisch orientierte Preispolitik festlegen und u.a. bestimmen, welcher Preis
für einen Auftrag über DM 1.000,- vom Kunden A in München, vom Kunden B in Berlin und vom Kunden
C in Kopenhagen gefordert werden soll. Er prüft folgende Möglichkeiten:

■ Werksabgabepreis - Preis ab Werk
Der Käufer trägt die vollen Transportkosten von der Fabrik bis zum Bestimmungsort, die zum Preis dazu-
kommen.

■ Einheitlicher Frei-Haus-Preis
Das Unternehmen berechnet allen Kunden unabhängig von deren Standort denselben Preis, der die
Frachtkosten einschließt.

■ Zonenpreise
Das Unternehmen legt zwei oder mehr Zonen fest. Alle Kunden innerhalb einer Zone zahlen denselben
Preis.

■ Frachtbasispreise
Das Unternehmen legt einen bestimmten Ort als Frachtbasis fest und berechnet allen Kunden unabhän-
gig vom tatsächlichen Versandort der Ware die fiktiven Frachtkosten von diesem Basisort zum
Kundenstandort. Die Kunden zahlen also eine Pauschalgebühr.

■ Preisstellung mit flexibler Frachtkostenübernahme
Das Unternehmen übernimmt die gesamten Frachtkosten oder einen Teil davon, je nach
Verhandlungsergebnis.

Entscheidet sich August für eine der obengenannten Möglichkeiten geographisch orientierter Preisstrategien,
so kann dies positive oder negative Konsequenzen für seine Unternehmung haben.

Aufgabe 4

Im folgenden finden Sie Konsequenzen aufgelistet, die sich für August ergeben, wenn er sich für eine der oben genannten Möglichkeiten geographisch orientierter Preisstrategien entscheidet. Um welche Strategien handelt es sich jeweils? Arbeiten Sie mit Ihrem Nachbarn zusammen, und vergleichen Sie anschließend Ihre Arbeitsergebnisse im Plenum!

1
August dringt in den amerikanischen und den arabischen Markt ein, weil er drei Viertel bzw. die gesamten Frachtkosten übernimmt.

2
August kann gegenüber seinen Konkurrenten in München (Nymphenburger Porzellanmanufaktur) und in Berlin (Kgl. Preussische Porzellanmanufaktur) preisgünstig anbieten, da er Frankfurt als Frachtbasis festlegt.

3
August wird für weit enfernte Kunden ein teurer Lieferant.

4
August kann seinen über die Werbung bekanntgemachten Preis ohne Schwierigkeiten und Verwaltungsaufwand überall einhalten.

5
August verliert Kunden in Frankreich an der deutschen Grenze, weil dort sein Porzellan relativ teuer ist.

6
August bleibt gegenüber seinen Hauptkonkurrenten in Berlin, München und Kopenhagen konkurrenzfähig.

Preisfestlegung ab Werk

Einheitliche Frei-Haus-Preisfestlegung

Zonenpreisstellung

Frachtbasispreisstellung

Preisstellung mit flexibler Frachtkostenübernahme

Lexikon

geographisch orientierte Preisstrategie, die, -n	Entscheidung der Unternehmung, ob Kunden an unterschiedlichen Standorten dieselben Preise für dasselbe Produkt zahlen sollen oder nicht
Preisfestlegung ab Werk, die, o. Pl.	Preisstrategie, bei der die Ware einem Frachtführer zur Verfügung gestellt wird und der Kunde die gesamten Frachtkosten trägt
Einheitliche Frei-Haus-Preisfestlegung, die, o.Pl.	Preisstrategie, bei der das Unternehmen allen Kunden den gleichen Preis berechnet
Zonenpreisstellung, die, o.Pl.	Preisstrategie, bei der das Unternehmen zwei oder mehr Preiszonen bildet. Innerhalb einer Zone zahlen alle Kunden denselben Preis
Frachtbasispreisstellung, die, o.Pl.	Preisstrategie, bei der das Unternehmen allen Kunden denselben Preis, in dem die Frachtkosten enthalten sind, von einem fiktiven Standort aus berechnet

Reflexion und Überprüfung

In den letzten Einheiten haben Sie Strategien zur Bedeutungserschließung von Begriffen und Termini angewandt, die durch andere Begriffe differenziert und präzisiert werden. Wir möchten hier diese Strategien systematisieren.

1. Sie werden bei der Arbeit mit Texten aus Ihrem Fach bzw. mit Texten und Erklärungen in diesem Buch bemerkt haben, daß die Aussagen präzise und differenziert sind und mit relativ wenig Sprachaufwand realisiert werden. Dies hat die Funktion, sich eindeutig und ökonomisch über komplexe Sachverhalte zu verständigen. Dabei ist es oft erforderlich, Begriffe und Termini zu spezifizieren und zu differenzieren. Dies erfolgt im Deutschen insbesondere über die Links- und Rechtserweiterung eines Nomens, z.B.:

■ ein kürzlich in den Markt eingeführtes Produkt (Linkserweiterung - die Spezifizierung bzw. Differenzierung steht links vom Nomen)
■ die Produktion von Nivea-Creme durch einen ortsansässigen Produzenten nach dem Verfahren und unter Kontrolle der Beiersdorf AG (Rechtserweiterung - die Spezifizierung bzw. Präzisierung steht rechts vom Nomen)

Diese Art der Ausdrucksweise spart Nebensätze ein und verhindert Verschachtelungen. Die Sätze werden damit kürzer und übersichtlicher.

Aufgabe 1
Markieren Sie in den folgenden Sätzen die Nomen, die spezifiziert bzw. differenziert werden, und entscheiden Sie, ob es sich dabei um eine Rechts- oder Linkserweiterung handelt! Arbeiten Sie mit Ihrem Nachbarn zusammen, und vergleichen Sie anschließend Ihre Arbeitsergebnisse im Plenum!

	R	L
Levi entwarf vor 1914 die heute noch übliche taillierte Coca-Cola-Flasche		
Die Entscheidung über Namen und Verpackung eines Produkts gehört zur Markenpolitik		
Biopur ist ein umweltschonend hergestellter und problemlos zu entsorgender Werkstoff		
Markenpolitik besteht in Aufbau und Pflege von Produktangeboten als Markenartikeln		
Levi hatte mit der 1986 erfolgten Einführung des nicht unter dem Namen Levi laufenden Hosensortiment Dockers großen Erfolg		
Die Produkte von Lacoste sind mit einem kleinen, grünen, aufgenähten Krokodil gekennzeichnet		
1977 entschied sich VW für die Entwicklung eines Nachfolgemodells für den Golf I mit den bewährten Eigenschaften und dem eigenständigen Charakter des Golf		

2. Die oben angeführten Beispiele für Rechts-Linkserweiterungen zeigen:

■ Geht man vom spezifizierten bzw. präzisierten Nomen aus und verfolgt man die Erweiterung nach links, so endet sie mit einer Präposition oder einem Artikel (bzw. Nullartikel).

■ Geht man vom spezifizierten bzw. präzisierten Nomen aus und verfolgt man die Erweiterung nach rechts, so endet sie mit einem Verb (konjugiertes Verb, konjugiertes Hilfsverb, Partizip bzw. Infinitiv - je nach Wortstellung oder einem Satzzeichen (Punkt, Komma, Doppelpunkt etc.).

Es hilft bei der Erschließung, die spezifizierten und präzisierten Nomen und das Ende der Erweiterung zu markieren (z.B. mit einem senkrechten Strich: I). Will man sich die Bezüge innerhalb der Erweiterung klarmachen, so hilft es, die Wortgruppen, die mit einer Präposition beginnen und einem Substantiv enden, z.B. in eine runde Klammer zu setzen. Auf diese Weise wird die Satzkonstruktion deutlich.

Aufgabe 2
Nehmen Sie bei der Entschlüsselung der nebenstehenden Sätze folgende Techniken zu Hilfe:

Unterstreichen der spezifizierten und präzisierten Nomen

Markierung des Endes einer Erweiterung durch einen senkrechten Strich I

Setzen einer eckigen Klammer [ ] innerhalb einer Erweiterung um die Wortgruppe von einer Präposition bis zum nächsten Substantiv inklusive

Setzen einer runden Klammer ( ) innerhalb einer Erweiterung von einem Artikel bis zum nächsten Substantiv inklusive

Beispiel:
Rabatte sind <u>Preisanpassungen</u> [bei bestimmten Leistungen] (des Abnehmers) .

1. Unter Marke versteht man Namen, Zahlen, Symbole zur Identifizierung der Güter oder Dienstleistungen eines Anbieters am Markt.

2. „Bei Barzahlung innerhalb von 14 Tagen nach Erhalt der Ware gewähren wir 3% Skonto."

3. Will ein Unternehmen ein Produkt in einen bisher nicht bearbeiteten Markt einführen, so muß es Entscheidungen bezüglich der Beschaffenheit und Qualität des Produktes treffen.

4. 1958 baute Ingvar Kampard das erste Ikea-Möbelhaus zur Präsentation seiner Produkte.

5. Marktforschung erhebt Daten über das Einkommen der Bevölkerung.

6. Auf dem gesättigten und hart umkämpften Markt der Armbanduhren hat Swatch die Schweizer Qualitätsuhr mit sportlichem Design zu erschwinglichen Preisen innerhalb weniger Jahre zum Welterfolg geführt.

1.

Marketingmix

2.

Produktpolitik

alle Entscheidungen des Herstellers, die sich auf das Produkt als absatzpolitisches Instrument beziehen

Entwicklung und Einführung neuer Produkte

Strategie, mit neuen Produkten in neue Marktsegmente einzudringen

Entwicklung und Einführung von Varianten eines Produkts in den Markt

Strategie, das Produkt durch seine Gestaltung von Produkten der Konkurrenz abzusetzen

bewußte Beibehaltung bewährter Produkte

Herausnahme eines Produkts aus dem Markt

3.

**Welcher
Begriff paßt nicht
zu den anderen?**

a) **Artikel, Sortiment, Programmbreite**

b) **Produkt, Programm, Sortimentspolitik**

c) **Marke, Markenartikel, Gattungsnamen**

d) **Kundendienst, freiwillige Garantieleistung, Produkthaftung**

4.

Arten der Preisfestlegung	Merkmale
	vornehmliche Orientierung an den Herstellungskosten
	Orientierung an der Rendite
	Orientierung an den Preisen der Konkurrenz
	Orientierung an der Zahlungsbereitschaft des Kunden

5.

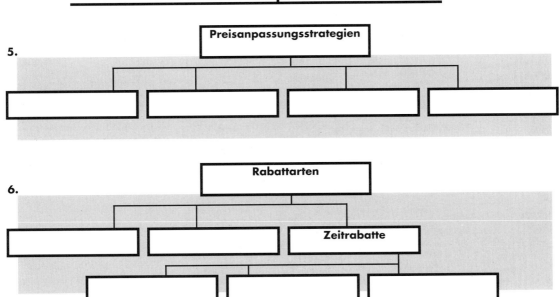

Preisanpassungsstrategien

6.

Rabattarten

Zeitrabatte

Das finden Sie in diesem Kapitel

Seite

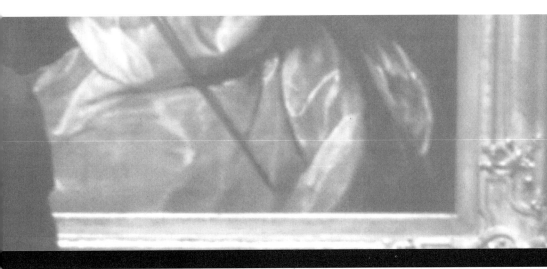

Wie kommt das Produkt zum Kunden?

Die Anfänge von Migros

Das Unternehmen begann damit, daß Gottlieb Duttweiler am 25. August 1925 fünf kleine, hochrädrige Fordlastwagen losschickte, um von ihnen aus Reis, Zucker, Teigwaren, Kokosfett, Kaffee und Seife anzubieten. Man gab regelrechte Fahrpläne - als Flugblatt - heraus, so daß die Kunden wußten, wann die Verkaufswagen durch ihr Wohngebiet fuhren. Da der Verkauf vom Wagen aus mit Preisvorteilen verbunden war, sahen die Kunden diese Distributionsform als vorteilhaft an.

Später arbeitete das Unternehmen als Genossenschaft. Aus der ursprünglichen Distributionsform ist ein konventionelles Netz mit über 300 Filialen entstanden, die heute den gleichen Umsatz haben wie die 30.000 Schweizer Einzelhandelsgeschäfte zusammen. An Orten, wo es keine Migros-Filialen gibt, fahren heute noch Verkaufswagen.

Aufgabe 1

Hat G. Duttweiler die folgenden Ziele der Distributionspolitik laut obigem Text verwirklicht? Arbeiten Sie mit Ihrem Nachbarn zusammen, und vergleichen Sie anschließend Ihre Arbeitsergebnisse im Plenum!

Für den Fall, daß die entsprechende Nachfrage vorhanden ist, ist es Ziel der Distributionspolitik bereitzustellen:

	ja	nein
das richtige Produkt		
zur richtigen Zeit		
im richtigen Zustand		
in der richtigen Menge		
am richtigen Ort		
bei optimalem Preis-Leistungsverhältnis		

Lexikon

direkter Absatz, der. o. Pl.	**Verkauf eines Produktes durch den Hersteller an den Endabnehmer**
indirekter Absatz, der, o. Pl.	**Verkauf eines Produktes an Betriebe, die es nicht selbst verwenden, sondern an andere weiterverkaufen**
Distributionspolitik, die, o.Pl.	**alle Entscheidungen und Handlungen, die im Zusammenhang mit dem Weg eines Produktes zum Endabnehmer anfallen**
Absatzkanal, der, ¨ e/ Vertriebskanal, der, ¨ e	**Gesamtheit der Unternehmen und/oder Einzelpersonen, die an der Übermittlung eines Produktes vom Hersteller zum Endabnehmer beteiligt sind**
Großhändler, der, -	**Glied im indirekten Absatz, das nicht an den Endabnehmer liefert**
Einzelhändler, der, -	**letztes Glied im Absatzkanal zwischen Hersteller und Endabnehmer**

Vom Hersteller zum Verbraucher

Die mittelständische Limonadenfabrik „Fröhliche Flasche" hat ihren Sitz in Kempten/Allgäu. Ihre Lastwagen beliefern Gaststätten, Kantinen, Kioske und Tankstellen sowie private Haushalte mit Limonade und Mineralwasser. Die Limonade der Fabrik ist in ganz Deutschland in bestimmten Supermärkten erhältlich.

System der Absatzkanäle

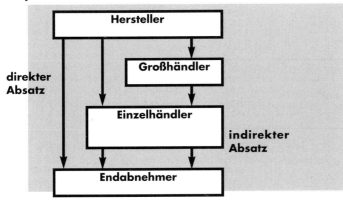

Aufgabe 2
Welche Absatzkanäle benutzt die Limonadenfabrik „Fröhliche Flasche"?

Aufgabe 3
Halten Sie es für denkbar, daß die Firma „Him-, Brumm- und Stachelbärchen GmbH" (Produkte: Gummibärchen und Weingummi) über das ganze Land verteilte Läden für ihre Produkte einrichtet?

Aufgabe 4
Die Firma Leihmann im Schwarzwald stellt u.a. Sprachlabors her und vertreibt sie weltweit. Die Labors werden gemäß den Wünschen produziert, die Kunden bezüglich der Größe, Leistungsfähigkeit, Integration anderer Medien etc. äußern. Der Verkaufserfolg von Leihmann ist vom direkten Kontakt zum Kunden, von persönlicher Beratung, Ersatzteillieferung, Wartung etc. abhängig.

Welche Absatzkanäle benutzt die Firma Leihmann Ihrer Ansicht nach?

Arbeiten Sie mit Ihrem Nachbarn zusammen, und vergleichen Sie anschließend Ihre Arbeitsergebnisse im Plenum!

_____

_____

Aufgabe 5

Großhändler

Einzelhändler

1 ▬▬▬▬▬
Der ASAV Apotheken Service beliefert die Apotheken im Raum Rosenheim mindestens einmal täglich mit Arzneimitteln.

_____

2 ▬▬▬▬▬
Helfried Schürer, Diessen, ist einer der ca. 1.900 Händler, die VW und Audi vertreiben. Daneben betreibt er eine V.A.G. Reparaturwerkstatt.

_____

Wie kommt das Produkt zum Kunden?

Welcome to Sainsbury's

Der britische Nahrungsmitteleinzelhandel gehört zu den erfolgreichsten der Welt.

Bis in die 70er Jahre waren britische Supermarktbetreiber kaum mehr als Regalbesitzer, die von den Herstellern völlig abhängig waren. Ende der 70er Jahre begann die britische Einzelhandelskette Tesco die 1868 gegründete Einzelhandelsfirma Sainsbury's mit Niedrigpreisen von Herstellermarken anzugreifen. Sainsbury's reagierte darauf mit intensiver Arbeit am Image seiner Produkte und der verstärkten Entwicklung von Eigenmarken (ca. 1000 neue Produkte pro Jahr): Neben der bekannten Qualität ihrer Produkte (Frische, Sauberkeit), setzte die Firma auf breite Auswahl (frischer Fisch vom Hering bis zum Hai, exotische Früchte, Eier von Freilandhühnern etc.), freundliche Bedienung, Komfort (Toiletten mit besonderer Ausstattung), benutzerfreundliche Öffnungszeiten, auch abends und sonntags, Parkmöglichkeiten, Tankmöglichkeiten, Taxistände etc.. Am Ende dieser Entwicklung hatten Tausende von Einzelhändlern, insbesondere kleinere Ladenbesitzer, aufgegeben. Der 180 Mrd. DM Nahrungsmittelmarkt ist heute fest in der Hand von fünf Handelsketten mit Tesco und Sainsbury's an der Spitze, die den Herstellern ihre Vorgaben diktieren. Heute leben 90 % der britischen Bevölkerung 10 Minuten von einer Tesco-Filiale entfernt, 73 % der Briten leben 15 Minuten von einer Sainsbury-Filiale entfernt.

Die großen Handelsketten sehen sich durch die harten Discounter nicht bedroht: Diese können in der Nähe von Sainsbury's einen Laden eröffnen, ohne die Einnahmen von Sainsbury's zu beeinflussen. Erster Discounter auf dem englischen Markt, der die Strategie von Tesco und Sainsbury's auf den Kopf stellte, war die deutsche Einzelhandelskette Aldi: Aldi verkauft sein schmales Sortiment in kleinen Läden mit niedriger Miete aus dem Karton zu einem extrem günstigen Preis ohne Service. Die Kunden stehen Schlange und können nur bar bezahlen.

Aufgabe 1
Alle folgenden Aussagen sind richtig. Gehen sie aus dem obigen Text hervor? Arbeiten Sie mit Ihrem Nachbarn zusammen, und vergleichen Sie anschließend Ihre Arbeitsergebnisse im Plenum!

	ja	nein
Im Einzelhandel gibt es Firmen unterschiedlicher Größenordnung		
Im Einzelhandel findet eine zunehmende Konzentration statt		
Im Einzelhandel werden Konsumgüter unterschiedlicher Art angeboten		
Einzelhandelsbetriebe vertreiben sowohl Massenware als auch gehobene Güter		
Verbraucher wählen Einzelhandelsgeschäfte nach unterschiedlichen Kriterien aus, z.B. Discounter für problemlose Produkte des täglichen Bedarfs oder Fachgeschäfte für gehobene Konsumgüter		
Supermärkte bieten ein breites Sortiment von Nahrungsmitteln und Gütern des täglichen Bedarfs größtteils in Selbstbedienung an		
Discounter bieten ein schmales Sortiment von problemlosen Gütern des täglichen Bedarfs in Selbstbedienung ohne Service an		

Umsätze in Mrd. DM in Industrie, Großhandel, Einzelhandel und Handwerk in der BRD

Jahr	Industrie	Großhandel	Einzelhandel	Handwerk
1960	266	186	88	81
1970	588	302	187	186
1980	1197	691	417	374
1990	1824	941	667	441

Aufgabe 2

In welcher Situation ist der Einzelhandel in Ihrem Land? Notieren Sie Stichpunkte! Arbeiten Sie möglichst mit einem Partner zusammen, und vergleichen Sie anschließend Ihre Arbeitsergebnisse im Plenum!

Betriebsformen des Einzelhandels

Im Einzelhandel gibt es verschiedene Betriebsformen, die sich in Größe, Sortiments- und Servicegestaltung sowie in der Preis- und Standortpolitik unterscheiden. Es entwickeln sich ständig neue Formen. In Deutschland, der Schweiz und Österreich vertretene Formen finden Sie in folgendem Lexikon:

Lexikon

Fachgeschäft, das, -e	**Einzelhandelsgeschäft mit schmaler Sortimentsbreite und hoher Sortimentstiefe mittlerer und hoher Qualität, persönlicher Bedienung und Beratung sowie Kundendienst (z.B. Fotogeschäft, Bekleidungsgeschäft, Buchhandlung etc.)**
Spezialgeschäft, das, -e	**Einzelhandelsgeschäft, das einen Ausschnitt aus dem Sortiment eines Fachgeschäftes bietet und ansonsten alle Merkmale eines Fachgeschäftes aufweist (z.B. Herrenübergrößenbekleidungsgeschäft, Jeansgeschäft etc.)**
Fachmarkt, der, ¨e	**Ladengeschäft mit großer Verkaufsfläche, das ein breites und tiefes Sortiment zu günstigen Preisen nach dem Selbstbedienungsprinzip anbietet, aber bei Bedarf auch qualifiziert berät (z.B. Elektro- oder Heimwerkermärkte)**
Supermarkt, der, ¨e	**Einzelhandelsgeschäft mit einer Verkaufsfläche von 400 - 1000 m^2, das Lebensmittel und Produkte des täglichen Bedarfs mittlerer Preis- und Qualitätsklasse überwiegend in Selbstbedienung anbietet**
Discountgeschäft, das, -e/ Discounter, der, -	**billig ausgestattetes Einzelhandelsgeschäft, das zu Niedrigpreisen ein stark begrenztes Sortiment problemloser Artikel in Selbstbedienung anbietet (z.B. Drogerieartikeldiscounter)**
Kaufhaus, das, ¨er	**Einzelhandelsgeschäft im Stadtzentrum mit großer Sortimentsbreite und -tiefe (ca. 100.000 bis 150.000 Artikel) von relativ hoher Qualität, überwiegend mit Bedienung und gutem Kundendienst**
Warenhaus, das, ¨er	**Kaufhaus mit Lebensmittelabteilung**
Verbrauchermarkt, der, ¨e	**Einzelhandelsgeschäft, das auf großer Verkaufsfläche (1.000 - 5.000m^2) ein warenhausartiges Sortiment zu Niedrigpreisen in Selbstbedienung vorwiegend in Stadtrandlage anbietet**
Filialbetrieb, der, -e/ Filialunternehmen, das, -	**zentral geführtes, wirtschaftlich und rechtlich einheitliches Unternehmen mit mehreren Verkaufsstellen, die Fachgeschäfte, Spezialgeschäfte, Supermärkte, Discountgeschäfte, Fachmärkte oder Verbrauchermärkte sein können**

Wie kommt das Produkt zum Kunden?

Aufgabe 3

Bitte bewerten Sie die in der folgenden Tabelle aufgeführten Einzelhandelstypen nach ihren Leistungsschwerpunkten mit den Werten „hoch" (3), „mittel" (2) und „niedrig" (1). Mehrere Lösungen sind möglich. Arbeiten Sie mit Ihrem Nachbarn zusammen, und vergleichen Sie anschließend Ihre Arbeitsergebnisse im Plenum!

Einzelhandels-typen / Leistungs-schwerpunkte	Fachge-schäft	Spezial-geschäft	Dis-counter	Waren-haus	Verbraucher-markt
Sortimentstiefe					
Sortimentsbreite					
Sortimentsniveau					
qualifiziertes Verkaufspersonal					
Preisniveau					

Aufgabe 4

Hier finden Sie Werbeaussagen verschiedener Einzelhandelsgeschäfte. Um welche Formen des Einzelhandels handelt es sich? Arbeiten Sie mit Ihrem Nachbarn zusammen, und vergleichen Sie anschließend Ihre Arbeitsergebnisse im Plenum!

1

„Alles für den Heimwerker! Qualität zu tollen Preisen! Zahlung in bequemen Monatsraten bei einem Kauf ab DM 698,-! Freies Parken!" massa, Bau- und Heimwerkermarkt über 60 x in Deutschland!

2

„Heißer Markt für kühle Rechner! Sommerschlußverkauf bis zum 8. August! Bis zu 50 % Reduktion in allen unseren Abteilungen! Französische Woche in unserer Lebensmittelabteilung!" Kaufhof AG

3

„Fröhliche Ostern! Zu unseren Dauertiefpreisen nun auch Schokoladenosterhasen à 100 g sfr. 0.95, Marzipaneier 25 Stck. à sfr. 7.95!" Denner D. St. Gallen

4

„Gesundes und Natürliches zum Essen, Trinken und Wohlfühlen!" Oberstdorfer Naturlädele

5

„Ein Schlemmerhimmel auf Erden! Heimische Käsesorten aus den Hochalpen!" Oberstdorfer Käsladen

6

„Die neuen Gartenmöbel sind da! Preisschlager bei Sonnenschirmen und Gartengrills! Ein Grund mehr, uns am nächsten verkaufsoffenen Samstag zu besuchen! Parkplätze und Kinderhort gratis! Autobahnabfahrt Erding an der Autobahn München-Nürnberg!" SB Heinzelmann

Einkaufen ohne Streß

Die Deutschen geben jährlich 30 Mrd. DM für Konsumgüter aus, ohne ein Geschäft zu betreten. Sie bestellen per Telephon oder Bestellkarte Waren, die sie aus einem Katalog oder in einer Fernsehsendung ausgewählt haben. Die Mehrheit sind Frauen - hier ist die Altersgruppe zwischen 20 und 29 am stärksten beteiligt (19%). Bei den Männern bedienen sich insbesondere Angestellte und Beamte dieser Einkaufsmöglichkeit (41%). Es wird gekauft:

	Mio./DM		Mio./DM
1. Unterwäsche, Nachtwäsche	3,73	12. Heimwerker-Geräte, Do it yourself	0,95
2. Kleider, Röcke usw.	3,53	13. Teppiche, Felle, Gardinen	0,89
3. Sport- und Freizeitbekleidung	2,62	14. Fernseher, Plattenspieler, Radio, Video	0,87
4. Kinderbekleidung	1,91	15. Lampen, Leuchten	0,85
5. Spielwaren	1,52	16. Porzellan, Bestecke, Gläser	0,81
6. Mäntel	1,40	17. Gartenmöbel, -geräte	0,73
7. Haushaltskleingeräte	1,37	18. Sportartikel	0,70
8. Haushaltsgroßgeräte	1,16	19. Fotoartikel	0,64
9. Sport-Schuhe	1,15	20. Möbel für die Wohnungseinrichtung	0,50
10. Anzüge, Sakkos usw.	1,09	21. Camping-Artikel	0,32
11. Uhren, Schmuck	1,08		

Basis: Verbraucheranalyse 1990, Sonderauswertung

	ja	nein
Aufgabe 5 Der Versandhandel ist eine wichtige Form des ladenlosen Einzelhandels		
Alle folgenden Aussagen sind richtig. Der Versandhandel bietet zunehmend günstige Zahlungs- und Lieferbedingungen		
Gehen sie aus dem obigen Der Versandhandel hat das Image eines günstigen Anbieters, da er seine Preise in der Regel ein halbes Jahr konstant hält und über Kataloge vergleichbar macht		
Text hervor? Damenoberkleidung ist einer der wichtigsten Umsatzträger des Versandhandels		
Haushaltsgroßgeräte haben einen wichtigen Anteil am Umsatz des Versandhandels		

Wie kommt das Produkt zum Kunden?

Aufgabe 6
Im folgenden finden Sie Werbeaussagen von Einzelhandelsunternehmen. Welche Verkaufsmethoden praktizieren sie? Nehmen Sie das untenstehende Lexikon zu Hilfe! Arbeiten Sie mit Ihrem Nachbarn zusammmen, und vergleichen Sie anschließend Ihre Arbeitsergebnisse im Plenum!

1

„Frische + Genuß tiefgekühlt direkt ins Haus" bofrost* Vertriebs-GmbH & Co KG, Niederlassung Kempten

2

„Neckermann macht's möglich! Bestellen Sie den neuen Katalog! Interessante Angebote auf über 200 Seiten!" Neckermann

3

„Nach Ladenschluß bedienen Sie sich bitte an unserem Automaten um die Ecke!" Bahnhofshandlung Mayer

4

„So bestellen Sie: per Telefon: 05732/898130, per Telefax: 0572381722. Wir liefern per Spedition direkt in Ihre Wohnung. Bezahlen Sie erst bei der Lieferung. Und zwar in bar oder mit Euroscheck (keine Kreditkarten oder andere Schecks). IKEA

Lexikon

Haus-zu-Haus-Verkauf, der, o. Pl./ Heimdienst, der, o.Pl.	Verkaufsmethode, bei der private Haushalte im regelmäßigen Turnus beliefert werden (z.B. Getränke, Tiefkühlkost)
Automatenverkauf, der, o.Pl.	Verkaufsmethode im Einzelhandel, insbesondere von Zigaretten, Süßigkeiten, Getränken an Bahnhöfen, Tankstellen, Sportplätzen etc.
Versandhandel, der, o.Pl.	Verkaufsmethode, bei der Waren mittels Katalogen, Prospekten, Anzeigen oder Werbespots im Fernsehen etc. angeboten und dem Käufer auf dem Postweg oder durch Paketzustellung zugesandt werden
ladenloser Einzelhandel, der, o.Pl.	Betriebsform des Einzelhandels ohne Ladengeschäft wie z.B. Heimdienst, Automatenverkauf etc.

Der deutsche Großhandel

1990 gab es in der Bundesrepublik Deutschland 38.000 Großhandelsunternehmen mit mehr als 1 Mio DM Umsatz pro Jahr und 60.000 Großhandelsunternehmen mit weniger als 1 Mio DM Umsatz jährlich. 1983 waren es noch insgesamt 113.000 Großhandelsbetriebe gewesen. Die großen Großhandelsbetriebe erwirtschafteten 1990 einen Umsatz von 927 Mrd. DM, die kleinen einen Umsatz von ca. 30 Mrd. Die großen beschäftigten 1,03 Mio. Mitarbeiter. Die Anzahl der kleinen Betriebe sinkt, während der Umsatzanteil der großen Betriebe steigt, eine Tendenz, die sich im EU-Binnenmarkt fortsetzen wird.

Die Betriebsformen lassen sich nach den geführten Waren unterteilen in

■ Sortimentsgroßhandlungen ■ Spezialgroßhandlungen

nach der Art des durchgeführten Transports in

■ Auslieferungsgroßhandlungen ■ Abholgroßhandlungen ■ Versandgroßhandlungen.

Aufgabe 1

Bestimmen Sie mit Hilfe des Lexikons, welche Formen des Großhandels hier angesprochen werden! Arbeiten Sie mit Ihrem Nachbarn zusammen, und vergleichen Sie anschließend Ihre Arbeitsergebnisse im Plenum!

1

kein Transport

2

geringe Sortimentsbreite und große Sortimentstiefe

3

große Sortimentsbreite und geringe Sortimentstiefe

4

Lagerung und Transport

Lexikon

Liefergroßhandel, der, o. Pl./ Zustellgroßhandel, der, o. Pl.	**Großhandel, der Waren auf Bestellung an Einzelhändler oder Weiterverarbeiter anliefert**
Sortimentsgroßhandel der, o.Pl.	**Großhandel, der ein breites und flaches Sortiment führt**
Spezialgroßhandel, der, o.Pl.	**Großhandel, der ein tiefes Sortiment führt**
Abholgroßhandel, der, o. Pl./ cash & carry-Großhandel, o. Pl.	**Großhandel, der nach dem Prinzip der Selbstbedienung und Selbstabholung arbeitet**
Versandgroßhandel, der, o. Pl.	**Großhandel, der dem Kunden die Ware über Katalog anbietet und z.B. per Post zustellt**

Wie kommt das Produkt zum Kunden?

Von Tübingen nach Japan - deutsche Holzblasinstrumente

Das Familienunternehmen Hans Kreul, Tübingen, stellt hochwertige Holzblasinstrumente her (Klarinetten, Englischhörner, Oboen, Oboen d'amore). Nach einer positiven Geschäftsentwicklung in den fünfziger und sechziger Jahren waren in den siebziger Jahren Inlandsgeschäft und Export (vormals in die USA, nach Skandinavien, Holland und Österreich) rückläufig. Um langfristig Absatzchancen zu sichern, galt es, bestehende Exportmärkte zu pflegen und neue zu erschließen. Es wurde ein Exportvolumen von 50% angestrebt (bis dato 20%).

Der Holzbläserhersteller besorgte sich über die deutschen Außenhandelskammern Adressen von Instrumentenimporteuren in den Zielländern und schrieb diese meist in der Landessprache an. Die Antwortschreiben machten deutlich, daß Lateinamerika für den Export wegen der hohen Einführzölle ausschied. Kreul besorgte sich zusätzlich Marktstudien über die Bundesstelle für Außenhandelsinformationen (BfAI) in Köln. Danach beschickte das Familienunternehmen zum ersten Mal eine Messe, nämlich die international wichtigste Musikmesse in Frankfurt. Dort kam es zu ersten Kontakten mit neuen ausländischen Interessenten. Anschließend nahm das Unternehmen über den Fachverband an der deutschen Musikmesse in Japan teil. Trotz großen Interesses japanischer Künstler kamen keine Abschlüsse zustande. Dennoch beschickte Kreul eine weitere internationale Musikmesse in Frankfurt. Hier stellte sich heraus, daß sich ein namhafter japanischer Instrumentenimporteur mit den Produkten von Kreul auseinandergesetzt hatte. Er sagte Kreul seine Unterstützung bei der Beschickung der nächsten deutschen Musikmesse in Japan zu. Während dieser Messe wurde über einen Exklusivimportvertrag gesprochen. Kreul informierte sich daraufhin über seinen potentiellen Importeur bei der deutsch-japanischen Handelskammer und bei befreundeten Firmen.

Auf der nächsten internationalen Musikmesse in Frankfurt kam es zum Vertragsabschluß, nachdem der japanische Importeur eine Studie vorgelegt hatte, auf welche Weise Instrumente der deutschen Firma langfristig in den japanischen Markt eingeführt und dort etabliert werden konnten. Nach vierjähriger Zusammenarbeit ist der japanische Markt der größte Exportmarkt der Firma Kreul.

Aufgabe 1 Alle folgenden Informationen sind richtig. Können Sie sie dem obigen Text entnehmen? Arbeiten Sie mit Ihrem Nachbarn zusammen, und vergleichen Sie anschließend Ihre Arbeitsergebnisse im Plenum!		ja	nein
	Firmen, die exportieren wollen, informieren sich über potentielle Importeure bei befreundeten Firmen, Beratungsfirmen oder bei bereits vorhandenen Kunden		
	Firmen, die exportieren wollen, erhalten Informationen bei den Botschaften ihres Landes im Ausland, Außenhandelskammern oder Handelsmissionen		
	Firmen besuchen Messen, um Kontakte zu Kunden oder Vermittlern zu knüpfen bzw. ihre Produkte zu verkaufen		
	Importeure können verschiedene Firmen vertreten		
	Firmen können ihre Angestellten zum Verkauf ihrer Produkte ins Ausland schicken		
	Hersteller können im Ausland Firmen gründen, die ihre Produkte vertreiben		

Lexikon

Verkaufsniederlassung, die, -en	rechtlich unselbständiger Betrieb des Herstellers, der als Großhandels- oder Einzelhandelsbetrieb die Produkte des Herstellers anbietet
Reisende, der, -n	Angestellter, der die Aufgabe hat, für seine Firma Kunden zu akquirieren und mit ihnen Geschäfte abzuschließen
Handelsvertreter, der, - /Vertreter, der, -	selbständiger Gewerbetreibender, der gegen Vergütung (Provision) für einen anderen Unternehmer Geschäfte vermittelt oder abschließt, ohne Eigentümer der Ware zu werden
Generalvertreter, der, -	Handelsvertreter, der den Hersteller in einer bestimmten Region vertritt (Staat, Land etc.), diese Region aber nicht allein bearbeitet, sondern damit Untervertreter beauftragt
Makler, der, -	selbständiger Gewerbetreibender, der im allgemeinen gegen Provision seitens des Auftraggebers Käufer und Verkäufer zusammenführt und bei den Vertragsverhandlungen mitwirkt, wobei er die Interessen beider Parteien zu wahren hat
Kommissionär, der, -e	selbständiger Gewerbetreibender, der gegen Kommission für einen Käufer oder Verkäufer im eigenen Namen für Rechnung seines Auftraggebers Verträge abschließt, ohne daß die Ware in sein Eigentum übergeht
Vertriebspartner, der, -	Großhändler, Handelsvertreter, Makler, Kommissionär, Vertragshändler etc.
Absatzhelfer, der, -	Handelsvertreter, Makler, Kommissionär
Absatzmittler, der, -	Großhändler, Einzelhändler
Messe, die, -n	Marktveranstaltung, die ein umfassendes Angebot eines oder mehrerer Wirtschaftszweige bietet, in regelmäßigen Abständen am gleichen Ort stattfindet, von Fachbesuchern besucht wird und wo aufgrund von Mustern verkauft wird

Wie kommt das Produkt zum Kunden?

Aufgabe 2
Bitte entscheiden Sie mit Ihrem Nachbarn zusammen, welche der auf S.137 genannten Absatzmittler in den folgenden Anzeigen jeweils gemeint sind!
Vergleichen Sie anschließend Ihre Arbeitsergebnisse im Plenum!

1
„Im Zuge unserer Aktivitäten besetzen wir die Position „Leiter des Büros Berlin". Sie tragen die Gesamtverantworung für die technischen und kaufmännischen Belange". Josef Schmitz, Technische Gebäudeausrüstung GmbH, Köln

2
„Dipl. Ing., 32 J., seit 5 Jahren vertriebserfahren im Investitionsgüterbereich, Partner führender Hersteller, will seinen Tätigkeitkeitsbereich erweitern". 07531/12512

3
„Wir suchen für unsere Wohnanlage (250 Einheiten) im Zentrum Hamburgs eine leistungsstarke Vertriebsorganisation". Neues Heim - Wohnbau GmbH

4
„Führendes deutsches Automobilunternehmen sucht für seinen expandierenden Markt in Ägypten erfahrenen sales manager".

5
„Wir, Aufsteiger in Sachen Eßplatzgruppen, suchen für das Verkaufsgebiet Oberschwaben/Nordschweiz einen Außendienstmitarbeiter. Unser leistungsorientiertes Provisionssystem „Klingende Münze" sichert Ihnen - ergänzt durch ein angemessenes Grundgehalt - ein überdurchschnittliches Einkommen."

6

Traumhaftes Ferienhaus in Österreich
für Deutsche erwerbbar
in ruhigem Hochtal, neben Skilift,
ca. 12 km zur dt. Grenze.
Wohnfl. ca 200 m2, Hallenbad,
Sauna, gehobene Ausstattung.
Besichtigung jederzeit mögl.
DM 1.5 Mio.
zzgl. 3% Vermittlungsprovision
Zuschriften erbeten
unter 4256695 an
die Frankfurter Allgemeine,
Postfach 10 08 08,
60267 Frankfurt

Aufgabe 3
Entscheiden Sie aufgrund der Angabe der Vor- und Nachteile bei zwei verschiedenen Typen der oben angegebenen Absatzmittler, um welche Absatzmittler es sich handelt!

Vertreter

Reisender

schlechte Steuerbarkeit	streng weisungsgebunden und gut steuerbar
eher hohe Motivation Interessenkonflikt durch Verkauf von Produkten mehrerer Hersteller	oft schwächere Motivation
	kein Interessenkonflikt
Übernahme weiterer Leistungen, z.B. Transport	keine weiteren Leistungen

Besser heute neue Techniken aufgreifen als morgen Däumchen drehen

Jetzt mal ehrlich: Wie alt sind Ihre ältesten Produkte? Zwei, drei oder vielleicht sogar fünf Jahre? Technische Entwicklungen verlieren schnell an Kraft, denn immer kürzere Innovationszyklen bestimmen den Wettbewerb. Wer da nicht auf dem laufenden bleibt, ist schnell aus dem Rennen. Die HANNOVER MESSE '93 mit dem weltgrößten Angebot an industriellen Techniken bietet den nötigen Informationsvorsprung gleich in mehreren Technologiebereichen. Über 6000 Aussteller aus 50 Ländern zeigen, was morgen den Markt bestimmt. Jetzt sind Sie dran – es sei denn, Sie wollen in Zukunft nicht mehr so aktiv sein.

Automatisierungs-technik	Antriebstechnik und Fluidtechnik
Elektrische Energietechnik	Energie- und Umwelttechnik
Gebäudetechnik	Lichttechnik
Anlagenbau und Werkstoffe	Werkzeuge und Betriebsausrüstung
Zulieferteile und -komponenten	Forschung und Technologie

Die größte Industriemesse der Welt

HANNOVER MESSE '93

21.–28. APRIL

Weitere Informationen:
Deutsche Messe AG, Messegelände, D-3000 Hannover 82, Telefon (05 11) 89-0, Telex 922728, Telefax (05 11) 89-3 26 26, Btx ✳ 30143 #

Aufgabe 4
Alle folgenden Informationen sind richtig. Können Sie sie dem Text S.139 entnehmen? Arbeiten Sie mit Ihrem Nachbarn zusammen, und vergleichen Sie anschließend Ihre Arbeitsergebnisse im Plenum!

	ja	nein
Deutschland ist ein wichtiges Messeland		
Weltweit gibt es 2.000 Messen, davon werden ca. 900 in Deutschland abgehalten. Auf deutschen Messen stellen rund 80.000 Hersteller für ca. 7 Mio. Besucher aus		
Veranstalter von Messen werben mit Ausstellungsfläche, Anzahl und Herkunft der Aussteller und Anzahl der Besucher		
Die erste Messe im heutigen Sinn, auf der man Waren nicht im Original, sondern nach Mustern kaufte, fand 1890 in Leipzig statt		
Zu den wichtigsten deutschen Messestädten zählen Leipzig, Hannover, Frankfurt, Berlin, Köln, Düsseldorf und München		
Messen dienen der Information von Kunden und Herstellern, der Kontaktaufnahme und dem Verkauf		
Messen haben im Investitionsgüterbereich eine besonders wichtige Funktion		

Lexikon

Ausstellung, die, -en	**Marktveranstaltung, die der Information der Allgemeinheit für bestimmte Wirtschaftsräume oder -probleme, aber auch dem Verkauf dienen kann**
Börse, die, -n	**Marktveranstaltung, die an einem bestimmten Ort für bestimmte Zeit stattfindet und auf der nach einer fest vereinbarten Ordnung Handelsgeschäfte abgeschlossen werden (z.B. Warenbörsen für Kaffee, Baumwolle etc., Devisenbörsen, Aktienbörsen)**
Auktion, die, -en	**Marktveranstaltung, die unter einer einheitlichen Leitung steht und bei der Waren im öffentlichen Bieteverfahren an den Meistbietenden verkauft werden (z.B. Antiquitäten)**

Aufgabe 5
Um welche Form der Marktveranstaltung handelt es sich bei den folgenden Praxisfällen?

Messe

   Börse

Auktion

   Ausstellung

1 ━━━━━━━━━━━━━
In Sevilla wurden im Rahmen der Expo '92 Produkte, Objekte, Shows und Kulturveranstaltungen aus aller Welt gezeigt.

2 ━━━━━━━━━━━━━
Christie's versteigert in London, Hamburg und anderen Städten Kunstgegenstände.

3 ━━━━━━━━━━━━━
Die IGEDO findet zweimal jährlich, jeweils im März und September in Düsseldorf statt und bietet Informationen über neue Produkte, Preise, Liefer- und Zahlungsbedingungen etc. in der Modebranche.

4 ━━━━━━━━━━━━━
In Bremen werden Baumwolle, in Hamburg Kaffee und Zucker, in Yokohama Seide und in Rotterdam Sonnenblumen- und Sojaöl gehandelt. Dabei werden Preise für die entsprechenden Waren gebildet, die auch anderswo richtungsweisend sind.

Aufgabe 6
Notieren Sie je ein Beispiel aus Ihrem oder einem anderen Land für eine Form der oben genannten Marktveranstaltungen!

Aufgabe 7
Welche Bedeutung haben Messen und Austellungen in Ihrem Land?
Arbeiten Sie mit Ihrem Nachbarn zusammen, und vergleichen Sie anschließend Ihre Arbeitsergebnisse im Plenum!

Wie kommt das Produkt zum Kunden?

Deutsches Bier im Reich der Mitte

Die Hamburger Holsten-Brauerei expandiert nach China: Sie hat mit der Jilin Songyuan Food Industry Co. einen Lizenzvertrag geschlossen. Danach produziert die Jilin Songyuan Food Company neben der Eigenmarke Holsten Bier nach dem deutschen Reinheitsgebot, sobald die chinesische Brauerei ihre derzeitige Kapazität von 700 000 Hektoliter auf eine Million erweitert hat.

Die Volksrepublik China ist nach Deutschland der zweitgrößte Bierproduzent der Welt.

Holsten hat mit diesem Vertrag seinen 7. Lizenzpartner weltweit gewonnen. Das Lizenzgeschäft verlief für Holsten in den letzten Jahren unterschiedlich: Wachstum auf den afrikanischen Märkten (Nigeria, Namibia), Stagnation in Großbritannien und China.

Aufgabe 1
Alle folgenden Aussagen sind richtig. Gehen sie aus dem obigen Text hervor? Arbeiten Sie mit Ihrem Nachbarn zusammen, und vergleichen Sie anschließend Ihre Arbeitsergebnisse im Plenum!

	ja	nein
Eine Lizenz ist die Überlassung eines Rechts (z.B. an Erfindungen, Herstellungsverfahren, Markennamen, Marketingstrategien etc.) an Dritte		
Zwischen Lizenz-Geber und Lizenz-Nehmer wird ein Lizenzvertrag geschlossen		
Für die Lizenzvergabe wird ein Entgelt bezahlt, das sich am Umsatz orientieren kann		
Lizenzvergabe kann das Ziel haben, neue Märkte mit geringen finanziellen Mitteln zu erschließen		
Lizenzvergabe kann Überwindung von Schutzzöllen zum Ziel haben		
Zielgruppen bei der Lizenzvergabe sind Unternehmen, die über einschlägiges Know-how und eine entsprechende Marktposition verfügen		
Bei der Lizenzvergabe erwirbt der Hersteller keinen eigenen Marktanteil und keinen Namen im Markt		

Franchise-Wirtschaft im Aufwind

Franchise im heutigen Sinne entwickelte sich in den Nachkriegsjahren in den USA. Einer der Pioniere des Franchise-Geschäfts war McDonald's, der seine Restaurantkette dadurch erweiterte, daß er mit selbständigen Unternehmen Kooperationsverträge abschloß. Danach konnten die Franchise-Nehmer Restaurants mit der McDonald's Produktpalette nach dem McDonald's Marketing-Konzept aufbauen. Bedingung dafür war die Zahlung einer Eintrittsgebühr, Kaution, Lizenzgebühr und Schulung.

Seitdem hat die Franchise-Wirtschaft ständig an Bedeutung gewonnen. 1988 gab es z.B. in den USA 2380 Systeme mit 368.450 Partnerbetrieben und einem Umsatz von 190 Mrd. $, in Deutschland gab es zur gleichen Zeit 180 Systeme mit 9.500 Partnerbetrieben mit einem Umsatz von 5,7 Mrd. $. 1993 stieg die Zahl der Franchise-Nehmer in Deutschland um 24%, stark daran beteiligt waren Unternehmen in den neuen Bundesländern.

	ja	nein
Der Franchise-Nehmer ist ein selbständiger Unternehmer, der mit eigenem Kapitaleinsatz Waren oder Dienste unter dem Marketingkonzept des Franchise-Gebers in einem bestimmten Gebiet anbietet		
Der Franchise-Nehmer nimmt am Know-how und dem Marketingkonzept des Franchise-Gebers teil		
Der Franchise-Nehmer hält sich an das vom Franchise-Geber vorgegebene Preisniveau		
Franchiseverträge sind auf längere Dauer ausgelegt		
Franchise-Wirtschaft ist national und international anzutreffen		
Die Franchise-Wirtschaft hat insbesondere in Osteuropa Chancen		

Aufgabe 2

Alle folgenden Informationen sind richtig. Können Sie sie dem Text zur Franchise-Wirtschaft entnehmen? Arbeiten Sie mit Ihrem Nachbarn zusammen, und vergleichen Sie anschließend Ihre Arbeitsergebnisse im Plenum!

Aufgabe 3

Lizenz
Franchising

1

VW/Audi vertreibt seine Kraftfahrzeuge über 1.900 selbständige Vertragshändler, die ein einheitliches Image aufweisen und einen einheitlichen Service anbieten.

2

Der Langenscheidt-Verlag hat die Nutzungsrechte an seinem Deutschlehrwerk „Deutsch konkret" einem polnischen Verlag überlassen.

Aufgabe 4

Welche Bedeutung hat Franchising in Ihrem Land? Arbeiten Sie möglichst mit einem Kollegen zusammen, und informieren Sie das Plenum.

3

Es gibt weltweit 120 Boss-Shops (Herrenbekleidung), die nicht der Hugo Boss AG gehören, aber vertragsgemäß in ihrem jeweiligen Gebiet Boss-Produkte verkaufen.

Lexikon

Lizenz, die, -en	**Berechtigung zur Nutzung von Erfindungen, Warenzeichen, Copyrights, technischem Know-how etc. gegen Entgelt**
Franchising, das, o. Pl.	**Vertriebs- und Lizenzsystem, bei dem der Gründer (Franchise-Geber) seinem Partner (Franchise-Nehmer) eine Lizenz verkauft, die den Franchise-Nehmer dazu verpflichtet, rechtlich selbständig den Artikel des Franchise-Gebers original zu produzieren bzw. zu vertreiben**

Wie soll das Produkt kommuniziert werden ?

Apple gegen IBM

Apple Computer, einer der Pioniere auf dem PC-Markt in den siebziger Jahren, verlor mit dem Eintritt von IBM in diesen Markt seine führende Stellung: 1983 war der Marktanteil von Apple auf unter 20 % gesunken und der von IBM auf über 30 % gestiegen. Die Produktlinie Apple II lief aus, die Nachfolgemodelle Apple III und Lisa erwiesen sich als Versager.

In dieser Situation beschloß Apple, anstelle eines IBM-kompatiblen Computers einen bedienungsfreundlichen, leistungsstarken PC mit großer Fähigkeit zu graphischer Datenerstellung zu produzieren (Macintosh) und den Macintosh als Alternative zu IBM-kompatiblen PCs zu positionieren.

Apple errichtete eine neue überregionale Verkaufsorganisation für Großunternehmen und reorganisierte seinen Verkaufsaußendienst für über 2.000 Einzelhändler. Im Zuge der Absatzförderung ermöglichte es Apple den Kunden, den Macintosh für 24 Stunden auszuleihen, damit diese sich selbst davon überzeugen konnten, daß man die Bedienung eines Macintosh über Nacht erlernen könne. Gleichzeitig startete Apple eine groß angelegte Anzeigenaktion mit klaren Illustrationen und verständlichem, genauem Text, für die das Unternehmen im 1. Jahr über 100 Mio. $ ausgab.

Der Erfolg stellte sich ein: 1984 verkaufte Apple 383.000 PCs für 1,5 Mrd. $, was einen Zuwachs von 50% gegenüber 1983 bedeutete.

Aufgabe 1
Alle folgenden Informationen sind richtig. Gehen sie aus dem obigen Text hervor? Arbeiten Sie mit Ihrem Nachbarn zusammen, und vergleichen Sie anschließend Ihre Arbeitsergebnisse im Plenum!

	ja	nein
Apple steigerte seinen Anteil am PC-Markt durch Produktinnovation		
Apple erzielte am PC-Markt Erfolge mit persönlichem Verkauf		
Apple förderte den PC-Absatz, indem es die Kunden den neuen PC zu Hause ausprobieren ließ		
Apple förderte den Absatz der neuen PCs durch ein aufwendiges, vielseitiges Informationsprogramm		
Apple förderte den Absatz des neuen PC durch Repräsentanz auf Ausstellungen und durch Sponsoring		

Aufgabe 2
Um welches Element des Kommunikationsmixes handelt es sich jeweils bei den folgenden Beispielen? Nehmen Sie das Lexikon auf S.145 zu Hilfe. Arbeiten Sie mit Ihrem Nachbarn zusammen, und vergleichen Sie anschließend die Arbeitsergebnisse im Plenum!

Anzeigen in Fachzeitschriften - _____

Vertreterbesuche - _____

Inzahlungnahme gebrauchter Ware - _____

Messeverkauf - _____

Mercedes-Cup im Tennis - _____

Pressekonferenzen - _____

Plakate - _____

Volvo-World-Cup-Turnier der

Springreiter - _____

Heiliger Bic Mac

Hungrigen Pilgern wird in der mittelalterlichen Kathedrale von Salisbury in Südengland seit neuestem nicht nur geistige Nahrung aufgetischt. Nach einer Verbrüderungsaktion des Kirchenvorstands mit dem ortsansässigen McDonald's-Pächter bekommen Besucher in der Kathedrale eine vom Schnellbrater finanzierte Pergamentrolle zur Erinnerung an ihre Visite, zusammen mit einem McDonald's-Gutschein für verbilligtes Fast-food-Schlemmen. Ein Teil des Erlöses fließt in den Renovierungsfonds für das hinfällige Gotteshaus. Kritik an der unheiligen Allianz bügelt Brigadier Christopher Owen, Vorsteher des Domkapitels, als „snobistisch" ab. Die Kathedrale sei für „Hunderttausende eine Quelle der Inspiration". Ein bißchen „ehrenhafte Kommerzialisierung" könne da nicht schaden.

Der Spiegel

Beispiel für:

Lexikon	
Werbung, die, o. Pl.	**jede Form der nicht-persönlichen Präsentation und Förderung von Ideen und Leistungen durch einen Auftraggeber**
Verkaufsförderung, die, o. Pl./ Sales Promotion	**kurzfristige Anreize, die den Absatz fördern sollen, wie z.B. Preisausschreiben, Verteilung kostenloser Proben, Gutscheine etc.**
Öffentlichkeitsarbeit, die, o. Pl./ Public Relations/PR	**Maßnahmen, um auf indirektem Weg das Image eines Unternehmens und seiner Produkte, einer Branche, einer Institution, einer Stadt, einer Region oder eines Staates zu fördern, z.B. Anzeigen, TV-Spots, Spenden, Sponsoring, Einrichtung von Stiftungen etc.**
Sponsoring, das, o. Pl.	**Zuwendung von Finanz-, Sach- und Dienstleistungen durch Unternehmen an Einzelpersonen, Personengruppen, Organisationen bzw. Institutionen (Sportverbände, Kulturveranstalter, humanitäre Hilfsorganisationen etc.) gegen Gewährung von Rechten zur kommunikativen Nutzung**
persönlicher Verkauf, der, o. Pl./ Personal Selling	**Verkauf mit individueller Beratung und Betreuung des Kunden seitens des Verkäufers wie z.B. Telefonverkauf, Verkauf auf Fachmessen, an der Haustür etc.**

Wie soll das Produkt kommuniziert werden ?

Aufgabe 3
Die Graphik zeigt die relative Wichtigkeit der Elemente des Kommunikationsmixes für die Konsum- und Investitionsgüterindustrie. Welche Graphik gilt für welchen Produktbereich? Arbeiten Sie mit Ihrem Nachbarn zusammen, und vergleichen Sie anschließend Ihre Arbeitsergebnisse im Plenum!

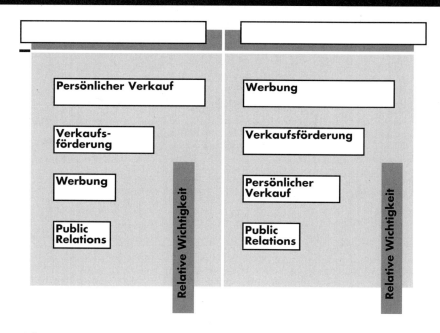

Persönlicher Verkauf	Werbung
Verkaufsförderung	Verkaufsförderung
Werbung	Persönlicher Verkauf
Public Relations	Public Relations

Relative Wichtigkeit

Relative Wichtigkeit

Aufgabe 4

Public Relations

Sponsoring

1 ━━━━━━━━━━━━━━━━━━━━
IBM und die Deutsche Bank fördern Projekte des World Wide Fund of Nature (WWF).

2 ━━━━━━━━━━━━━━━━━━━━
„Wir haben Ihre Zukunft im Visier! Typisch Mecklenburg-Vorpommern Info-Line 0385/83604".

3 ━━━━━━━━━━━━━━━━━━━━
„Wir haben das Rad neu erfunden! Denn welches Verkehrsmittel ist so agil, wendig und umweltfreundlich? Bei 700.000 Briefträgerkilometern täglich macht es sich schon positiv bemerkbar, wenn ein großer Teil dieser Strecke per Rad zurückgelegt wird!"
Postdienst
Deutsche Post AG

Aufgabe 5
Welche Rolle spielen Public Relations und Sponsoring in Ihrem Land?
Arbeiten Sie mit Ihrem Nachbarn zusammen,
und vergleichen Sie anschließend Ihre Arbeitsergebnisse im Plenum!

Stretch level
Eye level
Hand level
Hand level
Bend level
Bend level

Gianni Schicchi's Erfolg im Supermarkt bedroht

Die Firma Gianni Schicchi, Mantua, stellt fest, daß der Absatz ihrer hochpreisigen Teigwaren in der deutschen Supermarktkette „Minus" stark rückläufig ist. Bei der Überprüfung der Ursachen stellt der Außendienstleiter u.a. fest, daß die Edelteigwaren in den Regalen von „Minus" nicht mehr in Augenzone plaziert sind, sondern im untersten Regalfach (Bückzone) angeboten werden. Da der Vertrag mit „Minus" noch gültig ist, besteht die Firma darauf, daß die Teigwaren wieder in Augenzone plaziert werden, ist sich aber auch im Klaren darüber, daß diese Maßnahme allein vermutlich nicht ausreicht, um die alten Umsatzzahlen zu erreichen. Der Außendienstleiter überlegt, welchen der folgenden Maßnahmen der Verkaufsförderung er den Vorzug geben soll:

- Durchführung einer italienischen Woche in Zusammenarbeit mit dem Feinkostexporteur „Rossini"
- Einsatz von Hostessen, die kostenlos Proben von Nudelgerichten und Kochrezepte verteilen
- Sonderangebote in Bodenaufstellern
- Gewinnspiele mit einem Wochenendaufenthalt in Mantua für zwei Personen als Preis
- Beipack von Bildchen italienischer Fußballstars
- Aufdruck der Vorsilbe „Bio" vor dem Namen der Teigwaren auf allen Packungen

Aufgabe 6
Welche Maßnahmen würden Sie anstelle der Firma Gianni Schicchi ergreifen? Arbeiten Sie mit Ihrem Nachbarn zusammen, und vergleichen Sie anschließend Ihre Arbeitsergebnisse im Plenum!

Aufgabe 7
Welche Verkaufsförderungsmaßnahmen gehen aus den Texten über IKEA (S.81) und Sainsbury's (S.130) hervor? Arbeiten Sie mit Ihrem Nachbarn zusammen, und vergleichen Sie anschließend Ihre Arbeitsergebnisse im Plenum!

Aufgabe 8
Sie haben ein Marketing-Konzept für den Absatz von Urlaubsreisen für Deutsche in Ihrem Land entwickelt (vgl. S.91). Welche Verkaufsförderungsmaßnahmen empfehlen Sie in diesem Zusammenhang?

Arbeiten Sie mit Ihrem Nachbarn zusammen, und vergleichen Sie anschließend die Arbeitsergebnisse im Plenum!

Wie soll das Produkt kommuniziert werden ?

Der Golf II

Der Golf II (vgl. S.114) kam im September 1983 auf den Markt.

VW versuchte u.a., den neuen Golf und seine Verbesserungen schnell bekanntzumachen, das Golf-Image der Qualität und Zuverlässigkeit zu bestätigen und zu aktualisieren und die Preisanhebung gegenüber dem Golf I zu rechtfertigen.

VW richtet seine Werbung für den Golf II vornehmlich an kinderlose Angestellte, Arbeiter mit einem Nettoeinkommen von über 3.000 DM pro Monat und einem Durchschnittsalter von 42 Jahren und einer modern fortschrittlichen Einstellung sowie an Rentner.

VW bediente sich folgender Mittel:

Händlerbezogene Kommunikation	Konsumentenbezogene Kommunikation
I Verkaufsförderungs- und Schulungs-veranstaltungen II Händlerwerbung (Printmedien, PR-Veran-staltungen) III Werbung des Händlers gegenüber Kunden (Aktionswerbung)	I PR-Programme (Kongresse und Präsentationen) II Konsumentenwerbung (Printmedien, Fernsehen) III Direktwerbung (VIP-Adressen, Vorbesitzer-Mailing)

VW hob bei der Werbung auf folgende Inhalte ab:
- Beibehaltung der Qualität
- Erhalt des Golf-Image
- Konsequente Weiterentwicklung der technischen Eigenschaften des Golf

Einer der Werbeslogans von VW war: Endlich ein Auto, das den Golf schlägt.

Das Kommunikationsprogramm von VW für den Golf II umfaßte die Punkte Festlegung eines Werbebudgets, Ausgrenzung einer Zielgruppe, Festlegung der Werbeziele, Festlegung einer Kommunikationsstrategie, Feststellung des Kommunikationserfolgs und Festlegung einer Werbebotschaft. VW gab in Deutschland 1983 für die Werbung für den Golf II 250 Mio. DM aus, d.h. 150 % mehr als für den Golf I im Jahr 1982.

VW benutzte als Werbeträger Fernsehen, Plakate, Tageszeitungen, Zeitschriften, Automobilzeitschriften etc. Werbemittel waren hauptsächlich Fernsehspots und Anzeigen.

Die Presse urteilte nach Einführung des Golf II u.a. folgendermaßen:

Verbesserter Bestseller

Golf der II.

Golf has improved space and performance

Das Millionending

Der neue Golf - das optimierte Original

VW hat einen neuen Trumpf

Liebe auf den zweiten Blick

Golf II: Mehr

Platz und

weniger

Verbrauch

Kompakter Knüller mit wenig Kanten

Golf: Bestseller 2. Auflage

Der Klassenerste hat seine Kinderschuhe ausgezogen

VW Golf : Gutes wurde noch besser

Der
neue König seiner
Klasse

Ein Volkswagen aus dem Golf-Club

Golf-Nachfolger
VW hat einen neuen Trumpf

Schneller, größer und deutlich
komfortabler

Golf GTI: Wieder der Maßstab für kleine Sport-Limousinen

Aufgabe 1
Zu welchen der folgenden Punkte finden Sie im obigen Text Informationen? Arbeiten Sie mit Ihrem Nachbarn zusammen, und vergleichen Sie anschließend Ihre Arbeitsergebnisse im Plenum!

	Wer (Werbungstreibender)	
	sagt was (Werbebotschaft)	
	über welchen Kanal (Werbeträger)	
	zu wem (Zielgruppe)	
	mit welcher Wirkung (Erfolg)	
	in welcher Form (Werbemittel)	

Lexikon

Werbebotschaft, die, -en Inhalt der Aussage, mit der geworben wird

Werbeträger, der, - **Medien, die die Werbebotschaft an Zielpersonen herantragen**

Werbemittel, das, - **sprachliche und/oder bildliche Formulierung der Werbebotschaft**

Werbebudget, das, -s **Gesamtheit der für eine Planperiode veranschlagten Werbeausgaben**

Werbeziel, das, -e **Ziele wie z.B. Information über die Existenz eines Produkts, Erhaltung des Absatzes, Erweiterung des Marktanteils etc.**

Werbeerfolgskontrolle/ Werbewirksamkeits- kontrolle, die, -n **Messung der Wirkung des Einsatzes von Werbemitteln**

Wie soll das Produkt kommuniziert werden ?

Aufgabe 2
Im folgenden finden Sie sechs Grundfragen des Kommunikationsmixes. Ordnen Sie die passenden Termini zu!

Arbeiten Sie mit Ihrem Nachbarn zusammen, und vergleichen Sie anschließend Ihre Arbeitsergebnisse im Plenum!

Werbeträger

Werbemittel

Werbebotschaft

Werbebudget

Werbeziel

Werbeerfolgskontrolle

Welche Reaktion soll ausgelöst werden? - _____

Welches Feedback soll eingeholt werden? - _____

Mit welchen Gestaltungsmitteln soll geworben werden? - _____

Über welche Medien soll geworben werden? - _____

Welcher Inhalt soll übermittelt werden? - _____

Was darf die Werbekampagne kosten? - _____

Aufgabe 3
Bitte ergänzen Sie die nebenstehende Tabelle!

Werbeanzeigen	Fachzeitschriften Tageszeitungen
Werbedrucke und Prospektbeilagen	Fachzeitschriften
Werbebriefe	postalische Zustellung
Werbeveranstaltungen	Veranstaltungen der eigenen Werbe- und Außendienstabteilungen
Werbeverkaufshilfen	Proben werden bei Werbeveranstaltungen ausgeteilt

Aufgabe 4
Im folgenden finden Sie drei Werbebotschaften und ihre kreative Umsetzung in einen Werbeslogan. Tragen Sie Botschaft und Slogan in die Tabelle ein!

„Er läuft und läuft und läuft."

„Mit unserem Finanzierungsangebot ermöglichen wir Ihnen vieles."

„Wir machen farbenfrohe junge Mode, die weltweit getragen wird."

„Der Käfer hält länger als andere Autos."

„United Colors of Benetton."

„Wir machen den Weg frei."

Werbebotschaft	kreative Umsetzung
Alkoholfreies Bier steht normalem Bier in nichts nach.	„Clausthaler. Alles, was ein Bier braucht."

Die lila Kuh

Seit 1971 ist die lila Kuh das Leittier der Milka-Werbung. Sie hat die Milka-Schokolade zur wohl bekanntesten Schokolade in Deutschland gemacht. Als die lila Kuh aus der Milka-Werbung verschwand, ging der vorher steigende Marktanteil 1983 auf 12% zurück. Nach Wiedereinführung der lila Kuh in die Werbung stiegen die Marktanteile der Milka-Schokolade auf 19,6%.

Aufgabe 5
Alle folgenden Aussagen sind richtig. Gehen sie aus dem Text hervor? Arbeiten Sie mit Ihrem Nachbarn zusammen, und vergleichen Sie anschließend Ihre Arbeitsergebnisse im Plenum!

	ja	nein
Werbung kann sich auf das Produkt oder das Unternehmen beziehen		
Die Erinnerung an das Produkt ist oft so eng an die Werbung gebunden, daß die Änderung eines Elements der Werbung sich negativ auf den Absatz auswirkt		
In der Werbung spielen Farben eine wichtige Rolle		
Die Werbebotschaft kann als Nachricht, Frage oder Aufforderung formuliert sein		
Viele Produkte werden über Assoziationen zu Lebensstil, Stimmung oder Image beworben		
Bei etlichen Produkten dient eine wissenschaftliche Beweisführung dem Absatz		
Häufig werden bekannte Persönlichkeiten eingesetzt, um ein Unternehmen oder ein Produkt persönlich zu empfehlen		

Wie soll das Produkt kommuniziert werden ?

Aufgabe 6
Im folgenden finden Sie einige Grundelemente der Werbung und Praxisbeispiele. Bitte ordnen Sie zu!

Arbeiten Sie mit Ihrem Nachbarn zusammen, und vergleichen Sie anschließend Ihre Arbeitsergebnisse im Plenum!

> **Lebensstil**
>
> **Farbe**
>
> **persönliche Empfehlung**
>
> **wissenschaftliche Beweisführung**

1
Die Bad Dürrheimer Mineralbrunnen GmbH & Co Heilbrunnen wirbt für ihr Mineralwasser mit einem Auszug aus der amtlich anerkannten Mineralwasseranalyse vom 28.1.91

3
Auf einem Coca-Cola-Werbespot sind fröhliche, braungebrannte junge Leute zu sehen, die an einem tropischen Strand Coca-Cola trinken

2
Boris Becker wirbt für Müller Milch

4
Steffi Graf wirbt für den Opel Corsa

5
Bei Whiskey gilt Schwarz auf dem Etikett als Signal für besonders hohe Qualität

Aufgabe 7
Hätte die Werbung mit der lila Kuh in Ihrem Land eine Chance?
Arbeiten Sie mit Ihrem Nachbarn zusammen, und vergleichen Sie anschließend Ihre Arbeitsergebnisse im Plenum!

Aufgabe 8
Kennen Sie andere Beispiele deutscher Werbung? Wie gefällt sie Ihnen? Informieren Sie das Plenum!

Aufgabe 9
Erinnern Sie sich an Werbung, die Ihnen besonders gut gefallen hat oder die Sie nicht verstanden haben? Informieren Sie das Plenum!

Bedeutung der Werbung in Deutschland

Werbung wird in Deutschland sowohl von Wirtschaftsunternehmen als auch von staatlichen Institutionen (z.B. Ministerien: Werbung gegen die Verbreitung von AIDS oder Werbung für mehr Umweltbewußtsein) und karitativen und sozialen Einrichtungen (z.B. Kindergärten: Spendenaufrufe etc.) eingesetzt.

Im Jahr 1989 wurden die Gesamtaufwendungen für Werbung auf 37 Mrd. DM geschätzt. Nach Branchen bzw. Produktbereichen betrachtet liegt der Automarkt mit 1,3 Mrd. DM an der Spitze, gefolgt von den Handelsorganisationen (1,2 Mrd. DM), den Massenmedien selbst (0,7 Mrd. DM), den Herstellern von Süßwaren, von Banken und Sparkassen und der Pharmazie (jeweils 0,5 Mrd. DM).

In der deutschen Werbewirtschaft sind rund 340.000 teils hochqualifizierte Arbeitskräfte beschäftigt.

Aufgabe 10
Im folgenden finden Sie Preise für Werbung in Massenmedien. Nennen Sie in Zusammenarbeit mit Ihrem Partner je zwei Kriterien für die Preisbildung in vergleichbaren Medien! Vergleichen Sie anschließend Ihre Arbeitsergebnisse im Plenum!

Aufgabe 11
Welche Rolle spielt die Werbung in den Print-Medien, im Fernsehen bzw. im Rundfunk in Ihrem Land? Notieren Sie Stichpunkte! Arbeiten Sie möglichst mit einem Kollegen zusammen, und informieren Sie das Plenum!

Der Frosch lässt schön grüssen

Mit lustigen Frosch-Postkarten können Sie jetzt Freunde, Bekannte und Verwandte auf Frosch-Art grüßen. Gleichzeitig können Sie auch in Sachen Umwelt aktiv werden, zum Beispiel in Ihrem Haushalt. Fordern Sie mit dieser Karte einfach unsere Broschüre „Umweltschutz im Haushalt" an. Sie enthält wertvolle Tips und Informationen, wie Sie Ihren Haushalt noch umweltbewußter organisieren können. Also auf geht's! Unsere Umwelt kann nicht warten.

Gattung	Medium	1989/90
Tageszeitung	Hannoversche Allgemeine (Aufl. 250.00) 1/1 Seite schwarz-weiß, Werktag	DM 90.000
Tageszeitung	Bild-Zeitung (Aufl. 4,5 Mio.) 1/1 Seite vierfarbig	DM 370.000
Zeitschrift	Stern (Aufl. 1,6 Mio.) 1/1 Seite vierfarbig	DM 90.000
Programmzeitschrift	Hör zu (Aufl. 3,5 Mio.) 1/1 Seite vierfarbig	DM 112.000
Fachzeitschrift	technology & management (Aufl. 4.000) 1/1 Seite schwarz-weiß	DM 2.000
Adreßbuchverlag	Name und Adresse von 2.000 deutschen Steuerberatern (Querschnitt, Selbstklebeetiketten)	DM 300
TV	30-Sekunden-Spot, ZDF, Montag abend, November	DM 84.000
TV	30-Sekunden-Spot, RTL Plus, Samstagabend nach 20 Uhr	DM 35.000
TV	30 Sekunden - Regionalprogramm Bayern, Montag abend	DM 16.000
Zeitungsbeilage	TV-Journal (Hannoversche Allgemeine) 1/1 Seite bunt	DM 23.000
	Jahrbuch Weiterbildung der Verlagsgruppe Handelsblatt 1991 (Aufl. 3.000), 1/1 Seite, schwarz-weiß	DM 3.200
Rundfunk	durchschnittlicher Einschaltpreis pro Sekunde: SWF 3	DM 99
	HR 1	DM 38
	Bayern 3	DM 77
Verkehrswerbung	Werbeflächen auf Bussen und Straßenbahnen, Mietpreis pro Monat (ganzes Fahrzeug)	
	Bus	DM 890
	Straßenbahn	DM 1.800
Kino	Preis je Meter Werbefilm pro Woche für alle Kinos in Bayern	DM 2.200
	Berlin	DM 630

Reflexion und Überprüfung

Sie haben in den letzten Einheiten einige Strategien bei der Erschließung von Wortbedeutung angewendet und auf diese Weise ohne Lexikon Termini verstanden und gelernt. Wir möchten an dieser Stelle einige dieser Strategien systematisieren.

1. Sie kennen das Verb „reisen". Daraus ist durch Substantivierung (des Partizips I - reisend) der Terminus „Reisender" gebildet.
Entspricht a), b) oder c) dem Begriffsinhalt „Reisender" als Element des Distributionsmix?
a) Ein Reisender ist eine Person, die gerade eine Reise macht.
b) Ein Reisender ist ein Verkäufer, der für eine Firma reist.
c) Ein Reisender ist ein Angestellter einer Firma im Außendienst.

Das Beispiel zeigt, daß der Begriffsinhalt des Verbs nur einen Teil des Begriffsinhalts des Terminus ausmacht. Weitere Elemente kommen hinzu, nämlich, daß der Reisende ein Absatzhelfer ist und daß er bei der Firma, für die er arbeitet, angestellt ist. Der Anteil des Begriffsinhalts des Verbs am Begriffsinhalt des Terminus ist in diesem Fall relativ gering und reicht zur Entschlüsselung nicht aus. Es gibt aber auch Termini, bei denen er höher ist.

	Anteil des Begriffsinhalts des Verbs am Begriffsinhalt des Terminus	
	eher groß	eher gering
Vertreter		
Abnehmer		
Anbieter		
Hersteller		
Verbraucher		
Nachfrager		

2. Termini wie Verbräucher, Abnehmer etc. können Elemente bei der Wortbildung bzw. -zusammensetzung sein. Kommen Sie bei den folgenden Termini mit der Kenntnis des Verbs und des anderen Wortteils (Präfix bzw. Bestimmungswort) ohne Kontext zur Erschließung des Begriffsinhalts aus?

Bestimmungswort:	Präfix bzw. Komponente		Verb	
	ja	nein	ja	nein
Endverbraucher				
Einzelhändler				
Franchise-Geber				
Handelsvertreter				
Großhändler				
Arbeitnehmer				
Marktverfolger				
Marktführer				
Uhrenhersteller				
Lizenznehmer				

1.

-

Verkaufsniederlassung - Handelsvertreter, Reisende - Franchising

-

Einschaltung des Einzelhandels - Einschaltung des Großhandels

2.

Absatzorgane

Betriebseigene Absatzorgane
–
–

nicht betriebseigene Absatzorgane

Handelsbetriebe
–
–

Absatzmittler
–
–

– Kommissionär

3.

Formen des Einzelhandels	
tiefes Sortiment:	breites Sortiment:
-	-
-	-

Formen des Einzelhandels	
Service:	weniger Service:
-	-
-	-
-	-

4.

Ladenloser Einzelhandel
Verkauf an der Haustür
Verkauf über Katalog
Verkauf insbesondere von Zigaretten außerhalb der Ladengeschäfte

5.

Marktveranstaltungen

6.

Kommunikationspolitik
Beeinflussung der Verwender von Produkten durch gezielte Information zur Erhöhung der Kaufbereitschaft
Spezifische Maßnahmen zur Unterstützung der Tätigkeiten von Absatzmittlern und Vertriebspartnern
Maßnahmen zur Erhaltung oder Verbesserung des Unternehmensimages
Kontaktaufnahme des Unternehmens durch ein direktes Gespräch

7.

Kommunikationsmix	
Terminus	Begriffsinhalt:
	für Werbung verfügbares Kapital
	Inhalt der Aussage, mit der geworben wird
	Medien, die die Werbebotschaft an die Zielpersonen herantragen
	sprachliche und/oder bildliche Formulierung der Werbebotschaft

6 Rechtsformen von Unternehmen

6A

Was muß man vor der Wahl der Rechtsform wissen?

Fragen vor der Wahl

Deutsche Kreditinstitute bieten Personen, die ein Unternehmen gründen wollen, Beratung an. Die Volksbanken und Raiffeisenbanken z.B. formulieren für diejenigen, die sich selbständig machen wollen, in einer Broschüre folgende Fragen:

1. Haben Sie den Betrieb zusammen mit anderen Personen geplant, und sollen diese ebenfalls als Unternehmer tätig werden?
2. Können Sie Ihren Partnern vertrauen, und ist sicher, daß diese sich längere Zeit für das Geschäft engagieren?
3. Sollen Familienangehörige beteiligt werden oder später in das Geschäft eintreten?
4. Ist der Beitrag der anderen Gesellschafter hauptsächlich Kapitaleinlage (vergleichen Sie die Belastung durch Bankkredit)?
5. Ist der Beitrag der anderen Gesellschafter hauptsächlich Mitarbeit?
6. Bringen Sie selbst Kapital ein?
7. Wie viele Arbeitskräfte müssen Sie anstellen?
8. Was brauchen Sie insgesamt an Startkapital?
9. Ist das Geschäft risikoreich? Bedarf es einer Haftungsbegrenzung?
10. Haben Sie kaufmännische/technische Vorkenntnisse?
11. Wollen Sie den Betrieb selbst leiten?
12. Wollen Sie mit Ihrem Namen werben?

Aufgabe 1
Sie wollen in Deutschland ein Unternehmen gründen.
Suchen Sie sich in der Klasse einen Partner, und einigen Sie sich mit ihm über die 12 Punkte! Informieren Sie anschließend das Plenum!

Aufgabe 2
Hinter den Fragen, die Sie eben beantwortet haben, stehen folgende Punkte, die für die Wahl der Rechtsform eines Unternehmens wichtig sind. Notieren Sie bei den entsprechenden Punkten die Nummer der Frage. Arbeiten Sie mit Ihrem Nachbarn zusammen, nehmen Sie gegebenenfalls das Lexikon auf S. 161 zu Hilfe, und informieren Sie anschließend das Plenum!

a) **Gesellschaft (oder keine)** - _____

b) **Gründung** - _____

c) **Eigenkapitalaufbringung** - _____

d) **Haftung** - _____

e) **Geschäftsführung** - _____

f) **Firma** - _____

Lexikon

Gesellschaft, die, -en	der vertragliche Zusammenschluß mehrerer Personen zur Erreichung eines gemeinsamen Zwecks
Gründung, die, -en	Maßnahmen zur Errichtung eines Unternehmens
Kapital, das, o. Pl.	wertmäßiger Ausdruck für die Gesamtheit der Sach- und Finanzmittel, die einer Unternehmung zu einem bestimmten Zeitpunkt zur Verfügung steht
Eigenkapital, das, o. Pl.	die finanziellen Mittel, die einem Unternehmen von seinem Eigentümer bzw. den Anteilseignern zur Verfügung gestellt werden
Einlage, die, -n	die Bar- und Sachleistungen, mit denen sich ein Gesellschafter an einer Handelsgesellschaft beteiligt
Geschäftsführungsbefugnis, die, o. Pl. oft kurz: Geschäftsführung, die, o. Pl.	Regelung der Rechtsbeziehung der Gesellschafter untereinander
Leitungsbefugnis, die, o. Pl.	Geschäftsführung und Vertretung der Unternehmung nach außen
Gläubiger, der, -/ Kreditor, der, -en	eine Person, die von einer anderen etwas zu fordern hat
Verbindlichkeiten, Pl.	Geld- oder Sachwerte, die einem Dritten geschuldet werden
Haftung, die, o. Pl.	das Einstehenmüssen für Verbindlichkeiten
Firma, die, Firmen	Handelsname eines Kaufmanns, unter dem er seine Geschäfte betreiben, Verträge abschließen, klagen und verklagt werden kann
Kaufmann, der, Kaufleute	wer im Sinn des Handelsgesetzbuches ein Handelsgewerbe betreibt, also eine selbständige andauernde Tätigkeit mit der Absicht, Gewinn zu erzielen

Warum volles Risiko?

Das Satirikon

Georgios Pappas, 28, Grieche, betreibt seit 1988 in Konstanz eine Einzelfirma, nämlich ein griechisches Restaurant. Er hatte ein Eigenkapital von DM 25.000,- (von seinem Vater zinslos geliehen); seine Mutter, seine Schwester und sein Vetter arbeiten in der Küche mit. Georgios leitet den Betrieb. Da sein Bruder Buzuki spielt, kann Georgios zweimal wöchentlich griechische Musik live anbieten. Da Georgios als Familienbetrieb preisgünstig anbieten kann und in Konstanz als Universitätsstadt eine entsprechende Nachfrage herrscht, braucht sich Georgios keine Sorgen wegen der unbeschränkten Haftung für die Verbindlichkeiten seiner Firma zu machen; er konnte vielmehr vor zwei Jahren ein zweites griechisches Restaurant übernehmen.

Aufgabe 1
Alle folgenden Aussagen sind richtig. Gehen sie aus dem obigen Text hervor? Arbeiten Sie mit Ihrem Nachbarn zusammen, und vergleichen Sie anschließend Ihre Arbeitsergebnisse im Plenum!

	ja	nein
Wenn Ausländer eine Aufenthaltsgenehmigung haben, können sie in Deutschland eine Einzelunternehmung gründen		
Bei der Einzelunternehmung kann der Unternehmer frei und rasch entscheiden		
Der Einzelunternehmer verfügt über den Gewinn allein		
Der Einzelunternehmer trägt das Risiko allein		
Der Einzelunternehmer haftet den Gläubigern mit seinem gesamten Vermögen		
Die Kapitalkraft der Einzelunternehmung ist begrenzt		
Einzelunternehmer können Kaufleute kraft Handelsgewerbe sein		
Einzelunternehmer wie z.B. Gastwirte können durch Eintrag ins Handelsregister Kaufmannseigenschaften erwerben		
Kleinbetriebe ohne kaufmännische Organisation mit niedrigem Umsatz müssen nicht als Firma geführt werden		

Aufgabe 2
Beurteilen Sie die folgenden Punkte daraufhin, ob sie für oder gegen die Gründung einer Einzelunternehmung sprechen! Nehmen Sie dabei ggf. das Lexikon auf S.163 zu Hilfe!

	positiv	negativ
eigener Herr im Haus		
keine bestimmte Kapitaleinlage nötig		
Beginn als Kleingewerbetreibender möglich		
volle persönliche Haftung		
Finanzierung muß allein aufgebracht werden		

Das Pan

1990 wurde Georgios von seinem Konkurrenten Janis Katzianidis das Restaurant „Pan" angeboten, weil Janis den neuen Studiengang BWL an der Fachhochschule Konstanz belegen wollte. Georgios übernahm das Restaurant unter der Bedingung, daß Janis DM 10.000,- als Kapitaleinlage beisteuerte, sich aber aus der Führung des Restaurants heraushält.

Aufgabe 3
Welche Begriffe
fehlen in der
folgenden Über-
sicht? Arbeiten Sie
mit Ihrem
Nachbarn zusam-
men, und verglei-
chen Sie
anschließend
Ihre Arbeitsergeb-
nisse im Plenum!

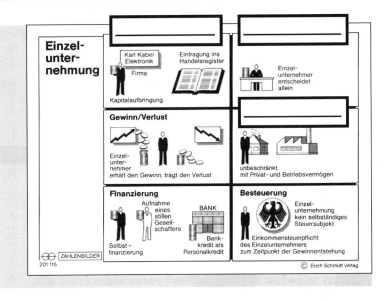

Lexikon

Einzelunternehmung, die, -en	**Produktionsbetrieb oder Erwerbstätigkeit eines einzelnen Unternehmers**
Einzelunternehmer, der, -	**Eigentümer einer Einzelunternehmung**
Stiller Gesellschafter, der, -	**am Handelsgewerbe eines Kaufmanns mit einer Einlage beteiligte Person**
Finanzierung, die, o.Pl.	**Gesamtkapitalbeschaffung, d.h. Beschaffung von Eigenkapital und Fremdkapital (Gläubigerkapital)**
Gewinn, der, -e	**positives Unternehmensergebnis**
Verlust, der, -e	**negatives Unternehmensergebnis**
unbeschränkte Haftung, die, o. Pl.	**Haftung des Gesellschafters mit seinem Gesamtvermögen**
unmittelbare Haftung, die, o. Pl.	**Zugriffsmöglichkeit eines Gläubigers auf das Vermögen eines jeden Gesellschafters**
gesamtschuldnerische Haftung	**Haftung, bei der jeder Gesellschafter allein für die gesamten Verbindlichkeiten der Gesellschaft haftet**
Handelsregister, das, -	**amtliches Verzeichnis der Einzelkaufleute, Handelsgesell-schaften, Aktiengesellschaften etc. innerhalb eines Amts-gerichtsbezirks, das von jedermann eingesehen werden kann**

Volles Risiko und Erleichterung der Kapitalbeschaffung ?

Georgios und seine Schwester

Auch das zweite Restaurant von Georgios Pappas kommt bei den Konstanzern und den Studenten sehr gut an. Georgios Schwester Katharina übernimmt hier zunächst die Küche. Da sie dank ihrer Kochkünste und ihres Arbeitseinsatzes immer mehr Gäste anzieht, inzwischen auch Geld angespart hat, will sie gleichberechtigte Mitinhaberin werden. Georgios ist einverstanden, über den Wert der Beteiligung einigen sie sich schnell. Sie beschließen, daß beide Lokale künftig unter der Bezeichnung „Georgios und Katharina Pappas" betrieben werden. Sie führen das Unternehmen in der Form einer Gesellschaft des bürgerlichen Rechts weiter (GbR/BGB-Gesellschaft).

Aufgabe 1

Alle folgenden Informationen sind richtig. Gehen sie aus dem obigen Text hervor? Arbeiten Sie mit Ihrem Nachbarn zusammen, und vergleichen Sie anschließend Ihre Arbeitsergebnisse im Plenum!

	ja	nein
Die Gründung einer GbR erfolgt formlos		
Zur Gründung einer GbR ist keine gesetzlich vorgeschriebene Kapitaleinlage erforderlich		
Zur Gründung einer GbR sind zwei Mitglieder erforderlich		
Eine GbR ist leicht zu gründen und leicht aufzulösen		
Bei einer GbR haften alle Gesellschafter unbeschränkt und gesamtschuldnerisch		
Die GbR ist in den Paragraphen 705 - 740 des Bürgerlichen Gesetzbuches geregelt		
Mitglieder der GbR können natürliche oder juristische Personen sein		

Lexikon

natürliche Person, die, -en	**im Rechtssinn alle Menschen**
juristische Person, die, -en	**einheitlich rechtlich geregelte, soziale Organisation, die als Einheit rechtsfähig, d.h. Träger von Rechten und Pflichten ist**
Rechtsfähigkeit, die, o. Pl.	**Eigenschaft natürlicher und juristischer Personen, Träger von Rechten und Pflichten zu sein**
Rechtsgrundlage, die, -n	**Gesetzeswerke wie z.B. das Bürgerliche Gesetzbuch (BGB), das Handelsgesetzbuch (HGB), das Aktiengesetz (AktG)**
GbR-Gesellschaft, die, -en/ BGB-Gesellschaft, die, -en	**Vertraglicher Zusammenschluß von natürlichen oder juristischen Personen zur Förderung eines gemeinsamen Zweckes (§§ 705 ff. BGB)**

Aufgabe 2
Bitte ergänzen Sie die folgende Tabelle über die BGB-Gesellschaft! Arbeiten Sie mit Ihrem Nachbarn zusammen, und vergleichen Sie anschließend Ihre Arbeitsergebnisse im Plenum!

BGB-Gesellschaft	
Rechtsgrundlage	§§ 705–740 BGB
_____	als natürliche und/oder juristische Person
_____	durch Gesellschaftsvertrag zur Förderung eines gemeinsamen Zweckes
_____	gesamtschuldnerisch, unmittelbar, unbeschränkt
_____	gleichberechtigte Mitwirkung aller Gesellschafter
Gewinn- und Verlustbeteiligung	nach Gesellschaftsvertrag oder mit gleichem Anteil für alle Gesellschafter

Aufgabe 3
Um welche Formen der Haftung handelt es sich in dem folgenden Text? Arbeiten Sie mit Ihrem Nachbarn zusammen, und vergleichen Sie anschließend Ihre Arbeitsergebnisse im Plenum!

Haftung bei der GbR

Jeder Gesellschafter haftet für die Verbindlichkeiten seiner Gesellschaft

■ _____, d.h. er haftet nicht nur mit seinem

Geschäftsvermögen, sondern auch mit seinem gesamten Privatvermögen,

■ _____, d.h. die Gläubiger können jeden einzelnen Gesellschafter direkt in Anspruch nehmen,

■ _____, d.h. jeder Gesellschafter haftet allein

für die gesamte Schuldsumme der Gesellschaft.

Volles Risiko und Erleichterung der Kapitalbeschaffung ?

Georgios und Katharina Pappas

Im Lauf der Jahre nehmen die Umsätze von Georgios und Katharina Pappas weiter zu. Sie steigen 1993 auf 900 TDM pro Jahr. In beiden Lokalen sind inzwischen 10 Mitarbeiter beschäftigt. Katharina heiratet 1993 den griechischen Weinhändler Athanasios Panaglotopoulos. In diesem Zusammenhang wird der BGB-Gesellschaftsvertrag überarbeitet. Dabei stellt der Steuerberater fest, daß die Gesellschaft im Handelsregister anzumelden ist, da aus der GbR aufgrund ihres Umsatzes und ihrer nunmehr kaufmännischen Organisation eine Offene Handelsgesellschaft geworden ist, ohne daß dies den Geschwistern bewußt geworden wäre. Sie lassen ihre Firma unter dem Namen „Georgios und Katharina Pappas OHG" ins Handelsregister eintragen.

Georgios Bruder Themistokles, der Buzuki-Spieler, ist dem Unternehmen treu geblieben. Als Buzuki-Spieler dazugekommen ist Kostas Patroklos, ein Vetter von Georgios. Beide haben mit ihrer Musik wesentlich zum Erfolg des Unternehmens beigetragen. Georgios will sie deshalb ein paar Jahre später an der Gesellschaft beteiligen, ohne ihnen allerdings größeren Einfluß auf die geschäftlichen Entscheidungen zu gewähren. Er bietet den beiden daher eine Kapitalbeteiligung als Gesellschafter mit beschränkter Haftung an, mit einer Beteiligung am Gewinn des Unternehmens entsprechend dem Kapitalbetrag. Da größere Investitionen in beiden Restaurants nötig sind, erwerben die beiden Kommanditisten einen Kommanditanteil von je 50 TDM. Aus der OHG wird damit eine Kommanditgesellschaft. Sie wird unter dem Namen „Georgios und Katharina Pappas KG" ins Handelsregister eingetragen.

Aufgabe 1
Alle folgenden Aussagen sind richtig. Können Sie sie dem Text entnehmen? Arbeiten Sie mit Ihrem Nachbarn zusammen, und vergleichen Sie anschließend Ihre Arbeitsergebnisse im Plenum!

	ja	nein
Die OHG ist ein Zusammenschluß mehrerer Personen zu einer Gesellschaft unter gemeinschaftlicher Firma		
Der Zweck einer OHG ist der Betrieb eines Handelsgewerbes		
Bei der Bildung einer OHG muß mindestens der Name eines Gesellschafters mit dem Zusatz OHG, Co. (Companie) oder Gebr. (Gebrüder) in der Firma enthalten sein		
Bei der OHG haften alle Gesellschafter unbeschränkt, unmittelbar und gesamtschuldnerisch		
OHG und KG müssen ins Handelsregister eingetragen werden		
Gewinn- und Verlustbeteiligung bei der OHG und der KG erfolgen nach Gesellschaftsvertrag oder gesetzlicher Regelung		
In der KG haften die Kommanditisten beschränkt		
Die Kommanditisten sind nicht an der Geschäftsführung der KG beteiligt		

Aufgabe 2
Beantworten Sie folgende Fragen zu Rechtsformen von Unternehmen. Benutzen Sie dabei das untenstehende Lexikon! Arbeiten Sie mit Ihrem Nachbarn zusammen, und vergleichen Sie anschließend Ihre Arbeitsergebnisse im Plenum!

1
Balthasar Bählamm, Angestellter in der Stadtbücherei Schweinfurt, hat von seiner Tante Frieda DM 80.000,- geerbt, die er gewinnbringend anlegen möchte. Insbesondere sind seine Skatbrüder Fred Fröhlich, Inhaber einer Bäckerei, und Bert Bäumchen, Gesellschafter einer OHG, die Fitnessgeräte herstellt, an seinem Erbe als Einlage in ihr Unternehmen interessiert. Balthasar Bählamm hat weder Zeit noch Interesse an der Geschäftsführung eines Unternehmens. Wählt er die Beteiligung bei Fröhlich oder bei Bäumchen?

2
Dipl.Ing. Willibald Würmeling gründet ein Einzelunternehmen. Der Diplomingenieur will seine Firma unter dem Namen „Würmeling Werkzeuge" in das Handelsregister eintragen lassen. Ist das zulässig?

3
Ferdinand Friedlich, bisher Einzelunternehmer und Betreiber einer Metzgerei und Gaststätte, gründet mit seinen Söhnen Friedrich und Ludwig im April 1994 eine OHG. Ludwig Friedlich nimmt im Juni 1994 einen Kredit bei einer Bank auf, der bis Juni 1995 rückzahlbar ist. Ludwig ist dazu nicht in der Lage. Die Bank wendet sich an Ferdinand Friedlich. Ist das zulässig?

4
Die Diplomkauffrau Sigrid Sommer erhält von dem Versicherungskaufmann Johannes Teufel, den sie seit ihrer Schulzeit kennt, das Angebot, eine gemeinsame Unternehmensberatungsfirma zu gründen, in der sie beide gleichberechtigte Gesellschafter sein sollen. Welche Form der Personengesellschaft bietet sich an?

Lexikon

Offene Handelsgesellschaft, die, -en/ OHG, die, -s	Gesellschaft, bei der alle Gesellschafter unbeschränkt, unmittelbar und gesamtschuldnerisch haften
Kommanditgesellschaft, die, -en/ KG, die, -s	Gesellschaft, deren Gesellschafter in unterschiedlicher Weise haften
Komplementär, der, -e	natürliche oder juristische Person, die als Gesellschafter einer Kommanditgesellschaft für deren Verbindlichkeiten voll haftet und Leitungsbefugnis besitzt
Kommanditist, der, -en	Gesellschafter einer Kommanditgesellschaft, der nur beschränkt, d.h. bis zur Höhe seiner Einlage haftet und keine Leitungsbefugnis hat
Personengesellschaft, die, -en	GbR, KG und OHG

Volles Risiko und Erleichterung der Kapitalbeschaffung ?

Aufgabe 3
Um welche Rechtsform von Unternehmen handelt es sich bei den folgenden Fallbeispielen? Arbeiten Sie mit Ihrem Nachbarn zusammen, und vergleichen Sie anschließend Ihre Arbeitsergebnisse im Plenum!

1
Ein in der Nähe einer Schule von mehreren arbeitslosen Lehrern im Sommer betriebener Würstchenstand ist eine

2
Mizzi Meyerling und Fritz Fischli haben innerhalb weniger Jahre ein Großhandelsunternehmen für modische Damenoberbekleidung aufgebaut. Zur Finanzierung eines Auslieferungslagers in der Tschechischen Republik wollen sie weitere Teilhaber in ihr Unternehmen aufnehmen, diese aber nicht an der Geschäftsführung beteiligen. Sie wollen ihre Firma umwandeln in eine

3
Markus Müller und Manfred Meyer gründen einen Verbrauchermarkt. Das Geschäftskapital beträgt 350000 DM. Müller leistet eine Einlage von 250000 DM, Meyer von 100000 DM. Sie halten im Gesellschaftsvertrag fest, daß Müller für den Ein- und Verkauf zuständig ist und Meyer für die Personalleitung. Als Rechtsform haben sie gewählt die

4
Die Ärzte Dr. Stich (Chirurg), Dr. Kühn (Röntgenologe) und Dr. Klahr (Internist), die sich aus ihrer Studienzeit kennen, suchen für ihre Praxen ein Haus im Zentrum von Kiel. Endlich finden sie ein passendes Objekt. Der Vermieter will jedoch nur an einen Mieter vermieten. Um das Objekt mieten zu können, gründen sie eine

Nachwuchsprobleme bei Familienunternehmen

In den letzten Jahren haben zwei namhafte Metzgereien in Konstanz ihre Betriebe geschlossen, die Gebr. Haase am Münsterplatz und Metzger Mutz mit seinen drei Filialen. Beide Unternehmen waren für die Qualität ihrer Fleisch- und Wurstwaren stadtbekannt und machten gute Gewinne. In beiden Fällen haben die Kinder der Gesellschafter bzw. Inhaber studiert und waren an der Fortführung der Unternehmen nicht interessiert. Nachdem sie im Berufsleben standen, entschieden sich Haase und Mutz für die Auflösung ihrer Unternehmen. Bio-Metzger Keim geht ebenfalls davon aus, daß seine Kinder kein Interesse an der Fortführung seines erfolgreichen Unternehmens haben.

Aufgabe 4
Alle folgenden Aussagen sind richtig. Gehen sie aus dem obigen Text hervor? Arbeiten Sie mit Ihrem Nachbarn zusammen, und vergleichen Sie anschließend Ihre Arbeitsergebnisse im Plenum!

	ja	nein
Einzelunternehmen können durch freiwilligen Entschluß des Inhabers aufgelöst werden		
Der Tod des Inhabers bewirkt die Auflösung des Einzelunternehmens		
Eine OHG kann durch Beschluß der Gesellschafter aufgelöst werden		
Eine OHG wird durch Kündigung/Tod eines Gesellschafters aufgelöst		
Eine GbR wird bei Erreichung ihres Zwecks aufgelöst		
Zahlungsunfähigkeit eines Gesellschafters oder der Gesellschaft führt zur Auflösung einer Personengesellschaft		

Aufgabe 5
Um welche Form der Auflösung von Unternehmen handelt es sich bei den folgenden Fallbeispielen? Informieren Sie sich mit Hilfe des Lexikons! Arbeiten Sie mit Ihrem Nachbarn zusammen, und vergleichen Sie anschließend Ihre Arbeitsergebnisse im Plenum!

1
Erwin Lindemann betreibt eine Herrenboutique in Wuppertal. Im Alter von 70 Jahren verkauft er sein Geschäft an die Herrenoberbekleidungskette Top Fit KG und setzt sich zur Ruhe. Beispiel für

2
Heiner Hopfenbaum, Gesellschafter der Matratzenfirma Hopfenbaum und Hummel, stirbt unerwartet im Alter von 50 Jahren. Sein Partner Hummel will die Firma nicht in ein Einzelunternehmen umwandeln, da er sich zur alleinigen Führung nicht in der Lage sieht. Er löst die Firma auf. Beispiel für

3
Benno Weich gründet 1990 eine Software-Firma und erstellt PC-Programme für die Verwaltung von Einzelunternehmen. Er erhält zahlreiche Aufträge und stellt daraufhin Mitarbeiter ein. Seine Kunden zahlen aufgrund der Wirtschaftskrise verspätet oder überhaupt nicht. Anfang '94 kann Benno seinen Mitarbeitern kein Gehalt mehr zahlen. Er schuldet seinen Lieferanten Beträge, die durch seine Einnahmen nicht mehr gedeckt sind. Seine Gläubiger erzwingen gerichtlich die Begleichung seiner Verbindlichkeiten. Beispiel für

Einzelunternehmen und Personengesellschaften in Deutschland

Die Einzelunternehmen machen zur Zeit 90% aller Unternehmen aus und beschäftigen ca. 40% aller Arbeitnehmer. Sie kommen in allen Wirtschaftszweigen vor, sind jedoch in der Landwirtschaft, im Einzelhandel und im Handwerk vorherrschend und stellen die typische Rechtsform für kleinere bis mittlere Unternehmen dar. BGB-Gesellschaften finden sich hauptsächlich im Bau, als vorübergehender Zusammenschluß von Banken und Versicherungen für gößere Risikoabdeckungen, zum gemeinsamen Einkauf von Unternehmen oder zur gemeinsamen Berufsausübung, z.B. bei Gemeinschaftspraxen von Ärzten oder Rechtsanwaltssozietäten. OHG und KG sind typische Rechtsformen für kleinere Unternehmen oder Familienbetriebe. Während jedoch die Bedeutung der OHG in den letzten Jahrzehnten ständig abgenommen hat und die Wahl dieser Rechtsform bei Gründungen zur Ausnahme geworden ist, hat die wirtschaftliche Bedeutung der KG in den letzten Jahrzehnten ständig zugenommen, da hier im Gegensatz zur OHG die Zweiteilung der Gesellschaftertypen die Beteiligung einer größeren Zahl von Gesellschaftern und damit eine Verbreiterung der Eigenkapitalbasis ermöglicht.

Aufgabe 6
Gibt es vergleichbare Rechtsformen in Ihrem Land? Welche Bedeutung haben sie? Informieren Sie das Plenum!

Aufgabe 7
In „Fragen vor der Wahl" (S. 160) haben Sie Überlegungen zur Gründung eines Unternehmens in Deutschland angestellt. Paßt die Einzelunternehmung oder eine der Personengesellschaften für Ihren Zweck? Überlegen Sie mit Ihrem Partner zusammen, und informieren Sie anschließend das Plenum!

Lexikon

Liquidation, die, -en	**Auflösung eines Unternehmens, d.h. Verflüssigung der Vermögenswerte des Unternehmens und ihre Verteilung an Gläubiger und Gesellschafter sowie an seine Inhaber**
Konkurs, der, -e	**gerichtliche Maßnahme zur Befriedigung der Ansprüche von Gläubigern einer Unternehmung durch Liquidation**

Begrenztes Risiko und leichte Kapitalbeschaffung?

Georgios und Athanasios

Athanasios Panaglotopoulos, Georgios Schwager, ist ein erfolgreicher Weinhändler. Sein Kundenkreis im Raum Konstanz erfordert inzwischen die Einrichtung eines größeren Lagers. Das hierfür erforderliche Geld kann Athanasios jedoch allein nicht bereitstellen, da er seine Gewinne immer gleich in seine Firma investiert hat und deshalb nicht über Ersparnisse verfügt. Georgios sieht in der Beteiligung an dem Weinhandel eine gute Anlage, da er sich so einen günstigen Einkauf von Wein für seine beiden Lokale sichern kann. Er will jedoch verhindern, daß die Risiken aus dem Weinhandel die Kommanditgesellschaft belasten. Er und Athanasios gründen daher eine Gesellschaft mit beschränkter Haftung, an der sich Georgios mit 80 TDM und Athanasios mit 20 TDM beteiligen. Athanasios übernimmt die Geschäftsführung, wobei im Gesellschaftsvertrag vereinbart wird, daß eine ganze Reihe von Geschäften (z.B. Verträge über Grundstücke, Aufträge oder Bestellungen mit einem Wert von über 10 TDM …) nur mit Zustimmung des Mehrheitsgesellschafters Georgios zulässig sind. Die GmbH wird unter dem Namen „Griechische Weinhandelsgesellschaft GmbH" ins Handelsregister eingetragen.

Aufgabe 1
Alle folgenden Aussagen sind richtig. Gehen sie aus dem obigen Text hervor? Arbeiten Sie mit Ihrem Nachbarn zusammen, und vergleichen Sie anschließend Ihre Arbeitsergebnisse im Plenum!

	ja	nein
Eine GmbH kann zu jedem gesetzlich zulässigen Zweck errichtet werden		
Eine GmbH ist vom Gesellschafterwechsel unabhängig		
Eine GmbH ist als juristische Person rechtsfähig		
Das Stammkapital einer GmbH beträgt mindestens 50 TDM		
Die Stammeinlage eines Gesellschafters beträgt mindestens 500 DM		
Der Geschäftsführer einer GmbH ist im Rahmen des Gesellschaftsvertrags und der Beschlüsse der Gesellschafterversammlung weisungsgebunden		
Bei der GmbH haftet nur das Gesellschaftsvermögen für Verbindlichkeiten der Gesellschaft		
Die Haftung der Gesellschafter ist auf die Stammeinlage beschränkt		

Aufgabe 2
Ergänzen Sie mit Hilfe des Lexikons die folgende tabellarische Übersicht über die GmbH. Arbeiten Sie mit Ihrem Nachbarn zusammen, und vergleichen Sie anschließend Ihre Arbeitsergebnisse im Plenum!

GmbH	
Gesetzliche Grundlage	**GmbH-Gesetz**
Rechtsfähigkeit	**als** _____
Gründung	**durch notariell beurkundeten** _____
	50 TDM _____
	Eintragung ins Handelsregister

	durch
Eigenkapitalaufbringung	_____
Haftung	_____
Leitung	_____
Kontrolle	_____
	gegebenenfalls
	_____
Gewinn- und Verlustverteilung	gemäß Gesellschaftsvertrag oder gemäß Geschäftsanteilen

Lexikon

Kapitalgesellschaft, die, -en	**Unternehmensform, bei der im Gegensatz zur Personengesellschaft die kapitalmäßige Beteiligung aller Gesellschafter im Vordergrund steht und bei der alle Gesellschafter nur mit ihrer Einlage haften**
Gesellschaft mit beschränkter Haftung, die, -en/ GmbH, die, -s	**Kapitalgesellschaft mit einem Mindestkapital von 50 TDM, das in Einlagen von mindestens DM 500 zerlegt ist**
Stammkapital, das, o. Pl.	**Mindestkapital einer GmbH**
Stammeinlage, die, -n	**Einlage eines Gesellschafters in eine GmbH, die mindestens DM 500 betragen muß**
Gesellschafterversammlung, die, en	**Gesamtheit aller Gesellschafter und oberstes Entscheidungsgremium einer GmbH, das dem Geschäftsführer gegenüber weisungsbefugt ist**
Geschäftsführung, die, o. Pl.	**obligatorisches Organ einer GmbH, das aus einem oder mehr Gesellschaftern oder einem bzw. mehreren Angestellten bestehen kann**
Aufsichtsrat, der, ¨te	**Organ, das die Geschäftsführung einer GmbH unter bestimmten Umständen kontrolliert, die durch gesetzliche Vorschriften oder die Satzung gegeben sind**

Begrenztes Risiko und leichte Kapitalbeschaffung?

Schuhfabrik Dassler im Lauf der Zeiten

Die „Gebr. Dassler Schuhfabrik" wurde 1924 gegründet. Daraus entstand 1959 die „Puma Schuhfabriken Rudolf Dassler KG". Sie entwickelte sich im Lauf der Jahre zu einem der Marktführer in der Sportschuhbranche. Am 31.1.1985 wurde die KG in die „PUMA-AG" umgewandelt. Am 16. und 17.7.1986 wurden 280.000 Aktien der PUMA-Aktiengesellschaft Rudolf Dassler Sport im Gesamtwert von 14 Mio. DM zum Kauf angeboten. Der Preis je 50 DM-Aktie betrug 310 DM. Am 25.7.86 wurden die Aktien zum ersten Mal an der Börse notiert. Der amtliche Kurs betrug 495 DM.

Im Jahr nach der Umwandlung plante die PUMA-AG Investitionen in Höhe von 15 Mio. DM zum Ausbau der Datenverarbeitung, moderner Informations- und Kommunikationssysteme und zur Rationalisierung der Arbeitsabläufe.

Aufgabe 1

Alle folgenden Aussagen sind richtig. Gehen sie aus dem obigen Text hervor? Arbeiten Sie mit Ihrem Nachbarn zusammen, und vergleichen Sie anschließend Ihre Arbeitsergebnisse im Plenum!

	ja	nein
Bei der Wahl der Aktiengesellschaft als Rechtsform steht die Zielsetzung im Vordergrund, auf dem Kapitalmarkt zusätzliche Eigenmittel zu beschaffen		
Die AG ist die typische Rechtsform für Großunternehmen		
Zur Gründung einer AG sind mindestens fünf Gründer notwendig		
Das Grundkapital der Aktiengesellschaft beträgt mindestens 100 TDM		
Das Grundkapital der AG ist die Summe der Nennwerte aller ausgegebenen Aktien		
Das Grundkapital der AG wird in verbriefte, übertragbare Anteile in Form von Aktienurkunden mit einem festen Nennwert zerlegt		
Der Mindestnennwert einer Aktie beträgt in Deutschland heute 5 DM je Aktie		
Das Eigentum an einer Aktie beinhaltet ein wirtschaftliches Miteigentum am Vermögen einer Aktiengesellschaft		
Die laufenden Geschäfte einer AG werden durch den Vorstand geführt		
Der Aufsichtsrat überwacht die Geschäftsführung		
Die Hauptversammlung beschließt als Organ aller Aktionäre über die Verwendung des festgestellten Gewinns und über wesentliche Grundsatzfragen, wie z.B. Kapitalveränderungen		
Die AG haftet als juristische Person mit ihrem Gesellschaftsvermögen		
Die Gesellschafter haften nur mit ihrer Einlage der Gesellschaft gegenüber		

Aufgabe 2
Nebenstehend finden Sie ein Fallbeispiel für eine Firmengründung in Deutschland. Welche Rechtsform wählt die Schweizer Firma? Arbeiten Sie mit Ihrem Nachbarn zusammen, und vergleichen Sie anschließend Ihre Arbeitsergebnisse im Plenum!

1

Die erfolgreiche Schweizer Firma „Rütli-Rasenmäher AG" will in der Bundesrepublik Deutschland eine Tochterfirma gründen, die deutsche Kleingärtner mit Rasenmähern versorgen soll. Die „Rütli-Rasenmäher-AG" ist sich nicht sicher, ob die Schweizer Qualitätsgeräte mit ihren entsprechenden Preisen unter den deutschen Kleingärtnern ausreichend Abnehmer finden - sind doch hier die Japaner schon mit einem Billiggerät auf dem Markt - und will daher die Haftung beschränkt wissen. Da sie gleichzeitig in Österreich entsprechend investieren will, will sie nur mit einem relativ geringen Betrag, d.h. in ihrem Fall unter DM 100 000,- einsteigen. Sie kennt die Absatzprobleme bei Qualitätsrasenmähern in der Schweiz und hat demzufolge ein starkes Interesse daran, die Geschäftsführung der Tochtergesellschaft zu kontrollieren.

Lexikon

Aktiengesellschaft, die, -en/ AG, die, -s	**Kapitalgesellschaft mit einem Mindestkapital von 100 TDM, das in Aktien zerlegt ist**
Grundkapital, das, o. Pl./ Nominalkapital, das, o.Pl.	**Mindestkapital einr Aktiengesellschaft**
Aktie, die, -n	**Bruchteil des Grundkapitals einer Aktiengesellschaft**
Nennwert, der, -e	**auf der Aktienurkunde aufgedruckter Betrag des Anteils am Grundkapital der AG**
Aktionär, der, -e	**Inhaber einer Aktie**
Vorstand, der, ¨ e	**mindestens zweiköpfiges Gremium, das die Geschäfte der Aktiengesellschaft in eigener Verantwortung führt und die AG nach außen vertritt**
Aufsichtsrat, der, ¨ te	**3 bis 21-köpfiges Gremium, das den Vorstand bestellt und abberuft und u.a. seine Geschäftsführung kontrolliert**
Hauptversammlung, die, -en	**Versammlung aller Aktionäre, die u.a. die Aufgabe hat, den Aufsichtsrat zu wählen, über die Verwendung des festgestellten Gewinns zu entscheiden und Vorstand und Aufsichtsrat zu entlasten**

Begrenztes Risiko und leichte Kapitalbeschaffung?

Aufgabe 3
Bitte ordnen Sie Termini und Begriffsinhalte einander zu! Arbeiten Sie mit Ihrem Nachbarn zusammen, und Vergleichen Sie anschließend Ihre Arbeitsergebnisse im Plenum!

Grundkapital

Aktie

Stammeinlage

Stammkapital

Aktionär

Nennwert

Bruchteil des Grundkapitals einer AG - _____

Inhaber von Aktien einer AG - _____

der einer Aktie aufgedruckte Geldbetrag - _____

die auf den einzelnen Gesellschafter entfallende Beteiligung am Stammkapital - _____

Summe der Stammeinlagen einer GmbH - _____

Gründungskapital einer AG - _____

Aufgabe 4
Welche Organe einer Aktiengesellschaft nehmen die folgenden Aufgaben wahr? Arbeiten Sie mit Ihrem Nachbarn zusammen, und vergleichen Sie anschließend Ihre Arbeitsergebnisse im Plenum!

Organe der AG	Aufgaben
	Wahl des Aufsichtsrats, Entlastung des Vorstands und des Aufsichtsrats, Satzungsänderungen, Kapitalerhöhung und -herabsetzung, Auflösung, Verschmelzung etc.
	Prüfung der Bücher, Bestellung und Abberufung der Vorstandsmitglieder, Vertretung der Gesellschaft gegenüber dem Vorstand, Prüfung des Jahresabschlusses, der Gewinnverteilung etc.
	Geschäftsführung

Aufgabe 5
Bitte ergänzen Sie die Tabelle! Arbeiten Sie mit Ihrem Nachbarn zusammen, und vergleichen Sie anschließend Ihre Arbeitsergebnisse im Plenum!

Rechtsform Merkmale	Kapitalgesellschaften	
	GmbH	**AG**
(1) Gesetzliche Grundlage	GmbHG	AktG
(2) Bezeichnung der (Mit-) Eigentümer	Gesellschafter	_____
(3) Mindestanzahl bei Gründung	2 (aber: bei 1-Mann-GmbH Sicherheiten für nicht eingezahltes Stammkapital notwendig)	_____
(4) Vorgeschriebenes Haftungskapital bei Gründung	_____	_____
(5) Haftung	_____	_____
(6) Eigenkapitalbeschaffung	_____	_____
(7) Leitungsbefugnis	Liegt (mit unterschiedlichen Schwerpunkten) bei den dafür gesetzlich vorgesehenen Organen:	
(8) Bedeutung der einzelnen Rechtsformen (BR Deutschland 1970)	1,8% aller Unternehmungen, 15% aller Beschäftigten	0,1% aller Unternehmungen, 18,5% aller Beschäftigten

400.000 GmbHs in der Bundesrepublik Deutschland

Die GmbH ist die typische Rechtsform für Familienbetriebe und mittelständische Unternehmen. Die 400 000 GmbHs in Deutschland beschäftigen rund 10 Mio. Arbeitnehmer und erwirtschaften 50% des Gesamtumsatzes. Typische Beispiele für GmbHs sind auch folgende Unternehmen:

Allgemeine Deutsche Philips GmbH, Hamburg; Black & Decker GmbH, Idastein, Taunus; Blaupunkt-Werke GmbH, Hildesheim; Robert Bosch GmbH, Stuttgart; Burda Druck und Verlag GmbH, Offenburg; Deutsche Nestlé GmbH, Lindau; Deutsche Unilever GmbH, Hamburg; Du Pont de Nemours (Deutschland) GmbH, Düsseldorf; Hewlett Packard GmbH, Böblingen; IBM Deutschland GmbH, Stuttgart; interrent Autovermietung GmbH, Hamburg; Karl Kässbohrer Fahrzeugwerke GmbH, Ulm; Klöckner Industrie-Anlagen GmbH, Duisburg; Fried. Krupp GmbH, Essen; Maggi GmbH, Singen; Procter & Gamble GmbH, Schwalbach; Rank Xerox GmbH, Düsseldorf; Texas Instruments Deutschland GmbH, Freising; Wienerwald GmbH, München.

Begrenztes Risiko und leichte Kapitalbeschaffung?

Aufgabe 6

Welche der im Text auf Seite 175 genannten Firmen sind Ihrer Meinung nach deutsche Tochtergesellschaften ausländischer Firmen? Warum wählen sie die Rechtsform der GmbH?

Arbeiten Sie mit Ihrem Nachbarn zusammen, und vergleichen Sie anschließend Ihre Arbeitsergebnisse im Plenum!

_____

_____

_____

_____

_____

_____

2500 Aktiengesellschaften in den alten Bundesländern

1872 gab es in Preußen 470 Aktiengesellschaften. Heute gibt es in den alten Bundesländern rund 2500. Die AGs machen ca. 20% der Gesamtumsätze und beschäftigen ca. 20% aller Erwerbstätigen. In der Bundesrepublik gibt es ca. 3,5 Mio. Aktionäre, 5% der Aktien sind im Besitz privater Haushalte. Nach Schätzung der Bundesbank befinden sich ca. 25% der börsendotierten deutschen Aktien in Auslandsbesitz. Beispiele führender Aktiengesellschaften sind:

Aachener und Münchener Versicherungs AG, Aachen; AEG-Telefunken Kabelwerke AG, Rheydt; Allianz-Versicherungs AG, München; AUDI Aktiengesellschaft, Ingolstadt; Badische Anilin- & Sodafabrik AG, Ludwigshafen; Bayer AG, Leverkusen; Bayerische Hypotheken- und Wechselbank AG, München; Bayerische Motorenwerke AG, München; Bertelsmann AG, Gütersloh; Commerzbank AG, Düsseldorf; Daimler-Benz AG, Stuttgart; Deutsche Bank AG, Frankfurt/Main; Dresdner Bank AG, Frankfurt/Main; Esso AG, Hamburg; Felten & Guillaume Carlswerke AG, Köln-Mühlheim; MAN-Maschinenfabrik Augsburg-Nürnberg AG, Augsburg; Adam Opel AG, Rüsselheim/Bochum; Ruhrgas AG, Essen; RWE Rheinisch-Westfälisches Elektrizitätswerk AG, Essen; SEL Standard Elektrik Lorenz AG, Stuttgart-Zuffenhausen; Vereinigte Elektrizitäts- und Bergwerk AG Bonn und Berlin (VEBA), Volkswagen AG, Wolfsburg.

Aufgabe 7

Welche der im Text aufgeführten Aktiengesellschaften gehören welcher Branche an? Geben Sie jeweils mindestens ein Beispiel an!

Arbeiten Sie mit Ihrem Nachbarn zusammen, und vergleichen Sie anschließend Ihre Arbeitsergebnisse im Plenum!

- ■ **Bankwesen**
  - _____

- ■ **Versicherungswesen**
  - _____

- ■ **Produktion:**

  - **-Chemie**
    - _____

  - **-Maschinen- und Anlagenbau**
    - _____

  - **-Autoindustrie**
    - _____

  - **-Energie**
    - _____

Aufgabe 8

- ■ Versuchen Sie, die Standorte der GmbHs und AGs auf einer Deutschlandkarte zu lokalisieren! Was schließen Sie daraus?
- ■ Welche Formen der Kapitalgesellschaften gibt es in Ihrem Land?
- ■ Wodurch unterscheiden sich vergleichbare Formen?

Die GmbH als Komplementär

In den Gelben Seiten (Branchentelephonbuch zu den amtlichen Telephonbüchern der Deutschen Post Telekom) finden Sie z.B. folgende Anzeigen:

Kleinheinz GmbH& Co.KG Gesellschaft für schlüsselfertiges Bauen Raiffeisenstr. 13 80632 München Tel. (089) 3922 34 Fax (089) 392528	Sudel GmbH&Co.KG Gesellschaft für Gebäudereinigung Heinzelmannstr. 54 80678 München Tel. (089) 1325434	Styx Verwaltungs GmbH&Co. VerpachtungsKG verkauft oder verpachtet Ihren Betrieb zielstrebig schnell sicher Wallhallastr. 89, 80 342 München Tel (089) 253647 Fax (089) 546782

Aufgabe 1
Alle folgenden Aussagen sind richtig. Gehen sie aus dem obigen Text hervor? Arbeiten Sie mit Ihrem Nachbarn zusammen, und vergleichen Sie anschließend Ihre Arbeitsergebnisse im Plenum!

	ja	nein
Die GmbH&Co.KG ist eine Mischform aus Personen- und Kapitalgesellschaft		
Bei der GmbH&Co.KG sind eine oder mehrere Kapitalgesellschaften an einer Personengesellschaft beteiligt		
Komplementär der GmbH&Co.KG ist eine GmbH, die als juristische Person mit ihrem Stammkapital haftet		
Die Kommanditisten einer GmbH&Co.KG haften mit ihrer Einlage		
Bei der GmbH&Co.KG bleiben die Vorteile der Personengesellschaft erhalten, die volle Vermögenshaftung wird jedoch umgangen		

80.000 GmbH&Co.KGs in Deutschland

Die GmbH&Co.KG ist seit 1922 zulässig, hat aber immer noch keine eindeutige Rechtsgrundlage. Augenblicklich gibt es in Deutschland ca. 80.000 GmbH&Co.KGs, primär bei kleineren und mittleren Unternehmensgrößen. Sie machen rund 60% der KG-Unternehmen aus. Die Beliebtheit dieser Rechtsform beruht heutzutage vermutlich u.a. darauf, daß sich die Vorteile der GmbH und der KG im Interesse der Gesellschafter so kombinieren lassen, daß die Existenz der Unternehmen nicht so abhängig von den Zufälligkeiten der Gesellschafterexistenz ist wie bei der KG und daß die Haftung des Komplementärs beschränkt ist.

Aufgabe 2
Handelt es sich bei den folgenden Merkmalen der GmbH & Co.KG um Vorteile oder Nachteile? Arbeiten Sie mit Ihrem Nachbarn zusammen, und vergleichen Sie anschließend Ihre Arbeitsergebnisse im Plenum!

	Vorteil	Nachteil
Beschränkung der Haftung auf Einlagen der Kommanditisten und das Gesellschaftsvermögen der GmbH		
relativ komplizierte Gründung		
Kapitalbeteiligung vieler Anleger möglich		
Geschäftsführung durch einen angestellten Geschäftsführer möglich		
Kontinuität des Unternehmens bei Tod von Gesellschaftern		

Gemeinsam stark ?

Besserer Preis für frische Fische?

Peter Petersen ist wie sein Vater Fischer auf der Nordseeinsel Pellworm. In den letzten Jahren ist es für ihn zunehmend schwerer geworden, einen angemessenen Preis für seine fangfrischen Fische zu erzielen. Die Fische auf dem Markt anzubieten, ist für ihn zu zeitaufwendig, für die Einrichtung eines Ladengeschäfts oder einer Räucherei hat er kein Geld, bei Verhandlungen mit den Großhändlern, die in Pellworm einkaufen, wird er immer wieder gegen die anderen Fischer ausgespielt. Angesichts des zunehmenden Tourismus auf Pellworm und der zahlreichen neuen Ferienwohnungen besteht jedoch ein Bedarf an fangfrischem Fisch. Peter Petersen schließt sich mit sechs Fischerkollegen, denen es ähnlich geht, kurz. Um ein Ladengeschäft einrichten und gegenüber den Großhändlern geschlossen auftreten zu können, gründen sie die „Fischerei-genossenschaft Pellworm e.G." und lassen sie in das Genossenschaftsregister eintragen. Peter Petersen und Emil Schlotterhose werden zum Vorstand gewählt, Fritz Fischer, Karl Kahle und Jan Spökenkieker werden damit betraut, die Geschäftsführung zu überwachen. Als das Ladengeschäft Erfolg hat und die Genossenschaft von den Großhändlern bessere Preise erzielen kann, schließen sich weitere Pellwormer Fischer der Genossenschaft an.

Aufgabe 1
Alle folgenden Aussagen sind richtig. Gehen sie aus dem obigen Text hervor? Arbeiten Sie mit Ihrem Nachbarn zusammen, und vergleichen Sie anschließend Ihre Arbeitsergebnisse im Plenum!

	ja	nein
Die Genossenschaft ist ein freiwilliger Zusammenschluß zur Förderung des Erwerbs bzw. der Wirtschaft ihrer Mitglieder		
Der Grundgedanke der Genossenschaft ist Selbsthilfe, Selbstverwaltung und selbstverantwortliches Handeln mit demokratischen Strukturen		
Die Gründung einer Genossenschaft erfolgt durch mindestens 7 Mitglieder		
Die Genossenschaft hat keine geschlossene Mitgliederzahl		
Für die Gründung einer Genossenschaft ist kein Mindestkapital vorgeschrieben		
Die Genossenschaft haftet gegenüber ihren Gläubigern nur mit dem Genossenschaftsvermögen		
Die Organe der Genossenschaft sind Generalversammlung, Vorstand und Aufsichtsrat		
Rechtsgrundlage der Genossenschaft ist das Genossenschaftsgesetz (GenG)		
Die Genossenschaft ist eine juristische Person		

Lexikon

Genossenschaft, die, -en — **Gesellschaft von nicht geschlossener Mitgliederzahl, die die Förderung des Erwerbs oder der Wirtschaft ihrer Mitglieder mittel eines gemeinsamen Geschäftsbetriebs bezweckt**

Generalversammlung, die, -en — **Organ einer Genossenschaft, in der die Mitglieder ihr Mitgliedschaftsrecht ausüben: Sie wählt Vorstand und Aufsichtsra beschließt über alle wichtigen Angelegenheiten und stimmt nach Köpfen, nicht nach Anteilen ab**

Aufgabe 2

Machen Sie eine schematische Übersicht über die Genossenschaft! Benutzen Sie dabei z.B. die Übersicht über die GmbH (S.175). Arbeiten Sie mit Ihrem Nachbarn zusammen, und vergleichen Sie anschließend Ihre Arbeitsergebnisse im Plenum!

Bedeutung der Genossenschaft in Deutschland

Genossenschaften gibt es in Deutschland seit über 100 Jahren. Sie machen 1% aller Betriebe aus und beschäftigen mehr als 1% aller Arbeitnehmer. Sie dienen insbesondere der Sicherung des Mittelstandes und haben besondere Bedeutung in der Landwirtschaft (z.B. Molkereigenossenschaften), im Handel (z.B. Einkaufsgenossenschaften) und im Wohnungsbau (Baugenossenschaften). Auch die Volks- und Raiffeisenbanken (Kreditgenossenschaften) beruhen auf genossenschaftlicher Organisation.

Aufgabe 3

Gibt es in Ihrem Land Unternehmen, die auf genossenschaftlicher Organisation beruhen? Welche Bedeutung haben sie? Informieren Sie das Plenum!

Der genossenschaftliche FinanzVerbund

Mit über 11 Mio. Mitgliedern und mehr als 20 Mio. Kunden sind die mehr als 3000 Volksbanken und Raiffeisenbanken mit ihren mehr als 20 000 Bankstellen ein wichtiger Faktor im deutschen Kreditgewerbe und in der deutschen Wirtschaft. Die Bankengruppe orientiert ihre Politik insbesondere an den Interessen ihrer mittelständischen Kunden und Mitglieder. Der FinanzVerbund umfaßt neben den Volksbanken und Raiffeisenbanken und regionalen Zentralbanken 12 Institute, die ebenfalls dezentral organisiert sind und einen umfassenden Service anbieten. Einige davon sind:

- DG Bank Deutsche Genossenschaftsbank
  überregional und international arbeitendes Spitzeninstitut der genossenschaftlichen Bankengruppe
- Deutsche Genossenschafts-Hypothekenbank Münchener Hypothekenbank eG
  langfristige Finanzierungen und Pfandbriefsparen
- Bausparkasse Schwäbisch Hall
  Bausparen
- R + V Versicherung
  Lebensversicherung und Sachversicherung
- Union Investmentgruppe
  Aktienfonds und Rentenfonds
- DIFA Deutsche Immobilien Fonds AG
  Kapitalgesellschaft für offene Immobilienfonds
- VR-Leasing ...

Aufgabe 4

Gibt es vergleichbar bedeutende Unternehmen auf genossenschaftlicher Basis in Ihrem Land? Informieren Sie das Plenum!

Warum und wie arbeiten Unternehmen zusammen?

Vereinbarung für 100 Jahre

Eistee gilt augenblicklich als der größte Wachstumsmarkt der Nahrungs- und Genußmittelindustrie. Der „Nestea" der Nestle AG, Vevey, ein Pulver-Tee mit Zitrone, der vornehmlich eiskalt getrunken wird, ist jedoch erst in 25 Ländern der Welt erhältlich. Deshalb hat der größte Lebensmittelkonzern der Welt, der 98% seines Umsatzes außerhalb der Schweiz macht, jetzt mit Coca-Cola, dem größten Getränkekonzern der Welt, einen Vertriebsvertrag geschlossen. Die Schweizer stellen den Nestea her, die Amerikaner verkaufen ihn. Die Vereinbarung gilt für 100 Jahre.

Aufgabe 1
Welche der nebenstehenden Begriffe stehen hinter den Praxisbeispielen? Informieren Sie sich mit Hilfe des Lexikons! Arbeiten Sie mit Ihrem Nachbarn zusammen, und vergleichen Sie anschließend Ihre Arbeitsergebnisse im Plenum!

Konzern

Kooperation

Kartell

2
Der deutsche Telephonmonopolist Telekom und der weltgrößte Chiphersteller Intel Corp., San José (Kalifornien) entwickeln gemeinsam Produkte für PC-gestützte Multimediakonferenzen und planen eine gemeinsame Vermarktung.

3
Die deutsche Traditionsfirma Grundig (Unterhaltungselektronik) gehört seit 1984 dem niederländischen Unternehmen Philips. Die Grundig-Manager können jedoch Entscheidungen bezüglich ihrer Werke in Spanien und Österreich selbst treffen.

1
Die deutschen Baukonzerne Philipp Holzmann und Hochtief sowie der Gleisbauspezialist Max Knape planen einen Zusammenschluß, um gemeinsam Aufträge der Deutschen Bahn AG in Ostdeutschland von 650 Mio. DM jährlich zu erhalten. Das Bundeskartellamt in Berlin wurde eingeschaltet.

4
Das Familienunternehmen Melitta, eins der führenden Unternehmen im Kaffeegeschäft mit einem Umsatz von ca. 433 Mio. DM, sieht erhebliche Wachstumspotentiale in Osteuropa. Deshalb hat es 1994 mit einheimischen Unternehmen in Polen, dem Baltikum und der Ukraine Verträge zum Zweck des Vertriebs der Melitta-Produkte abgeschlossen.

Aufgabe 2
Welche Rolle spielen Konzerne in Ihrem Land? Informieren Sie das Plenum!

Aufgabe 3
Welche Rolle spielen Kooperationen in Ihrem Land? Informieren Sie das Plenum!

Aufgabe 4
Sind Kartelle in Ihrem Land erlaubt? Informieren Sie das Plenum!

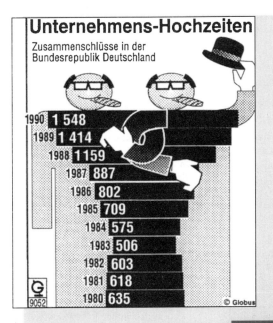

Unternehmens-Hochzeiten

Zusammenschlüsse in der
Bundesrepublik Deutschland

1990	1 548
1989	1 414
1988	1159
1987	887
1986	802
1985	709
1984	575
1983	506
1982	603
1981	618
1980	635

© Globus

Aufgabe 5
Was sagt die Graphik
über die wirtschaftliche
Konzentration in
der Bundesrepublik
Deutschland während
der letzten Jahre aus?

Aufgabe 6
1990 hat die Anzahl der
Fusionen in Deutschland
bislang ihren Höhepunkt
erreicht. Sehen Sie einen
Bezug zu den damaligen
politischen Ereignissen?

Aufgabe 7
Wie verläuft die Ent-
wicklung wirtschaftli-
cher Konzentration in
Ihrem Land?

Das Huhn sagt zum Schwein: „Laß uns zusammenarbeiten:
Wir fusionieren und erzeugen gemeinsam ham and eggs.
Ich liefere die Eier, du den Schinken."
Das Schwein denkt lange nach. Schließlich meint es:
„Im Prinzip keine schlechte Idee, aber...
dabei geh ich ja drauf!" Da erwidert das Huhn (kühl):
„Nun-ja, das haben Fusionen nun mal so an sich..."

Lexikon

Unternehmenszusam-menschluß, der, -üsse	Vereinigung rechtlich selbständiger Unternehmen zu bestimmten wirtschaftlichen Zwecken durch vertragliche Vereinbarung
Kooperation, die, -en	Unternehmenszusammenschluß, bei dem die beteiligten Betriebe rechtlich und u.U. auch wirtschaftlich selbständig bleiben
Fusion, die, -en	Unternehmenszusammenschluß, bei dem die beteiligten Betriebe ihre rechtliche und wirtschaftliche Selbständigkeit verlieren, so daß nach dem Zusammenschluß nur noch ein Unternehmen existiert
Konzern, der, -e	nach § 18 AktG Zusammenfassung rechtlich selbständiger Unter-nehmen unter einheitlicher Leitung bei kapitalmäßiger Verflechtung
Kartell, das, -e	in der EU grundsätzlich unzulässige Kooperationsform, die Markt-beherrschung durch Beseitigung oder zumindest Einschränkung des Wettbewerbs zum Ziel hat

Reflexion und Überprüfung

Sie haben in den letzten Einheiten einige Strategien bei der Erschließung von Wortbedeutung angewendet und auf diese Weise ohne Lexikon Termini verstanden und gelernt. Wir möchten an dieser Stelle einige dieser Strategien verdeutlichen.

1. Sie kennen das Wort "Person", und Sie kennen das Wort „natürlich". Aus diesen beiden Wörtern ist der Begriff „Natürliche Person" gebildet.
Entspricht a), b) oder c) dem Begriffsinhalt des Terminus „natürliche Person"?

■ a) Eine natürliche Person ist eine Person, die mit der Natur verbunden ist.
■ b) Eine natürliche Person ist eine Person, die ein natürliches Verhalten an den Tag legt.
■ c) Eine natürliche Person ist im Rechtssinn jeder Mensch.

Der Begriff „natürliche Person" ist ein sogenannter Zwei-Wort-Terminus. Ein Zwei-Wort-Terminus wird aus Adjektiv und Substantiv gebildet. Beide Elemente schaffen den spezifischen Begriffsinhalt. Dieser kann manchmal über die Bedeutung der Einzelelemente erschlossen werden.

Aufgabe 1
Sind die folgenden Zwei-Wort-Termini über die Kenntnis der Komponenten Substantiv und Adjektiv erschließbar?

	ja	nein
stiller Gesellschafter		
unbeschränkte Haftung		
unmittelbare Haftung		
gesamtschuldnerische Haftung		
juristische Person		
Offene Handelsgesellschaft		
gesetzliche Grundlage		
mittelständisches Unternehmen		
Gelbe Seiten		
Amtliches Telefonbuch		

Aufgabe 2
Suchen Sie aus den Kapiteln 1-5 mindestens 10 Zwei-Wort-Termini heraus, die sich nicht aus der Kenntnis ihrer Komponenten erschließen lassen!

2. Sie haben in Kapitel 5 Möglichkeiten der Terminologiebildung durch Substantivierung von Verben aus der Allgemeinsprache kennengelernt. Dabei handelte es sich darum, Träger von Handlungen zu benennen. Dies ist eine der Möglichkeiten im Deutschen, eine Wortart in die andere zu überführen:

Verb ➤ Substantiv
z.B. leiten – Leiter, Leitung

Adjektiv ➤ Substantiv
z.B. rechtsfähig – Rechtsfähigkeit

Substantiv ➤ Verb
z.B. Streik – streiken
Fusion – fusionieren

Substantiv ➤ Adjektiv
z.B. Kaufmann – kaufmännisch

Sie haben bei der Substantivierung von Verben, die Sie aus der Allgemeinsprache kennen, festgestellt, daß diese dabei oft ihre Bedeutung ändern. Es gibt aber auch Verben, die - neben anderen Bedeutungen in der Allgemeinsprache - denselben Begriffsinhalt haben wie der entsprechende substantivische Terminus, z.B. Haftung - haften, positionieren - Positionierung. Diese Bedeutung der Verben, die fachsprachliche, ist in vielen allgemeinsprachlichen Lexika, insbesondere in den kleineren, naturgemäß nicht angegeben. Diese Verben finden sich aber auch nicht im Fachlexikon - dort ist nur das entsprechende Substantiv aufgeführt. Bei den aus Adjektiven abgeleiteten Termini findet sich ebenfalls nur das Substantiv als Eintrag im Fachlexikon.

Es empfiehlt sich also, bei der Arbeit mit dem Lexikon vom Fachlexikon auszugehen und bei der Bedeutungsklärung von Verben und Adjektiven das entsprechende Substantiv nachzuschlagen. Es liefert die nötigen Hinweise für die Bedeutungserschließung von Adjektiv oder Verb.

Aufgabe 3
Haben bei den folgenden Beispielen Verben bzw. Adjektive denselben Begriffsinhalt wie die entsprechende substantivischen Termini?

	ja	nein
einlegen/Einlage		
haften/Haftung		
beteiligen/Beteiligung		
kaufen/Kauf		
Fusion/fusionieren		
Marke/markieren		
segmentieren/Segmentierung		
rechtsfähig/Rechtsfähigkeit		
verbindlich/Verbindlichkeit		
zahlungsunfähig/Zahlungsunfähigkeit		

Reflexion und Überprüfung

1.

Rechtsform / Merkmale		Personengesellschaften			
		OHG			
(1) Gesetzliche Grundlage	§§ 1-104 HGB	§§ 105-160 HGB	§§ 161-177 HGB	GmbHG	AktG
(2) Bezeichnung der (Mit-)Eigentümer	Inhaber				
(3) Mindestanzahl bei Gründung					
(4) Vorgeschriebenes Haftungskapital bei Gründung					
(5) Haftung					
(6) Eigenkapitalbeschaffung					
(7) Leitungsbefugnis		Liegt je nach Gesellschaftsvertrag bei allen oder einzelnen Gesellschaftern			
(8) Bedeutung der einzelnen Rechtsformen (BR-Deutschland 1970)	91% aller Unternehmungen, 35 % aller Beschäftigten	5,8 % aller Unternehmungen, 24,8 % aller Beschäftigten		1,8 % aller Unternehmungen, 15 % aller Beschäftigten	0,1 % aller Unternehmungen, 18,5 % aller Beschäftigten

2.

Die Genossenschaft	
Rechtsgrundlage	**GenG** _____
Rechtsfähigkeit	_____
Gründung	**Durch Festlegung eines Statuts** _____ **Durch mindestens** _____ **Grundkapital** _____ **Eintragung ins** _____
Eigenkapitalbe-schaffung	**Durch** _____
Haftung	_____
Organe	_____ _____ _____

3. Bei den folgenden Formen der Zusammenarbeit von Unternehmen paßt jeweils ein Merkmal nicht. Welches?

■ Kartell: unzulässige Kooperationsform von Unternehmen, rechtliche Selbständigkeit der beteiligten Unternehmen, wirtschaftliche Abhängigkeit der beteiligten Unternehmen

■ Kooperation: zulässiger Zusammenschluß von Unternehmen, keine rechtliche Selbständigkeit der beteiligten Unternehmen, u.U. wirtschaftliche Selbständigkeit der Unternehmen

■ Konzern: keine rechtliche Selbständigkeit der beteiligten Unternehmen, einheitliche Leitung, kapitalmäßige Verflechtung

Kapitel 1

Seite 10: <u>Aufgabe 1</u>
ja: 3/6
Seite 11: <u>Aufgabe 2</u>
ja: 2/3/4/5/6
<u>Aufgabe 3</u>
ja:1/2/4/5/6/7/9/11
Seite 12: <u>Aufgabe 1</u>
8.32 Konzeptionelle
Kompetenz, 8.33 So-
ziale Kompetenz, 8.36
Technische Kompetenz
<u>Aufgabe 2</u>
1.Konzeptionelle u.
technische Kompetenz
2.Technische Kompe-
tenz, 3.Technische u.
soziale Kompetenz
Seite 15: <u>Aufgabe 1</u>
ja: 1/2/3/4/5/7/8/9
Seite 16: <u>Aufgabe 2</u>
ja: 1/2/4/5/6/7
Seite 17: <u>Aufgabe 3</u>
ja: alle
Seite 18: <u>Aufgabe 4</u>
1.Corporate Identity
2.Vision 3.Unterneh-
mensphilosophie 4.Cor-
porate Identity 5.Un-
ternehmensphilosophie
6.Unternehmenskultur
Seite 20: <u>Aufgabe 1</u>
d; c; a; b; a
Seite 21: <u>Aufgabe 2</u>
1. Soziale Ziele
2. Ökologische Ziele
3. Soziale/ ethische
Ziele 4. Ethische Ziele
5. Ökonomische Ziele
Seite 22: <u>Aufgabe 1</u>
i; h; f; e; b; c; e; d; d;
g; a
<u>Aufgabe 2</u> b; c; a
Seite 24: <u>Aufgabe 3</u>
1. Hersteller/ Produzent
2. Rohstoff 3. Liefer-
anten 4. Verbraucher/
Konsument 5. Lager
6. Produkt 7. Hilfsstoff
8. Kunden 9. Werkstoff
Seite 25: <u>Aufgabe 4</u>
Deutsche Bank: Dienst-
leistungsbetrieb; BMW:
Produktionsbetrieb,
Konsumgüter;Lufthansa:
Dienstleistungsbetrieb;
Schlöhmann Walzstr u.
Ind.: Produktionsbetrieb,
Produktionsgüter;
Siemens: Produktions-
betrieb, Produktions- u.
Konsumgüter;
Löwenbräu München:
Produktionsbetrieb,
Konsumgüter

Seite 26: <u>Aufgabe 1</u>
ja: 1/2/4
Seite 27: <u>Aufgabe 3</u>
ja: 1/2/3
Seite 28: <u>Aufgabe1</u>
e; d; e; c; f; b; a
Seite 29: <u>Aufgabe 2</u>
Einkauf: Materialbe-
schaffung; Verzinkerei:
Produktion; Verkauf-In-
land: Absatz/Marketing;
Buchhaltung: Verwaltung
<u>Aufgabe 3</u> Einkauf:
Funktion; Verkauf-Inland:
Region; Draht: Produkt
Seite 31: <u>Aufgabe 4</u>
ja: alle
Seite 32: <u>Aufgabe 1</u>
1. Vorstandsmitglied;
Bereichsleiter;
Hauptabteilungsleiter;
Abteilungsleiter;
Sachbearbeiter;
Maschinenbaustudium;
Abitur
2. Direktorin Controlling;
4 Jahre Urlaub zur Er-
ziehung der Kinder;
Direktorin Controlling;
Vorstandsassistentin;
Studium in den USA;
Studium in Deutschl.;
Abitur
3. Werksleiter;
Bereichsleiter;
Hauptabteilungsleiter;
Abteilungsleiter;
stellvertr. Planungsl.;
Unterabteilungsleiter;
Tätigkeit in der
Elektroplanung;
Elektriker im Großunt.;
Lehre
Seite 33:
<u>Aufgabe 2</u>
Berger: 2 Ebenen;
„Deutsche Eiche": 3
Seite 34: <u>Aufgabe 1</u>
1.Japanische Werke in
Japan, alle europäi-
schen Werke 2.In den
japanischen Werken in
Nordamerika 3.Japa-
nische Werke in Japan,
alle europäischen Werke
4.In japanischen Werken
in Japan 62, in euro-
päischen dagegen 0,4
Seite 35: <u>Aufgabe 3</u>
ja: 1/3/5
Seite 36:
Produktionsgüter, Kon-
sumgüter, zum Beispiel:
Betrieb, Güter herstellt;
Konsumgüter, Produk-
tionsgüter; Produk-

tionsgüter; Konsumgüter
Seite 37:
Angaben von Synonym;
Definition u. Exempli-
fizierung;
Exemplifizierung;
Angabe von Synonym
Seite 38: <u>1.</u>
1. Manager 2. Planen
3. Führen 4. Middle
Management 5. Top
Management 6. Soziale
Kompetenz 7. Konzept-
ionelle Kompetenz
8. Entscheiden
9. Lower Management
10. Kontrollieren
<u>2.</u>
1. Vision 2. Unter-
nehmensphilosophie
3. Unternehmenskultur
4. Ökonomisches Ziel
5. Ökologisches Ziel
6. Corporate Identity
Seite 39: <u>3.</u>
1. Produktionsleiter
2. Bereich 3. Gruppen-
leiter 4. Abteilung
5. Organisationsstruktur
6. Meister 7. Bereichs-
leiter 8. Kaufmännischer
Bereich 9. Stelle
10. Abteilungsleiter
11. Prokurist
12. Lean Management

Kapitel 2

Seite 42: <u>Aufgabe 1</u>
f; l; d; g; a; b; c; i; m;
k; h; e
Seite 44: <u>Aufgabe 2</u>
1. Belegschaft
2. Arbeitgeber
3. Arbeitnehmer
4. Betriebsrat
5. Betriebsrat
<u>Aufgabe 3</u>
1. Kündigung
2. Entlassung
3. Abfindung
4. Kündigung
5. Teilzeitarbeit
6. Einstellung
7. Kurzarbeit
Seite 46: <u>Aufgabe 4</u>
4/5/6/7
Seite 47: <u>Aufgabe 1</u>
Köche: Gewerkschaft
Nahrung- Genuß-
Gaststätten;
Lehrer: Gewerkschaft
Erziehung u. Wissen-
schaft; Fernsehreporter:
Industriegewerkschaft
Medien;

Busfahrer der Stadt-
werke Köln: Gewerk-
schaft Öffentl. Dienste,
Transport und Verkehr;
Meister bei VW: IG Metall
Seite 48: <u>Aufgabe 4</u>
ja: 2/3
Seite 49: <u>Aufgabe 5</u>
2/4
Seite 51: <u>Aufgabe 6</u>
1. Tarifpartner/ Tarif-
parteien; Tarifvertrag
2. Gewerkschaften
3. Urabstimmung;
Streik; Streik; Urab-
stimmung; Aussperrung
4. Gewerkschaften;
Arbeitgeberverbänden
5. Streiks; Tarifvertrags;
Friedenspflicht
Seite 53: <u>Aufgabe 9</u>
ja: 4
Seite 54: <u>Aufgabe 1</u>
Verbraucherschutz-
gesetzgebung; Umwelt-
schutzgesetzgebung;
Arbeitsrecht; Verbrau-
cherschutzgesetzgebung;
Arbeitsrecht; Umwelt-
schutzgesetzgebung
Seite 55: <u>Aufgabe 3</u>
b; c; d; b; a
Seite 56: <u>Aufgabe 2</u>
ja: 7
Seite 58: <u>Aufgabe 3</u>
zusätzliche Personal-
kosten/ Lohnneben-
kosten; Direktentgelt;
Lohnnebenkosten/ zu-
sätzliche Personalkos-
ten; Lohnnebenkosten;
gesetzlichen; tariflichen;
betrieblichen; Sozial-
versicherung; Renten-
versicherung; Kranken-
versicherung; Arbeits-
losenversicherung;
Lohnnebenkosten; 13.
Gehalt
Seite 60: <u>Aufgabe 1</u>
ja: 1/2/4
Seite 61: <u>Aufgabe 2</u>
Prämienlohn;
Zeitlohn;
Akkordlohn
<u>Aufgabe 3</u>
richtig: 1/3/4
Seite 62: <u>Aufgabe 4</u>
1. Gewinnbeteiligung
2. Kapitalbeteiligung
3. Kapitalbeteiligung
Seite 64: <u>Aufgabe 5</u>
Anerkennung: Motivator;
Verantwortung: Moti-
vator; Verwaltung/
Unternehmenspolitik:

Hygienefaktor;
Lohn: beides
Seite 65: <u>Aufgabe 5</u>
1. Arbeitszeitgestaltung
2. Arbeitszeitgestaltung
3. Arbeitsstrukturierung
Seite 66: <u>Aufgabe 1</u>
ja: 1/4/5/6
Seite 68:
Mehlwurm, Heißer Ofen;
Semmelmeier; Zeit,
Leistungsmenge pro Zeit-
einheit, Zeitorientierung
Seite 70: <u>Aufgabe 1</u>
Oberbegriff;
Unterbegriff
<u>Aufgabe 2</u>
Terminus; Begriffsinhalt
<u>Aufgabe 3</u>
„Hauptbestandteil";
„nicht Hauptbestand-
teil"; „nicht Bestandteil"
Seite 71: <u>1.</u>
1. Arbeitgeber 2. Ar-
beitnehmer 3. Arbeits-
losenversicherung 4. Ent-
lassung 5. Einstellung
6. Teilzeitarbeit 7. So-
zialplan 8. Arbeitsver-
trag 9. Rente 10. Kurz-
arbeit 11. Lohnsteuer
12. Krankenversiche-
rung 13. Unfallversich-
erung 14. Sozialver-
sicherung 15. Renten-
versicherung 16. Kün-
digung 17. Abfindung
18. Betriebsrat
Seite 72: <u>2.</u>
1. Tarifvertrag 2. Tarif-
parteien 3. Gewerk-
schaft 4. Schlichtung
5. Tarifverhandlung
6. Arbeitgeberverband
7. Tarifautonomie
8. Deutscher Gewerk-
schaftsbund 9. Tariflohn
10. Sozialpartner
11. Tarifkonflikt 12. Ar-
beitskampf 13. Streik
14. Aussperrung
Seite 73: <u>3.</u>
1. Pauschalierter Mo-
natslohn 2. Akkordlohn
3. Arbeitsstrukturierung
4. Prämienlohn 5. Ka-
pitalbeteiligung 6. Ar-
beitszeitgestaltung
7. Gewinnbeteiligung
8. Zeitlohn
9.Arbeitsentgelt

Kapitel 3

Seite 77: <u>Aufgabe 1</u>
ja: 1/2/3/5/7

Seite 78: <u>Aufgabe 2</u>
c; a; h; k; b; i; e; g; f; d; i
Seite 80: <u>Aufgabe 3</u>
ja: keines
<u>Aufgabe 4</u>
1. Käufermarkt
2. Verkäufermarkt
3. Käufermarkt
Seite 82: <u>Aufgabe 1</u>
ja: 1/2/3/4/7
<u>Aufgabe 2</u>
1. 1974 2. 75% Marktanteil 3. Gutes Design u. gute Qualität zu niedrigem Preis
Seite 83: <u>Aufgabe 3</u>
1. Produkt 2. Zielgruppe 3. Produktidee 4. Ergebnisse der Marktforschung 5. Konkurrenz 6. Umsatz 7. Standorte 8. Positionierung
Seite 85: <u>Aufgabe 2</u>
1. Ökologische Komponente 2. Technologische/ ökologische Komponente 3. Soziokulturelle Komponente 4. Demographische Komponente 5. Politischrechtliche Komponente 6. Sozio- kulturelle Komponente
Seite 87: <u>Aufgabe 1</u>
ja: 1/4/5/6
Seite 88: <u>Aufgabe 2</u>
Raum Hamburg; Raum Düsseldorf; Raum Stuttgart ; Raum München
Seite 89: <u>Aufgabe 4</u>
1/2/3/4/5/7/9/10/ 11/12/13/14/16/17/ 18/19
Seite 90: <u>Aufgabe 5</u>
Marktvolumen; Marktpotential; Kaufkraft; Marktprognose; Marktanalyse
Seite 92: <u>Aufgabe 1</u>
ja: 1/3/4
Seite 93: <u>Aufgabe 2</u>
1. Marktführer
2. Nischenbesetzer/ Marktführer
3. Marktverfolger
4. Marktherausforderer
Seite 94: <u>Aufgabe 1</u>
ja: 1/2/3/5
Seite 95: <u>Aufgabe 2</u>
1. Marktpositionierung
2. Marktsegmentierung
3. Marktabschöpfung
4. Marktpositionierung
5. Marktdurchdringung
<u>Aufgabe 3</u>

Marktabschöpfung; Marktdurchdringung
Seite 96: <u>Aufgabe 1</u>
Italienisch: Bank, Konto, Diskontieren;
Französisch: Budget, Spediteur, Baisse, Coupon, Exporteur;
Englisch: Marketingmix, (Budget), Sponsoring, Just-in-Time, Image
Seite 98:
<u>1.</u> Käufermarkt; Verkäufermarkt
<u>2.</u> Markforschung; Marktanalyse; Marktprognose
<u>3.</u> Anbieter - Nachfrager; Verkäufer - Käufer; Hersteller - Verbraucher; Produzent - Konsument
<u>4.</u> Marktführer; Marktverfolger; Marktherausforderer; Marktmitläufer; Nischenbesetzer
Seite 99: <u>5.</u>
1. Marketing
2. Marktvolumen
3. Marketingumfeld
4. Kaufkraft
5. Marktsegmentierung
6. Marktpotential
7. Marketingstrategie
8. Positionierung
9. Marktdurchdringung

Kapitel 4

Seite 102: <u>Aufgabe 1</u>
ja: 1/2/3/4/6/8
Seite 103: <u>Aufgabe 1</u>
1. Produktmix/ Produktpolitik 2. Preismix/ Kontrahierungsmix 3. Distributionsmix 4. Kommunikationsmix
Seite 104: <u>Aufgabe 2</u>
1. Distributionsmix
2. Preismix
3. Marketingmix
4. Kommunikationsmix
5. Produktmix
6. Kommunikationsmix
Seite 105: <u>Aufgabe 3</u>
Kontrahierungspolitik; Produkt- u. Programmpolitik; Promotion
Seite 107: <u>Aufgabe 2</u>
ja: 1/4/5/7
Seite 108: <u>Aufgabe 4</u>
Markenartikel; Gattungsmarken
Seite 109: <u>Aufgabe 5</u>
1. Freiwillige Garantie L.
2. Service/ Kundendienst

3. Produktqualität
4. Service/ Kundendienst
5. Freiwillige Garantieleistung
6. Produkthaftung/ Produzentenhaftung
7. Produktqualität
Seite 110: <u>Aufgabe 1</u>
ja: 1/2/5
Seite 111: <u>Aufgabe 2</u>
1. Umverpackung
2. Verpackung
3. Verpackungen; Umverpackungen
Seite 112: <u>Aufgabe 1</u>
a) Sortimentstiefe
b) Sortimentsbreite
Seite 113: <u>Aufgabe 2</u>
1. große Programmbreite 2. große Programmbreite u. -tiefe 3. geringe Sortimentsbreite 4. große Programmtiefe 5. große Sortimentstiefe 6. geringe Programmbreite
Seite 114: <u>Aufgabe 1</u>
ja: 1/2/4/5/6/7
<u>Aufgabe 2</u>
1. Produktdiversifikation
2. Produktdifferenzierung
3. Produktdiversifikation
4. Produktinnovation
5. Produktvariation
6. Produkteliminierung
7. Relaunch
8. Produktpersistenz
Seite 116: <u>Aufgabe 1</u>
ja: 1/2/4
Seite 117: <u>Aufgabe 2</u>
1. Kundenorientierte/ nachfrageorientierte Preisfestlegung
2. Konkurrenzorientierte Preisfestlegung
3. Gewinnorientierte Preisfestlegung
4. Psychologische Preisfestlegung
5. Kostenorientierte Preisfestlegung
6. Psychologische Preisfestlegung
Seite 118: <u>Aufgabe 1</u>
1. Rabatt 2. Lieferbedingung 3. Zahlungsbedingung 4. Kredit 5. Rabatt
Seite 119: <u>Aufgabe 2</u>
b; a; d; e; c; e
Seite 120: <u>Aufgabe 3</u>
Funktionsrabatt; Skonto; Mengenrabatt; Bonus
Seite 121: <u>Aufgabe 4</u>
1. Preisstellung mit flexibler Frachtkostenüber-

nahme
2. Frachtbasispreisstellung
3. Werksabgabepreis
4. Einheitliche Frei-Haus-Preisstellung
5. Zonenpreisstellung
6. Preisstellung mit flexibler Frachtkostenübernahme
Seite 122: <u>Aufgabe 1</u>
rechts: 2/4/5/7
Seite 123: <u>Aufgabe 2</u>
1. Unter der Marke versteht man <u>Namen, Zahlen, Symbole</u> [zur Identifizierung] (der Güter oder Dienstleistungen) (eines Anbieters) [am Markt].l
2. Bei <u>Barzahlung</u> [innerhalb von 14 Tagen] [nach Erhalt] (der Ware)l gewähren wir 3% Skonto.
3. Will ein Unternehmen ein Produkt in einen bisher nicht bearbeiteten Markt einführen, so muß es <u>Entscheidungen</u> [bezüglich der Beschaffenheit und Qualität] (des Produktes)l treffen.
4. 1958 baute Ingvar Kampard das erste Ikea-Möbelhaus [zur Präsentation] (seiner Produkte).l
5. Marktforschung erhebt <u>Daten</u> [über das Einkommen] (der Bevölkerung).l
6. Auf dem gesättigten und hart umkämpften <u>Markt</u> (der Armbanduhren) hat Swatch die <u>Schweizer Qualitätsuhr</u> [mit sportlichem Design] [zu erschwinglichen Preisen]l innerhalb weniger Jahre zum Welterfolg geführt.
Seite 124: <u>Aufgabe 1</u>
<u>1.</u> Produktmix/ Produktpolitik; Preismix/ Kontrahierungsmix; Distributionsmix; Kommunikationsmix
<u>2.</u> Produktinnovation; Produktdiversifikation; Produktvariation; Produktdifferenzierung; Produktpersistenz; Produkteliminierung

Seite 125:
<u>3.</u> a) Programmbreite
b) Sortimentspolitik
c) Gattungsnamen
d) Produkthaftung
<u>4.</u> kostenorientierte Preisfestlegung; gewinnorientierte Preisfestlegung; konkurrenzorientierte Preisfestlegung; nachfrageorientierte/kundenorientierte Preisfestlegung;
<u>5.</u> Kredit; Rabatt; Lieferbedingung; Zahlungsbedingung
<u>6.</u> Funktionsrabatt; Mengenrabatt; Zeitrabatt; Einführungsrabatt; Auslaufrabatt; Saisonrabatt

Kapitel 5

Seite 128: <u>Aufgabe 1</u>
ja: 1/2/3/5/6
Seite 129: <u>Aufgabe 2</u>
Direkten und indirekten Absatz
<u>Aufgabe 3</u> nein
<u>Aufgabe 4</u>
Direkter Absatz
<u>Aufgabe 5</u>
1. Großhändler
2. Einzelhändler
Seite 130: <u>Aufgabe 1</u>
ja: 1/2/3/4/7
Seite 132: <u>Aufgabe 4</u>
1. Verbrauchermarkt
2. Warenhaus
3. Discounter
4. Fachgeschäft
5. Spezialgeschäft
6. Verbrauchermarkt
Seite 133: <u>Aufgabe 5</u>
ja: 1/4/5
Seite 134: <u>Aufgabe 6</u>
1. Heimdienst/ Haus-Haus-Verkauf
2. Versandhandel
3. Automatenhandel
4. Versandhandel
Seite 135: <u>Aufgabe 1</u>
1. Abholgroßhandel/ cash-and-carry-Großhandel
2. Spezialgroßhandel
3. Sortimentsgroßhandel
4. Zustellgroßhandel/ Liefergroßhandel
Seite 136: <u>Aufgabe 1</u>
ja: 3/4
Seite 138: <u>Aufgabe 2</u>
1. Leiter der Verkaufsniederlassung 2. Han-

delsvertreter 3. Makler
4. Generalvertreter
5. Reisender 6. Makler
Aufgabe 3 Handels-
vertreter/Vertreter;
Reisender
Seite 140: Aufgabe 4
ja: keines
Seite 141: Aufgabe 5
1. Ausstellung 2. Auk-
tion 3. Messe 4. Börse
Seite 142: Aufgabe 1
ja: 1/2/6
Seite 143: Aufgabe 2
ja: 1/2/5
Aufgabe 3
1. Franchising
2. Lizenz 3. Franchising
Seite 144: Aufgabe 1
ja: 1/2/3/4/
Aufgabe 2
Anzeigen in Fach-
zeitschriften: Werbung;
Vertreterbesuche: per-
sönlicher Verkauf;
Inzahlungnahme
gebrauchter Ware:
Verkaufsförderung /
Sales Promotion;
Messeverkauf: persönli-
cher Verkauf;
Mercedes-Cup im
Tennis: Sponsoring;
Pressekonferenzen: Öf-
fentlichkeitsarbeit/
Public Relations;
Plakate: Werbung/
Öffentlichkeitsarbeit;
Volvo-World-Cup-
Turnier der Springreiter :
Sponsoring
Seite 145: Heiliger
Big Mac: Sponsoring
Seite 146: Aufgabe 3
Investitionsgüter;
Konsumgüter
Aufgabe 4
1. Sponsoring
2. Public Relations
3. Public Relations
Seite 149: Aufgabe 1
zu allen
Seite 150: Aufgabe 2
Werbeziel
Werbeerfolgskontrolle
Werbemittel
Werbeträger
Werbebotschaft
Werbebudget
Aufgabe 3
Werbemittel;
Werbeträger
Aufgabe 4
Der Käfer hält länger
als andere Autos. - Er
läuft und läuft und läuft.

Mit unserem Finanzie-
rungsangebot ermögli-
chen wir Ihnen vieles. -
Wir machen den Weg
frei.
Wir machen farbenfro-
he, junge Mode, die
weltweit getragen wird.
- United Colors of
Benetton.
Seite 151: Aufgabe 5
ja: 2/3
Seite 152: Aufabe 6
1. Wissenschaftliche
Beweisführung 2. Per-
sönliche Empfehlung
3. Lebensstil 4. Per-
sönliche Empfehlung
5. Farbe
Seite 154:
1. eher groß 4/5
2. Präfix: ja 9
Verb: ja 3/9/10
Seite 155:
1. direkter Absatz
indirekter Absatz
2. Verkaufsnieder-
lassung
Reisender/Außendienst
Großhandel
Einzelhandel
Handelsvertreter/ Ver-
treter
Makler
Kommissionär
Seite 156: 3.
tiefes Sortiment: Fach-
geschäft, Spezialgeschäft;
breites Sortiment:
Kaufhaus/Warenhaus,
Verbrauchermarkt;
Service: Fachgeschäft,
Spezialgeschäft,
Kaufhaus/Warenhaus;
weniger Service: Dis-
counter, Verbraucher-
markt, Supermarkt
4. Heimdienst/ Haus-
zu-Haus-Verkauf
Versandhandel
Automatenhandel
5. Messe; Ausstellung;
Börse; Auktion
Seite 157:
6. Werbung;
Verkaufsförderung/
Sales Promotion;
Öffentlichkeitsarbeit/
Public Relations;
Persönlicher Verkauf
7. Werbebudget
Werbebotschaft
Werbeträger
Werbemittel

Kapitel 6

Seite 160: Aufgabe 2
a) 1,2,3 b) 1 c) 4,6,8
d) 9 e) 1,5,10,11 f) 12
Seite 162: Aufgabe 1
ja: 4
Aufgabe 2
positiv: 1/2/3
Seite 163:
Gründung;
Geschäftsführung;
Haftung
Seite 164: Aufgabe 1
ja: 1/2/3
Seite 165: Aufgabe 2
Rechtsfähigkeit
Gründung
Haftung
Geschäftsführung
Aufgabe 3
unbeschränkt
unmittelbar
gesamtschuldnerisch
Seite 166: Aufgabe 1
ja: 1/5/7/8
Seite 167: Aufgabe 2
1. Bei Bäumchen
2. Nein 3. Ja
4. Die OHG
Seite 168: Aufgabe 3
1. GbR 2. KG 3. OHG
4. GbR
Aufgabe 4
ja: 1/3
Seite 169: Aufgabe 5
1. Liquidation 2. Li-
quidation 3. Konkurs
Seite 170: Aufgabe 1
ja: 6/7
Aufgabe 2
Juristische Person;
Gesellschaftsvertrag;
Stammkapital;
Stammeinlage;
beschränkt;
Geschäftsführung;
Gesellschafterver-
sammlung;
Aufsichtsrat
Seite 172: Aufgabe 1
ja: 1/5
Seite 173: Aufgabe 2
Die GmbH
Seite 174: Aufgabe 3
Aktie;
Aktionär;
Nennwert;
Stammeinlage;
Stammkapital;
Grundkapital
Aufgabe 4
Hauptversammlung;
Aufsichtsrat;
Vorstand
Seite 175: Aufgabe 5

GmbH:
50 TDM;
beschränkt;
durch Stammeinlage;
Geschäftsführung;
Gesellschafterver-
sammlung
AG:
Aktionäre;
5;
100 TDM;
beschränkt;
durch Aktien;
Vorstand;
Hauptversammlung;
Aufsichtsrat
Seite 176: Aufgabe 7
Bankwesen: z.B.
Deutsche Bank AG;
Versicherungswesen:
z.B. Allianz Versich-
erungs AG;
Chemie: z.B. Bayer AG;
Maschinen- und
Anlagenbau: z.B.
MAN Maschinenfabrik;
Autoindustrie: z.B.
Daimler Benz AG;
Energie: z.B. VEBA
Seite 177: Aufgabe 1
ja: 1/2/3
Aufgabe 2
Vorteil: 1/3/4/5
Seite 178: Aufgabe 1
ja: 1/2/4
Seite 179: Aufgabe 2
Die Tabelle könnte fol-
gendermaßen aussehen:
Gesetzliche Grundlage:
GenG;
Rechtsfähigkeit: als
juristische Person;
Bezeichnung der Ge-
sellschafter:
Genossen/Mitglieder;
Mindestanzahl bei
Gründung: 7;
Haftung: beschränkt;
Eigenkapitalbe-
schaffung: durch
Einlagen der
Genossen/Mitglieder;
Organe:
Generalversammlung,
Vorstand, Aufsichtsrat
Seite 180: Aufgabe 1
1. Kartell 2. Kooper-
ation 3. Konzern
4. Kooperation
Seite 181: Aufgabe 5
Die Konzentration
nimmt zu
Aufgabe 6
Ja, durch das Ende der
Deutschen Demokra-
tischen Republik

Seite 182: Aufgabe 1
ja: 7/10
Seite 183: Aufgabe 3
a) ja:
2/3/4/5/6/7/8/10
Seite 184: 1.
Spalte 1: Einzelunter-
nehmen (3) 1 (4) ent-
fällt (5) unmittelbar,
unbeschränkt (6) Ein-
lage des Unternehmers
+ des stillen Gesell-
schafters (7) Inhaber
Spalte 2: OHG
(2) Gesellschafter (3) 2
(4) entfällt (5) unmittelbar, unbeschränkt (6)
Einlagen der
Gesellschafter
Spalte 3: KG (2) Kom-
manditist, Komple-
mentär (3) 2 (4) entfällt
(5) Komplementär:
beschränkt;
Kommanditist: unbe-
schränkt (6) Einlagen
der Gesellschafter (7)
nur Komplementäre
Spalte 4/5:
Kapitalgesellschaften
Spalte 4 : GmbH
(2) Gesellschafter (3) 2
(4) 50 TDM (5) mittel-
bar, beschränkt auf
Einlage (6) Stamm-
einlage; Mindesthöhe
DM 500,- (7) Ge-
schäftsführung, Gesell-
schafterversammlung,
u.U. Aufsichtsrat
Spalte 5: AG
(2) Aktionäre (3) 5 (4)
100 TDM (5) mittelbar,
beschränkt auf Einlage
(6) Aktie; Mindest-
Nennbetrag DM 5
(7) Vorstand, Aufsichts-
rat, Hauptversammlung
Seite 185: 2.
als juristische Person; 7
Mitglieder; nicht
gesetzlich festgelegt;
Genossenschaftsregister;
durch Einlagen der
Mitglieder; beschränkt;
u.U. mittelbar; Vor-
stand; Aufsichtsrat;
Generalversammlung
3. Kartell: wirtschaftl.
Abhängigkeit; Koope-
ration: keine rechtl.
Selbstständigkeit;
Konzern: keine rechtl.
Selbstständigkeit

Literaturverzeichnis

Aaker, D.A. (1992): Management des Markenwerts, Frankfurt, New York (Campus Verlag)

„absatz Wirtschaft", Zeitschrift für Marketing, Hrsg: Absatzwirtschaftliche Gesellschaft, Nürnberg; Deutsche Marketing Vereinigung, Düsseldorf

Attems, R./**Heimel**, F. (1991): Typologie des Managers. Wien (Ueberreuter)

Bänsch, A. (1991): Einführung in die Marketing-Lehre. 3. Aufl. München (Vahlen)

Becker, J. (1990): Marketingkonzeption - Grundlagen des strategischen Marketing-Managements. 3. Auflage. München (Vahlen)

Berndt, R./**Herrmanns**, A. (1993): Handbuch Marketing-Kommunikation. Wiesbaden (Gabler)

Bestmann, U. (Hrsg.) (1992): Kompendium der Betriebswirtschaftslehre. München (Oldenbourg)

Bleicher, K. (1991): Das Konzeptintegriertes Management. Frankfurt/Main (Campus Verlag)

Bösenberg, D./ **Metzen**, H. (1993): Lean Management. 3. Aufl. Landsberg/Lech (Verlag moderne industrie)

Braun, W./**Maixner Brauns**, Chr. (1985): Anti-Management Handbuch. Bad Harzburg (Verlag WWT)

Bundesministerium für Wirtschaft (Hrsg.) (1989): Starthilfe - der entscheidende Schritt in die berufliche Selbständigkeit. Bonn

Bundesverband der Deutschen Volksbanken und Raiffeisenbanken (Hrsg.) (1985): Selbständig machen, selbständig bleiben, 14. Aufl. Wiesbaden (Deutscher Genossenschaftsverlag)

Bundesverband der Deutschen Volksbanken und Raiffeisenbanken (Hrsg.) (1990): Unternehmen führen. Unternehmen sichern. Wiesbaden (Deutscher Genossenschaftsverlag)

Campbell, A./**Devine** M./**Young**, D. (1992): Vision, Mission, Strategie. Frankfurt (Campus Verlag)

Commerzbank (Hrsg.) (1990): Finanzierungspraxis. Mittelstandsreihe Nr. 4.

Der Spiegel, Hamburg

Deutsche Bank (Hrsg.) (1990): Chancen erkennen Initiative ergreifen. Was Ihre Bank für Sie und Ihr Unternehmen tun kann. Frankfurt/Main

Dichtl, E. (Hrsg.) (1979): Fallstudien zum Marketing-Entscheidungssituationen. 4.Aufl. Berlin (Duncker und Humboldt)

Dichtl, E./**Raffée**, H./**Potucek**, V. (1983): Marktforschung im Automobilsektor. Frankfurt/Main

Dichtl, E./**Issing**, O. (Hrsg.) (1993): Vahlens Großes Wirtschaftslexikon. 2 Bd. 2. Aufl. München (Vahlen)

Dieterle, W.K./**Winckler**, E. (Hrsg.) (1990): Unternehmensgründung. München (Vahlen)

Diller, H. (Hrsg.) (1992): Vahlens Großes Marketing Lexikon. München (Vahlen)

Durand-Noll, M. (1992): Management by Joy. Neue Wege zur Unternehmenskultur. Zürich, Köln (Orell Füssli)

Duro, R. (1991) : Strategieseminar: Marketing und Wettbewerb. Frankfurt/Main (Campus Verlag)

Eberwein, W./**Tholen**, J. (1993): Managermentalität. Frankfurt/Main (FAZ Verlag)

Frese, E. (1992): Organisationstheorie. Wiesbaden

Fuß, J. (Hrsg.) (1990): Einstieg in Auslandsmärkte. Heidelberg (Decker und Müller)

Gablers Großes Wirtschaftslexikon (1992). 13. Aufl. Wiesbaden

Gibbs, P. (1991): Euro-Management. Geschäftskultur, Verbrauchertrends, Marketingstrategien. Zürich, Wiesbaden (Orell Füssli)

Globus Kartendienst, Hamburg

Grünwald, H. (1990): Marketing. Kunden finden - Kunden erhalten. 7. Aufl. Ehingen (expert Verlag), Stuttgart (Taylorix Verlag)

Häberle, S.G. (1994): Handbuch der Außenhandelsfinanzierung. München (Oldenbourg)

Heinen, E. (1991): Industriebetriebslehre. 9. Aufl. Wiesbaden (Gabler)

Hentze, J. (1991): Personalwirtschaftslehre I. 5. Aufl. Bern, Stuttgart (UTB Haupt)

Hentze, J. (1986): Personalwirtschaftslehre II. 3. Aufl. Bern, Stuttgart

Hentze, J. (Hrsg.) (1979): Arbeitsbuch zur Personalwirtschaftslehre. Wissensfragen, Fallstudien und Testfragen. Bern, Stuttgart.

Holzmüller, H./ **Schiebel**, W. (1990): Marketing. Fallstudien. Wien (Service Fachverlag)

Hopfenbeck, W. (1991): Umweltorientiertes Management und Marketing. 2. Aufl. Landsberg/Lech (Verlag moderne industrie)

Hopfenbeck, W. (1992): Allgemeine Betriebswirtschafts- und Managementlehre. 6. Aufl. Landsberg/Lech (Verlag moderne industrie)

IHK Baden-Württemberg (Hrsg.) (1986): Ich mache mich selbständig. Tips für alle, die Unternehmer/in werden wollen. 5. Aufl. Stuttgart

IHK Berlin (Hrsg.) (1991): Der Kaufmann und sein Kunde. 9. Aufl. Berlin

Informationsstelle Wirtschaft Baden-Württemberg (Hrsg.): Der Überblick. Stuttgart

Jahrmann, F. (1981): Außenhandel. 3. Aufl. Ludwigshafen (Kiehl Verlag)

Keller, E. von (1982): Management in fremden Kulturen. Bern, Stuttgart (Paul Haupt Verlag)

Kieser, A./**Kubicek**, H. (1992): Organisation. 3. Aufl. Berlin, New York

Klunzinger, E. (1984): Grundzüge des Gesellschaftsrechts. 3. Aufl. München. (Vahlen)

Koppelmann, U. (1990): Marketing. 2. Aufl. Düsseldorf (Werner)

Koreimann, D.S. (1992): Management. 5. Aufl. München (Oldenbourg)

Kotler, Ph. (1982): Marketing Management. Stuttgart (Poeschel)

Kotler, Ph./ **Armstrong**, G. (1988): Marketing - Eine Einführung. Wien (Service Fachverlag)

Kotler, Ph./ **Bliemel**, F.W. (1992): Marketing Management. 7. Aufl. Stuttgart (Poeschel)

Köhler, R. (1981): Beiträge zum Marketing-Management: Planung, Organisation, Controlling. 2. Aufl. Stuttgart (Poeschel)

Literaturverzeichnis

Lattmann, C. (Hrsg.) (1990): Die Unternehmenskultur. Heidelberg (Physica Verlag)

Manager Magazin 5. 1993

Markt. Wirtschaftstexte aus der deutschen Presse für den Unterricht. Ausgabe 1 (1993). Goethe-Institut München

Meffert, H. (1979): Arbeitsbuch zum Marketing. Wiesbaden (Gabler)

Meffert, H. (1985): Strategische Unternehmungsführung und Marketing. Wiesbaden (Gabler)

Meffert, H. (Hrsg.) (1985): Marktorientierte Unternehmensführung und Innovationen. 2. Münsteraner Marketingssymposium Okt. 1984. Münster (Verlag Regensberg)

Meffert, H. (Hrsg.) (1986): Marketing Grundlagen der Absatzpolitik. 7. Aufl. Wiesbaden (Gabler)

Meffert,H./ **Althans**, J. (1982): Internationales Marketing. Stuttgart, Berlin, Köln, Mainz (Kohlhammer)

Meffert, H./ **Bruhn**, M. (1986): Fallstudien zum Marketing. Wiesbaden (Gabler)

Meffert, H./ **Kirchgeorg**, M. (1993): Marktorientiertes Umweltmanagement. 2. Aufl. Stuttgart (Schäffer/Poeschel)

Mertens, H.D./ **Plöteneder**, F.B. (1987): Programmierte Einführung in die BWL.

5. Aufl. Wiesbaden (Gabler)

Mole, J. (1993): Euro-Knigge für Manager. 2. Aufl. Frankfurt, New York (Campus)

Müller, H.-J. (1977): Übungsaufgaben zur Allgemeinen Betriebswirtschaftslehre I. München (Florentz)

Neuberger, O. (1988): Was ist denn da so komisch? Weinheim, Basel (Verlag Beltz)

Nieschlag, R./**Dichtl** E./**Hörschgen**, H. (1991): Marketing. 16. Aufl. Berlin (Duncker und Humboldt)

Peters, Th./ **Waterman**, R. (1983): Auf der Suche nach Spitzenleistung. Landsberg/Lech (Verlag moderne industrie)

Pümpin, C./**Prage**, J. (1991) Management der Unternehmensentwicklung. Frankfurt, New York (Campus)

Raffee, H. **Wiedemann**, K. (Hrsg.) (1989): Strategisches Marketing. Stuttgart (Poeschel)

Rodgers, B. (1986): IBM - Einblicke in die erfolgreichste Marketingorganisation der Welt. Landsberg/Lech (Verlag moderne industrie)

Rumler, A. (1990): Konsumentenbezogenes Marketingmanagement. Wiesbaden (Deutscher Universitätsverlag GmbH)

Rühli, E. (1973/1978): Unternehmensführung und Unternehmenspolitik. 1 und 2. Bern, Stuttgart (Haupt)

Schierenbeck, H. (1993): Grundzüge der Betriebswirtschaftslehre. 11. Aufl. München, Wien (Oldenbourg)

Schierenbeck, H. (1986): Übungsbuch zu Grundzüge der Betriebswirtschaftslehre. München (Oldenbourg)

Schmidt W. (1993): Wie führe ich richtig? Düsseldorf (VDI-Verlag)

Schwalbe, H. (1988): Marketing-Praxis für Klein- und Mittelbetriebe. 5. Aufl. Freiburg (Rudolf Haufe Verlag)

Selchert, F.W., (1992): Einführung in die Betriebswirtschaftslehre in Übersichtsdarstellungen. 4. Aufl. München, Wien (Oldenbourg)

Smith, D./**Evans**, PH. (1983): Kapital für Anfänger. Reinbek b. Hamburg (Rowohlt)

Staatsbürgerliche Arbeitsmappe , Berlin (Erich Schmidt)

Staehle, W. (1991): Management. 6. Aufl. München (Vahlen)

Staehle, W. (1992): Funktion des Managements. 3. Aufl. Bern, Stuttgart (UTB Haupt)

Staehle, W. (Hrsg.) (1991): Handbuch Management. Wiesbaden

Steinbuch, P. A. (1984): Basiswissen Betriebswirtschaft. Ludwigshafen/Rhein (Kiehl)

Steinmann, H./ **Schreyögg**, J. (1991): Management. 2. Aufl. Wiesbaden (Gabler)

Stiftung Warentest (Hrsg.) (1992): test Jahrbuch `92. Berlin (Verlag Stiftung Warentest)

Tatsachen über Deutschland (1992) Frankfurt/Main (Sozietätsverlag)

Tietz, B. (Hrsg.): Enzyklopädie der BWL (Ed. BWL). Stuttgart (Poeschel)

Ulrich, H. (1984): Management. Bern, Stuttgart (Haupt)

Uris, A. (1988): 101 praktische Management-Tips. Zürich, Wiesbaden (Orell füssli)

Weinhold-Stünzi, H. (1988): Marketing in zwanzig Lektionen. 14. Aufl. St. Gallen (Fachmed) Stuttgart (Steyr)

Weis, H.Ch./**Olfert**, K. (1987): Marketing-Kompendium der praktischen BWL. 6. Aufl. Ludwigshafen/Rhein (Kiehl)

Wöhe, G. (1986): Einführung in die Allgemeine Betriebswirtschaftslehre. 16. Aufl., München (Vahlen)

Wunderer, R./**Kuhn** Th. (1993): Unternehmerisches Personalmanagement. Frankfurt/Main, New York (Campus)

Young, A. (1988): Das Manager Handbuch. Düsseldorf, Wien, New York (Econ)

Young, D./**Cambell**, A./**Devine**, M. (1992): Vision, Mission, Strategie. Frankfurt/Main (Campus)